역사의
시작은
현재다

역사를 보는 눈

역사의 시작은 현재다

―미래를 위해 과거를 보다

2017년 4월 3일 초판 1쇄
2018년 3월 19일 초판 2쇄

지은이 이병철

편 집 김희중, 이민재
디자인 씨디자인
제 작 영신사

펴낸이 장의덕
펴낸곳 도서출판 개마고원
등 록 1989년 9월 4일 제2-877호
주 소 경기도 고양시 일산동구 호수로 662 삼성라끄빌 1018호
전 화 031-907-1012, 1018
팩 스 031-907-1044
이메일 webmaster@kaema.co.kr

ISBN 978-89-5769-383-4 03900

• 책값은 뒤표지에 표기되어 있습니다.
• 파본은 구입하신 서점에서 교환해 드립니다.

역사의
시작은
현재다

역 사 를   보 는   눈   미래를 위해 과거를 보다

이 병 철   지음

개마고원

역사를 위하여:
현재에서 과거로, 그리고 미래로

　　많은 사람들이 이 시대가 모든 분야와 차원에서 커다란 '위기'에 직면했다고 진단한다. 인간에게 벌어지는 모든 일, 즉 인간의 삶 전체가 '역사'의 주제이므로, 그런 진단에 따른다면 우리는 위기를 맞은 역사 속에 살고 있는 것이기도 하다. 그런데 역사가 위기에 처했다는 것은 단순히 위험한 사건과 현상이 일어나고 있다는 것만 의미하지 않는다. 그러한 일들을 과연 제대로 보고 있는가 하는 문제까지 포함한다. 정치적 분쟁, 경제적 침체, 사상적 혼란, 생태적 파괴가 닥친 현실에서 사람들이 역사에 대해 무관심할 때, 과거에서 아무런 교훈을 얻지 못할 때, 미래의 목표를 세우지 못할 때, 그 사회의 역사는 위기에 빠진 것이다.

'역사의 위기'는 보다 근본적으로 '인문학의 위기'에 맞물려 나타나는 현상이다. 인문학은 인간성에 대한 학문과 교육이었고, 인간성이란 사람다운 사람, 참된 사람을 의미한다. 인간에 대한 성찰이 경시되고 인간이 단지 실용성만으로 도구처럼 평가될 때 인간을 종합적으로 이해하려 하는 인문학은 위기를 맞는다. 개인이나 사회나 지금 당장 눈에 보이는 실적에 지배되어 인간을 역사적으로, 즉 과거와 현재와 미래를 아우르는 긴 시야로 보려는 노력을 쉽게 포기한다. 그리하여 인문학의 위기는 곧 역사의 위기가 된다.

이 책은 시대의 흐름처럼 돼버린 비非인문학적, 비역사적 풍조에 우리의 다음 세대가 어떠한 생각을 가지고 맞설지 문제의식을 일깨우고 도움을 주기 위해 쓰였다. 그것이 꼭 인문학이나 역사를 전문으로 공부해야 한다는 뜻은 아니다. 자신의 전문 분야가 무엇이든지, 무엇이 될 것이든지에 상관없이 인문학적으로, 역사적으로 생각하며 사는 것이 중요하다. 이 책은 그것을 강조한다.

전체 10개 장으로 구성된 이 책은 '역사란 무엇인가?'라는 질문으로 시작한다. 그것은 역으로 「역사란 무엇이 아닌가?」(제1장)라는 반문에서 얻을 수 있는 답이기도 하다. 역사는 자연과학과 달리 보는 사람과 대상이 뚜렷이 구분되지 않는다. 역사는 현재의 인간이 과거의 인간과 관계를 맺는 작업이다. 현재는 과거에 뿌리를 두고 있으므로 결국 시간의 흐름 속에서 인간이 인간을 대하는 자기성찰 과정이다. 흔히 역사를 '현재와 과거 사이의 대화'로 표현하는 것은 이 때문이다. 먼저 「역사라는 대화」(제2장)가 무엇인지 설명하고, 그것이 「무엇을 위한 대화인가」(제3장)를 살펴봄으로써 과거와 현재의 관계를 미래까지 확장한다.

이 책은 일반 독자를 위한 교양서적이므로 필요한 경우에는 '역사'와 학문으로서의 '역사학'을 구분하지만 전체적으로는 역사를 이해하려는 목표에 맞게 구분 없이 설명을 진행한다. 역사를 '안다, 읽는다, 배운다'고 할 때 그 내용은 역사학자들이 연구한 결과다. 역사를 전공으로 공부하지 않더라도 '역사'와 '역사학'을 함께 생각하는 것이 필요하며 또 그것이 어려운 일도 아니다. 「역사학의 발자취」(제4장)에서는 역사학의 역사를, 「역사란 어디까지인가」(제5장)에서는 역사에서 마주하는 대상의 범위가 어떻게 확장되고 있는지를 살펴본다.

그다음 내용은 역사를 공부하기 위한 중요한 도구인 시대구분과 사료 등에 관한 것이다. 역사는 무엇보다 시간과 관련된다. 그런데 인간의 역사는 매우 긴 시간 동안 진행된 것이어서 적당히 구분하여 정리하는 게 역사를 이해하는 데 도움이 된다. 「시대구분: 선사시대에서 현대까지」(제6장)가 바로 이 문제를 다룬다. 역사에서 시간만큼 중요한 것은 그 시간을 연결하는 인간의 흔적들이다. 그것이 있어야 시간의 흐름을 추적할 수 있기 때문이다. 「사료: 역사의 시작과 보존과 해석」(제7장)은 가장 중요한 흔적인 기록과 관련된 장이다. 그리고 「기억: 역사의 또 다른 단서」(제8장)에서 기록의 틈을 메우는 기억의 중요성을 설명한다.

마지막 두 장은 이 책의 결론 부분이다. 역사가 역사 전공자만의 전유물이 아니며, 모든 사람이 역사의 주체임을 강조한다. 「역사를 '하는' 사회」(제9장)에서 역사를 '한다'는 것이 무엇인지, 어떻게 해야 하는지를 구체적으로 제시한다. 그리고 역사를 '하는' 작업에서 가장 중요한 것이 무엇인지 「역사의 지평」(제10장)에서 정리한다. 여기서 미리 답을 주자면 바로 '연속성'과 '상상력'이다.

이 책의 맨 앞에서 던지는 '역사란 무엇인가?'라는 물음은 이와 동등하게—사실은 더—중요한 물음을 동반한다. '왜 역사를 배우는가?'라는 물음이다. 이에 대해서는 거의 단골처럼 등장하는 답이 있다. 내(우리, 인간)가 누구인지 알기 위해서, 교훈을 얻기 위해서, 모든 지식·학문 분야의 기초를 쌓기 위해서, 미래를 예측하기 위해서 등등의 답이다. 아마도 이 가운데 '교훈을 얻기 위하여'라는 하나의 답만으로도 역사를 '왜' 배워야 하는지는 충분히 설명될 것이다.

그러나 가만히 생각해보면 사실 '왜'라는 질문은 '교훈을 얻기 위하여'처럼 '~을 위하여'가 아니라 '~때문에'라는 답을 요구한다. 앞에 든 예는 모두 '무엇을 위하여'라는 목적과 관련된 답이다. 그러면 '무엇 때문에'에 걸맞은 답이 무엇일까? 무슨 근거로, 어떤 이유로 역사를 배우는가, 배워야 하는가? 이것이 더 근본적인 문제다.

'왜 역사를 배우는가?' 필자의 답은 이것이다. 내가(우리가) 인간이기 때문에 역사를 배운다. 인간이 아니면 역사를 배울 필요가 없다. 인간이니까 역사를 배우는 것이다. 왜냐하면 인간은 시간적인 존재이기 때문이다. 사실은 지구상의 모든 존재가 시간적인 존재. 모두가 시간의 흐름 속에서 살아간다. 그러나 나머지는 모두 시간에 대해 일방적인 입장이다. 물론 인간 역시도 시간의 흐름을 어찌할 순 없지만, 인간에게는 시간을 돌이켜 보고 되새길 줄 아는 인간만의 특성이 있다. 인간은 과거와 현재와 미래 사이의 시간을 관련시킨다. 시간의 관계를 추적하고 설정하고 만들어간다. 이것이 문화요 문명이며 역사다.

인간은 시간에 대해 나름의 능동성을 가진 역사적 존재다. 이는 동식물과 미생물이 시간과 무관하게 본능적으로 살아가는 것과 다르다. 인간은 수많은 조건과 한계 아래 의식적으로 역사를 만들어간다. 비록 인간의 제한성으로 인해 역사를 만들어낼 수 있는 여지가 그다지 크지 않다 하더라도 실제 역사적 결과는 큰 차이를 보인다. 그 차이를 낳은 의식과 선택과 책임이 '역사를 배우는' 여부에 달려 있다. '왜 역사를 배우는가?' 인간이기 때문에 역사를 배운다. 인간으로서 역사를 배운다.

현재에서 과거를 봄으로써 시작된 시간의 작업을 미래로까지 연결하는 자들이 역사를 만든다. 이들이 역사적인 사람들이다.

이 작은 책이 역사를 알아가는 독자들의 길에 유익한 안내서가
되기를 소망한다.

　집필의 기회를 준 도서출판 개마고원에 감사하면서, 이 중요
한 주제의 저술을 맡게 된 책임감이 막중하다. 지난 15년 동안
대학에서 '사학입문' '역사학개론' '역사란 무엇인가' '역사학 입
문' 등의 강의를 해오면서 학생들과 함께 고민하고 나눴던 생
각들을 이 책에 정리했다. 강의실 밖에서 훨씬 폭넓은 여러 독
자들과 역사에 대해 대화하는 흥미진진한 시간이었다. 청소년
도 이해할 수 있도록 쉽게 쓰려 애를 썼지만 더러 어려운 부분
도 있을 것이다. 쉽게 말하지 못한다면 제대로 아는 것이 아니
라고 여겨왔으면서도 부족함만 더욱 느낀 작업이었다. 두 분
편집자의 도움이 없이는 나올 수 없는 책이었다. 참으로 감사
한 마음이다.

2017년 4월

이병철

차례

1장

역사란
무엇이 아닌가

'역사란 무엇인가?' 역사를 알고자 할 때 첫 관문처럼 만나게 되는 질문이다. 그러면 이어지는 답변은 흔히 역사란 과거에 벌어진 일(사건)이며 그에 대한 기록이라는 교과서적 개념으로, 또는 '역사는 현재와 과거의 대화'라는 보다 많이 알려진 명구로 돌아오곤 한다. 그러나 이 질문에 답하는 일이란 단순히 그 다음의 물음들로 나아가기 위한 과정이 아니라, 사실은 역사공부 내내 되뇌어야 할 본질적 과제라 할 수 있다.

그것은 우선 역사라는 분야의 기초 정보를 알아보기 위한 질문이다. 역사공부의 범위나 특징 등을 살펴본다는 의미에서 그렇다. 어떤 일에 특별히 관심을 갖기 시작하거나 어느 도시 어느 나라를 여행하고자 할 때, 또는 미래의 진로를 알아보려 할 때 관련 영역의 기초 자료를 조사하는 과정과 비슷하다고 할까. 아마도 학생들에게 '역사'란 그저 학교에서 배우는 국어·수학·지리·물리 같은 교과목의 하나이리라. 이 경우 '역사란 무엇인가'라는 질문은 영어·일반사회·화학·음악 등과 다른 역사 과목만의 특징을 묻는 게 된다. 학교 수업 차원을 넘어 일반적인 의미로 확장해본다 해도, '역사'는 마치 도서관 서가에 분야별로 나뉘어 있는 여러 주제들 가운데 하나인 양 이해된다. 이 경우에도 '역사란 무엇인가'라는 물음은 다른 영역과 구분되는

'역사'만의 의미를 알아보려는 기초적 질문이다.

여기서 더 확장해보면, 이 물음은 역사라는 한 분야의 기초 조사를 넘어서 역사 자체에 대해 알고자 하는 질문이기도 하다. 이 경우 '역사'는 하나의 과목이나 분야가 아니라 인간의 과거 그 자체를 뜻한다. 이를테면 '역사'는 7세기 한반도의 신라에서 일어난 특정 사건이자, 조선 후기 실학자들이 토지개혁에 대해 제기한 어느 주장이며, 우리 시내 '한류 열풍'이 낳은 어떤 경제적 현상이다. 즉 '역사'란 무슨 일—생각까지 포함하여—이 일어났는지, 그것이 무슨 의미를 갖는지, 어떤 문제와 결과를 야기하는지를 밝히고 해석하는 작업까지 포괄한다. '역사'는 이렇게 인간의 과거 전체뿐 아니라 시간에 대한 철학적 질문도 담고 있기에, '역사란 무엇인가'라는 질문은 보다 근본적이고 광범위한 대답을 요구한다. 그리하여 역사를 공부하는 사람은 이 물음을 계속 마주하고 고민할 수밖에 없는 것이다.

어떤 질문에 답하는 데는 그와 관련되어 있으되 각도는 다른 질문들을 활용해보는 것도 도움이 된다. 우선, 더 좁은 범위의 세세한 질문들을 만들어 각각의 답을 찾아가는 가운데, 그 모두를 아우르는 하나의 체계적 설명을 구성해가는 식으로 말이다. 예를 들어 고대 로마제국의 노예제가 지닌 문제점이 무엇인지를 물을 때 노예의 정의가 무엇인지, 노예제가 언제 시작됐는지, 로마제국 말기에 무엇이 노예제를 대신하게 됐는지 등과 같이 더 세부적인 보조 질문들을 던지고 답하는 가운데 애초의 질문에 대한 답을 만들어갈 수 있다는 얘기다.

　또는 정반대의 질문을 던져보는 방식도 도움이 된다. '역사란 무엇인가'라는 질문을 바로 '역사란 무엇이 아닌가'로 바꿔 묻고, 이 답으로부터 원래의 문제에 대한 답을 끌어내는 것이다. 이러한 반문은 단번에 답하기에는 매우 어렵거나 광범위한 질문의 경우에 유용하다. 적어도 답이 아닌 것을 하나씩 제외해감으로써 답을 가려낼 수 있게 되는 것이다. '이것이 답이다'라고 말하기는 어렵다 해도, '저것은 답이 아니다'라고 선을 그음으로써 답의 범위를 좁혀 가는 셈이다. 특히 답이 이것 같기도 하고 저것 같기도 하여 모호한 경우라면, 반대의 질문을 통해 더 분명한 답을 찾아갈 수 있다.

역사와 시?

　'역사란 무엇이 아닌가?' 이 질문을 적용해볼 사례를 문학에서, 보다 구체적으로 시에서 한번 찾아보자. 사실 서사시나 역사소설 같은 경우는 얼핏 역사의 연장선, 또는 그 일부분인 듯 보이기도 한다. 특히 몇몇 대하역사소설은 대중성 높은 영화로도 만들어지는 등 보통 사람들의 역사관에 적잖은 영향을 미쳐 왔다.

　역사가 문학과 영화의 인기 있는 주제로 사람들의 관심을 끄는 것은 고무할 만한 현상이다. 그러나 시든 소설이든 연극이든 영화든 그것이 역사적 주제를 다루었다고 해서 그 자체로 역사가 되는 것은 아니다. 그것은 단지 작가와 제작자가 자유로운 상상력으로 과거 사실을 재구성한 데 불과하기 때문이다. 물론 상상력이나 재구성은 역사에서도 매우 중요한 개념이다. 그러나 예술에서의 상상력과 재구성이란 개인의 주관에 따라 무한대로 펼쳐갈 수 있고, 따라서 과거 사실도 얼마든지 창작될 수 있다. 이에 비해 역사는 많은 사람들이 공인해줘야 할 뿐만 아니라, '역사적 근거'라는 훨씬 엄정한 조건을 만족시켜야 한다.

이제 시 한 편을 예로 들어보자. 역사 공부를 하려는 우리에게는 의미심장한 제목이다. 오규원 시인의 「역사를 찾아서」라는 시다.

프랑스 조계에 있었다는 上海의
대한민국임시정부의 청사를 찾아 길을 간다
난방 시설이 없는 상해의 인민들이
낡은 이불솜을 버스가 다니는 거리까지
가로수에 걸쳐 말리는 12월 초순
사람들과 자전거를 피해 이리저리 몸을 비키며
한나절 걸어 검붉은 벽돌담들 저희들끼리
엉키고 있는 이름 모르는 골목을 간다
낡아가거나 허물어지거나 모두 사람 것인

집집에서 흘려보낸 개숫물이 벽돌담

밑을 타고 질척거리고 어느 나라나 마찬가지로

만화책을 든 아이들이 부모를 피해

한구석에 쭈그리고 앉아 환상을 먹고 있는 골목

집 밖으로 걸쳐놓은 장대에 한쪽 가랑이를 걸고

다른 한쪽 가랑이가 내 마빡을 치는

중국놈의 속옷을 손을 밀치며 햇빛도

들지 않는 한 골목을 간다 朱氏라든가

무슨 氏라도 아무 상관도 없는 어떤

중국인이 산다는 집을 찾아서 이곳 사람의

필수품이라는 햇빛에 말리려고 골목에다 내놓은

중국식 요강인 마통의 지린 냄새를 삼키며

　

　시인이 찾으러 가는 '역사'는 1, 2행에 나오는 중국 상해의 대한민국임시정부청사廳舍다. 이 건물은 일제강점기에 한동안 임시정부의 근거지로 사용되었던, 우리 근대사에서 매우 중요한 의미를 갖는 공간이다. 그 건물 자체, 그곳에서 있었던 모든 일들이 다 우리의 역사다. 시인이 찾아가는 곳은 그가 예술적으로 지어낸 상상의 처소가 아니라 분명 역사의 현장, 곧 '역사'다. 그는 실제로 특정한 과거의 시공간에서 벌어진 우리나라 '역사' 속으로 들어간다.

　그런데 시인이 임시정부청사를 찾아 독자에게 들려주는 '역사'가 1926년부터 1932년까지 그 현장에서 벌어졌던 역사적 사건이라고 말할 수는 없을 것이다. 임정청사나 그 안에서 벌어졌던 '역사'에 대해 이 시가 우리에게 새롭게 전해주는 사실은 없다. 전체 21행 가운데 첫 2행을 뺀 나머지 대부분에서 시인이 적고 있는 내용은 그곳까지 이르는 길에서 보고 느낀 자신의 감상이다. 이 시는 일제강점기 현장으로서의 '임시정부청사'라는 과거의 역사보다 시인이 현재 그곳을 찾아가는 과정에 더 중점을 두고 있다. 시인이 말하고자 하는 바는 임정청사 현장의 모습과 그것으로써 일깨워진 자신의 심경이다.

즉 이 시에는 두 시점時點이 나온다. 하나는 그 건물이 임정청사로 사용되던 일제강점기 중의 6년이라는 시간이고, 다른 하나는 시인이 그곳을 방문하던 시점이다. 시인에게는 전자가 과거이고 후자가 현재이겠지만, 이 시를 읽는 독자의 관점에서 볼 때는 둘 다 과거이며 과거 '역사'의 한 시점이다. 그런데 이 두 시점 가운데 하나는 그 시간이 분명하지만, 다른 하나는 그렇지가 않다. 첫 2행의 시간은 그 건물이 임정청사로 사용되었던 1926년부터 6년간이지만, 나머지 19행의 시간이라 할 시인의 방문 시점은 시에 나와 있지도 않다. 물론 시에 언급되어 있는 시간이 없지는 않다. 바로 제5행의 "12월 초순"이다. 그러나 이 12월은 임정청사의 역사와 관련된 시점이 아니다. 시인이 임정청사에서 12월에 벌어진 일을 찾고 있거나, 그것의 역사가 12월과 관련이 있다고 논하는 것도 아니다. 시에서 중요한 것은 그저

3·1운동 기념식, 요인들의 기념촬영, 독립운동가들 간의 결혼식 등 역사의 현장으로서 상해 임시정부청사와 그 주변에서 벌어진 크고 작은 사건들은 모두 역사다. 그러나 아무리 실감나게 묘사된다고 해도 객관적 근거 없이 상상에 힘입어 등장하는 문학이나 영화 속 임시정부를 역사라고 할 수는 없다.

12월이라는 계절적 분위기일 뿐이다. 시인은 지금 시를 쓰고 있는 것이지 역사 기록을 하고 있는 것이 아니기 때문이다.

"대한민국임시정부청사"가 우리의 역사에서 갖는 의미를 시적으로 표현한다면 비장함, 쓸쓸함, 슬픔, 애처로움, 울분 같은 느낌일 것이다. 그렇게 임정청사와 그 역사를 마주한 때의 느낌이 12월 초순, 또는 초겨울과 같은 계절적 분위기로 표현되었을 뿐이다. 시인이 과연 임정청사에 정말 다녀왔는지도, 몇 년 몇 월 며칠에 방문했다고 입증할 수 있는지도 시는 문제 삼지 않는다. 설령 시인이 그곳에 가지 않았더라도 아무 문제 될 게 없다. 이 시가 1991년에 출간된 『사랑의 감옥』이라는 시집에 수록되어 있고 직전 시집이 1989년에 나왔으므로 그 사이를 시인의 청사 방문 시점이라고 추정할 수 있다손 치더라도, 그건 전혀 중요하지 않다. 시에선 상상력을 통한 느낌의 표현이 중요할 뿐이다.

그러나 역사는 주관적인 느낌이 아니라 객관적인 사실을 중요시한다. 역사에서는 그것이 분명히 일어난 사실인가 아닌가

가 밝혀져야 하고, 그 사실성을 입증하는 중요한 단서로서 정확한 시점이 필요하다. 그러므로 시가 말하고자 하는 시점이 주관적인 느낌을 강조하는 '쓸쓸한 어느 날'이나 사건의 발생 여부가 꼭 전제되지 않아도 되는 불특정한 "12월 초순"과 같은 때라면, 역사가 밝히려는 '언제'는 역사적인 근거를 입증할 수 있는 사실과 직접 관련된 특정 시점이다. 이런 점에서 역사는 시, 나아가 문학과 근본적으로 다르다. 문학에서는 그 일이 실제로 벌어졌든 아니든 상관이 없지만, 역사에서는 실제로 벌어졌다는 게 전제되어야 한다. 문학은 작가 개인이 자유롭게 상상해도 되지만, 역사는 객관적 근거와 다수 사람들의 인정이 중요하다. 역사가 시로, 소설로, 희곡이나 시나리오로도 기록될 수 있지만, 그렇게 기록된 문학이 곧 역사인 것은 아니다.

역사와 조각 기록들?

이 세상의 모든 기록은 역사를 설명할 수 있는 근거로 쓰일 수 있을까? 예컨대 오규원 시인의 「역사를 찾아서」에서 청사 방문 일시에 대한 구체적 단서가 밝혀져 있다면, 아니 시작詩作 연도만이라도 정확히 남겨져 있더라면 이 시는 역사의 자료가 될 수 있을까? 그러나 너무 적은 기록이라면 역사적 추정을 하기가 어렵다.

모든 문헌 자료, 즉 글에는 기록자의 주관성이 담기기 마련이다. 그렇다면 사람이 아니라 기계로 찍어내는 현대의 기록 방식인 사진은 글보다 훨씬 더 객관적이며 사실적이라고 할 수 있을까? 사진은 기록자가 글로는 놓칠 수도 있는 많은 사실 정보를 전달해준다. 하지만 사진도 찍는 사람에 의해 구도가 정해지고 장면의 범위가 선택되므로 주관성에서 자유롭지 못하다. 더욱이 단 한 장의 사진이라면 그것이 말해줄 수 있는 역사적 진실의 양은 그렇게 많지 않다. 그 외에 다른 많은 사진들, 무엇보다 글로 기록된 관련 정보와 설명이 보태져야 역사의 한 장면으로서 온전해질 수 있다.

1944년 6월 6일, 노르망디 상륙작전이 벌어진 프랑스의 북부 해변에서 연합군은 독일군의 저지를 뚫고 유럽대륙 탈환의 교두보를 마련했다. 연합군 15만6000명, 독일 방어군 1만 명, 양측의 전사자만 1만 명에 이를 정도의 사상 최대 상륙작전에서 독일군복을 입은 한 아시아 청년이 연합군에 포로로 잡혔다. 그가 노르망디 유타Utah 해변에서 미군에게 조사받는 사진 한 장이 세상에 남겨졌다. 사진에는 글 한 줄 없지만, 그러나 언제 어디에서 벌어진 무슨 일의 한 장면인지는 분명하게 드러난다. 하지만 이 아시아 청년이 누구이고, 어느 나라 사람이며, 그가 왜 독일군복을 입고 유타 해변에 포로로 있는지를 알려주지는 못한다. 더 자세한 설명이 필요한데, 다행히 이에 대한 중요한 정보가 미국 역사가의 책에 들어 있다. 그 역사가는 노르망디 상륙작전에 참여한 한 중위로부터 다음과 같은 이야기를 듣는다.

독일군복을 입은 아시아인 네 명을 포로로 잡았다. 아무도 그들의 말을 알아듣지 못했다. 마침내 그들이 한국인이라는 사실을 알게 되었다. 도대체 어떻게 한국인들이 히틀러를 위해 미군에 맞서 프랑스를 방어하는 전투에 참전하게 되었을까? 그들은 1938년 일본군에 징집되어(한국은 당시 일본의 식민지였다) 1939년 소련이 국경에서 일본과 전투하는 중에 붉은군대에게 포로가 되어 소련군으로 투입되었고, 1941년 겨울 모스크바 외곽에서 독일군에게 잡혀 독일군에 투입되었으며, 마침내 프랑스에 파견된 것으로 보인다.(Stephen Ambros, *D-Day*, New York : Simon & Schuster, 1994, p.34.)

이것이 바로 한때 '노르망디의 조선인'이라는 제목으로 검색창에서 오르내리던 사진의 설명이다. 제2차 세계대전의 전황을 결정지은 역사적인 현장에 한 조선인이 병사로 등장한 사진이다. 이 설명으로 그가 누구인지, 어떤 연유와 경로로 거기에 있

게 되었는지 대충은 알 수 있게 되었다. 이 정도만으로도 중요한 정보를 얻었다고 할 수 있을 것이다.

그러나 식민지 시대의 징병으로 우리 민족이 세계사에 연관된 의미를 생각할 때 이 한 장의 사진과 간단한 설명은 역사 자료라기엔 너무 부족하다. 그의 인적사항(이름, 나이, 출신지역 등)만이 아니라 이 사진에서처럼 얼마나 많은 조선 청년들이 어떠한 경위와 경로로 당시 세계사의 주변부에서 동원되어 중심부의 전쟁에까지 연루되었는지를 알려면 훨씬 방대한 자료와 연구가 필요하다. 이 정보들은 오규원의 「역사를 찾아서」에 비하면 언제 어디서 무슨 일이 일어났는지를 비교적 정확히 보여주지만, 그 정도로는 우리의 역사적 관심을 충족할 수 없다.

무엇보다 아쉬운 대목은 사진에 나오는 청년 본인의 기록이 없다는 것이다. 그가 자신에 대해 밝히고 남긴 기록이 더 있었더라면 분명 중요한 역사적 자료가 되었을 것이다. 전쟁 와중인데다 포로로 잡힌 상황이라 기록을 남기거나 할 여유가 없었겠지만, 나중에라도 자신의 경험을 회고할 수 있었다면 말이다. 또한 비슷한 처지의 조선 청년들에 대한 다른 기록들도 분명 있(었)을 것이다. 일본과 소련과 독일, 그리고 미국 및 연합군의 군사자료에는 그들의 포로에 대한 기록도 포함되어 있다. 그 자료들이 발굴·조사·연구되었다면 우리 민족사의 한 슬픈 단면이 세계사의 맥락에서 조명되었을 것이다.

그런데 이와 같이 중요하면서도 자료가 부족하여 잊힌 역사가 된 사실에 기억의 활기를 불어넣으려한 이들이 있었다. 이들은 역사가가 아니었다. '노르망디의 조선인'은 인터넷에서 이야기로 만들어져 퍼져나갔고, 곧이어 여러 소설가들의 손을 빌려 완성된 문학작품으로 등장하기 시작했다. 그 가운데 어떤 작품은 영화로도 만들어졌다. 영어판 위키피디아 같은 인터넷 사전에는 사진의 주인공이 양경명이란 실명으로 소개되기까지 했다. 그러나 이러한 노력들은 한 장의 사진과 한 권의 역사서에 아주 짧게 언급된 정보에서 파생된 문학적 상상력의 일환일 뿐이다. 한 방송사에서 이 사실을 집중적으로 다루면서 그 역사성을 밝히고자 했지만, 사진의 주인공에 대해 더 알아낸 건 없었다. 결국 특정한 시간과 공간에서 분명히 벌어졌던 일임에도, 이 이야기가 '역사'로 자리매김되기에는 아직 멀다는 결론에 이르게 된다. 자료와 연구가 턱없이 부족하기 때문이다. 이처럼 관련 자료가 빈약할 경우, 그것이 역사로 진입되기엔 어려울 수밖에 없다.

역사와 두꺼운 책?

어떤 사람에게 실제로 일어난 일이 사진 한 장이나 단지 몇 줄의 기록으로만 흔적이 남아 있다면, 그 사실은 역사보다 문학으로 재구성되기 쉽다. 바로 '노르망디의 조선인'의 예가 그러했다. 어떤 일이 허구가 아닌 사실로 입증되기 위해서는 관련된 자료가 많을수록 좋다. 자료들이 서로 다른 내용을 전하거나 때로 모순을 일으킨다 해도 자료가 없는 것보다는 훨씬 낫다. 자료의 빈틈을 문학적 상상력으로 메우다 보면 멋진 문학작품은 될 수 있을지언정, 그것이 역사는 아니다. 역사는 조사된 정보들로 구성된다.

그렇다면 상상력이 아니라, 많은 증인과 자료의 철저한 고증에 기반을 두고 600쪽이나 되는 꽤 두꺼운 책으로 출간된 한 사람의 전기라면 어떨까? 관련 자료들에 충실히 근거해 집필되었고 자료 출처도 낱낱이 표기되었으며 많은 사진자료들도 제시되었다면, 그런 책을 지어낸 이야기요 소설이라고 할 수는 없을 것이다. 한 재미 언론인이 쓴 『영웅 김영옥』이라는 책은 1919년 미국에서 태어나 2005년까지 살았던 한국계 미국 군인의 일대기다.(이 책은 2005년에 초판이 나왔고, 2012년에 『아름다운 영웅 김영옥』이라는 제목으로 증보판이 간행되었다.) 이 전기는 저자가 5~6년에 걸쳐 한국·프랑스·이탈리아·미국 등을 직접 방문해 현장을 취재하고, 참전용사들과의 대담과 2만 장이 넘는 미

군 전투상보 및 기타 각종 문헌 등을 종합하여 재구성한 김영옥 대령의 생애다. 이 책의 주인공이 육군 소대장으로 활약했던 제2차 세계대전에서의 로마탈환(해방) 전투가 1944년 6월에 벌어졌음을 생각한다면, 동일한 시점에 조선의 피가 흐르는 두 청년—'노르망디의 조선인'과 '영웅 김영옥'—이 정반대의 처지에서 각기 세계사의 현장에 참여하고 있었다는 묘한 인연을 눈여겨보게 된다. 그런데 한 사람은 이름도 없이 한 장의 사진과 문학으로만 기억되고 있는 반면, 다른 한 사람은 풍부한 기록과 정리로 우리나라 초등학교 교과서에 실린 인물이 되었을 뿐만 아니라 미국에 자신의 이름을 딴 초등학교까지 세워져 기려지고 있다.

이로써 두 인물은 비역사와 역사로 구분되는 걸까? 두 사람 모두 허구가 아닌 실제 인물이라는 점은 같다. 분명한 차이는 기록의 양과 그에 기반한 후대의 정리에 있다. 한 사람은 기록

1장
역사란 무엇이 아닌가

이 거의 없으므로 허구에 의하지 않고는 그의 삶이 재구성될 수 없었다. 반면에 다른 한 사람의 생애는 본인 자신의 생생한 기억과 수많은 기록 자료들과 증인들의 증언이 있었고, 그것이 기자에 의해 정리되어 근거 있는 사실들로 재구성되었다. 그렇다면 이 기록 분량의 차이로 '노르망디의 조선인'과 '영웅 김영옥'은 허구와 실재로, 비역사와 역사로 갈라지는 걸까?

많은 양의 자료는 분명히 역사의 필요조건이다. 그러나 단지 자료가 많다는 이유로 역사가 되지는 않는다. 한 가지 더 채워야 할 충분조건이 있다. 앞에서 역사는 조사된 정보들로 구성된다고 했는데, 이는 조사할 수 있는 정보가 많아야 한다는 말이지만 또 하나의 중요한 조건을 암시한다. 바로 누구에 의해 조사된 정보들인가 하는 점이다.

기록이야 많을수록 좋지만 기록 자체가 역사는 아니다. 기록은 검증되어야 한다. 우리가 쓰고 남기는 기록이란 대개 부정확하며 주관적이기 십상이다. 그날 있었던 일을 쓰는 일기조차도 어렴풋한 기억이나 부주의에 의해, 심지어는 의도적으로 얼마든지 잘못 쓸 수 있다. 어떤 기록이든 그러할 가능성을 배제할 수는 없다. 그러므로 특정 사안이 역사적으로 재구성되기 위해서는 그와 관련된 모든 기록이 과연 진실한 증언을 하고 있는지 꼼꼼히 살펴보아야 한다. 그런데 이 객관적이고 철저한 검증작업을 과연 누가 할 수 있을까?

바로 역사가歷史家들이다. 역사가는 이를 위해 전문적으로 훈련을 받은 사람이다. 당시의 역사적인 정황에 대해 풍부하고 바른 지식을 갖고 수많은 자료들 속의 정보를 비교·분석하면서 어떤 자료와 어떤 정보가 역사적으로 진실한지를 역사가는 세밀하게 살핀다. 그리고 한 역사가의 판단은 다른 역사가들에 의해서도 검증되어야 한다. 이러한 과정을 통해 비로소 역사로서 구성되며, 이것이 한 번으로 끝나지 않고 이후로도 계속해서 논의되고 비판되고 보완된다. 이런 과정을 통해 쓰이는 것이 역사라고 할 때, 아무리 두꺼운 자료집이라 해도 역사가들에 의한 검증과정이 없다면 그건 결코 역사일 수 없다. 설령 나름의 철저한 검증을 거쳐 사실 근거도 다 제시되었다 해도, 그 일을 역사가가 아닌 사람이 했고 역사가들이 그 사안에 관심을 갖지 않는다면 그 역시도 아직 역사는 아니다.

『영웅 김영옥』 역시 역사가들의 검증을 필요로 한다는 점에서 아직 역사는 아니다. 그리고 이 두꺼운 책이 역사가 되기 위해서는 역사가들이 나설 때까지 기다려야 한다. 물론 '노르망디의 조선인'보다 '영웅 김영옥'이 더 유리한 위치에 있다. 유타 해변에서 포로로 잡힌 독일군복의 조선 청년이 역사가 되려면 우선 충분한 기록부터 발굴되어야겠지만, 같은 시기에 로마 해방을 위해 혁혁한 공을 세웠던 조선계 미군 청년은 충분한 자료에 입각해 재구성된 이야기가 이제 얼마나 역사적으로 진실한지 역사가들의 검증만 받으면 되기 때문이다.

역사는 많은 사람의 인정과 역사적 근거라는 엄정한 틀을 만족시켜야 한다고 할 때, 개인의 주관성을 넘어서는 많은 사람의 인정이란 곧 역사가들의 검증을 말한다. 그저 '검증'이면 되거나 그저 '많은 사람의 인정'이면 되는 것이 아니다. 역사가도 자신만의 주관적인 견해에 빠져 오류를 범할 수 있다. 그러므로 역사가 역시 다른 역사가들의 검증과 인정을 거쳐야 한다. 물론 이렇게 해서 어떤 역사가 '정답'으로 고정되는 것은 결코 아니다. 역사에 정답이란 없다. 하나의 사건에도 여러 가지 견해와 해석이 공존하며 계속해서 이견이 등장하기 마련이다. 중요한 것은 이러한 논쟁이 학문적으로 엄정하게 이루어져야 한다는 사실이다.

역사 공부의 시작과 함께 던져지는 '역사란 무엇인가'라는 질문에 어떻게 답할지를 궁리하기 위해 이 첫 장에서 먼저 '역사란 무엇이 아닌가'를 물었다. 역사는 시적 감상과 다르고, 자료가 너무 희박하다고 해서 지어낸 이야기로 대신할 수 없으며, 아무리 자료가 많아도 역사가들의 검증 없이는 충분하지 않다. 역사란 무엇이 아닌가? 역사란 시의 주관성, 너무 부족한 자료 및 정보, 역사가들 없이 이루어진 작업이 아니다. 이로써 우리가 역사란 무엇인지에 대해 우선 몇 가지를 정리할 수 있다. 역사는 사실성을 중시하고(벌어진 일이고), 끊임없이 찾아내야 할 풍부한 자료들이며(어떤 일이 일어났는지 알려주는 기록이며), 역사가들의 작업에 의존한다(역사가들의 연구다).

'역사'의 정의

방금 말한 이것이 '역사'에 대한 가장 일반적이고 교과서적인 정의다. 역사란 ①과거에 벌어진 일이며, ②과거에 벌어진 일에 대한 기록이며, ③과거에 벌어진 일에 대한 연구다. 이 세 가지 답에 공통적으로 언급되어 있는 '역사'의 내용·대상·범위라 할 '과거에 벌어진 일'은 사람과 관련된 일에만 국한된다. 사람이 한 일, 사람에게 일어난 일이 '역사'다. 우주에서 발생하는 별들의 충돌, 먼 옛날 공룡의 서식과 멸종은 분명 과거에 벌어진 일이지만 사람과는 무관한 일들이므로 '역사'가 아니다. 그것은 역사학이 아니라 천문학과 고생물학에서 다룬다. 그러나 베수비오 화산의 폭발은 지질학적 사건이지만 폼페이*시와 로마제국에 영향을 준 '역사'다.

그런데 첫번째 의미의 '과거에 벌어진 일'을 흔히 '중요한' 또는 '위대한' 일로만 한정하기 쉽다. 그러나 과거에 벌어진 일은 그게 무엇이든 '역사'다. 왕의 법령 반포, 전쟁과 혁명의 발발, 혁신적인 발명이 '역사'인 것과 똑같이 노예가 주인에게 받은 대우, 부뚜막에서 밥을 짓는 여성의 노동, 심지어 어린이들의 놀이도 '역사'다. 왕이라고 해서 대신들과 국사를 논한 일만 '역사'가 아니라 그가 아침잠에서 깨어 침상에서 몸을 일으킨 일, 용변을 보고 세수를 한 일, 가족들과 아침식사를 한 일, 식사 중에 그의 딸과 농담을 나눈 일 등등 그 모든 일상의 일이 다 '역

● 폼페이
고대 로마의 상업 중심지이자 귀족들의 휴양도시였다. AD 79년, 14km 떨어진 베수비오 화산의 대폭발로 시가지가 2~3m의 화산재로 덮이고 인구의 1/10인 약 2000명이 사망하며 폐허가 되고 잊혔다가 16세기에야 발견되고 18세기 이후에 본격적으로 발굴되었다.

사'다. 사실 무엇이 중요하고 위대한지의 구분 기준은 매우 주관적이어서 사람마다 시대마다 다르다. 역사가들도 처음에는 지배층·권력자·중심부에 한정하여 '역사'를 논했지만, 이제는 점점 그 폭을 넓혀 '아래로부터의 역사' '전체 사회사' '일상사'를 연구한다.

그러나 '과거에 벌어진 일'은 시간이 지나면 사라지고 잊힌다. 누구도 과거로 거슬러 올라가 그 사건 속에 들어갈 수 없다. 그것을 경험하고 목격한 자가 전해주지 않으면 다른 사람, 특히 후대의 사람들은 '과거에 벌어진 일'들을 알 수 없다. 결국 목격자의 증언이 필요한데, 시간이 지나도 여러 사람에게 비교적 왜곡되지 않고 그대로 전해질 수 있는 가장 좋은 증언 방법이 기록인 것이다. 기록이 없으면 어떤 일이 벌어졌는지 알 수가 없으므로, 결국 그것은 일어나지 않은 일이 되어버린다. 그러므로 역사는 '과거에 벌어진 일의 기록'이다. 이것이 역사의 두번째 의미다.

하지만 여기에도 문제가 있다. 사건과 기록이 과연 일치하는가 하는 점이다. 사건을 아주 가까이에서 목격했어도 기록자는 '벌어진 일'이 아니라 '벌어졌다고 생각하는 일'을 기록하기 때문이다. 기록자는 자신의 관점에서 사건을 재구성하기 마련이다. 그 과정에서 선별·배제·가감·오류가 발생한다. 더 심각하게는 의도적인 왜곡도 벌어진다. 그러나 모든 기록이 이렇게 주관적일 수밖에 없다 해도, 기록이 없는 것보다는 훨씬 낫다. 부

정확한 기록이라도 사건의 일면에 대한 정보가 암시되며 다른 자료에 근거한 정황 조사를 통해 역사적 진실을 재구성해낼 수 있기 때문이다. 그러므로 '역사'는 세번째 의미의 연구를 필요로 한다. 즉 후대 역사가들에 의해 이루어지는 검증이다. 목격자 한 사람의 기록이라 할지라도, 그에 대한 검증과 연구는 당대와 후대의 여러 역사가들이 공동으로 진행하는 작업이 된다. 대부분의 논문과 저술이 역사가 한 사람에 의해 집필되어도 역사학계라는 논의의 장을 통해 모든 연구는 공동 작업으로 되는 것이다.

다시 정리해보자면, 벌어지지 않은 일은 역사가 아니다. 그리고 그 근거는 기록적인 자료로 제시되어야 한다. 즉 과거의 일은 기록으로 남아야 역사로서 공유된다. 기록되지 않은 일은 벌어지지 않은 것이나 마찬가지다. 그러나 기록이 너무 적으면 그것을 정확히 추정하는 데 큰 어려움이 있어 역사로 진입되기 어렵다. 물론 기록이 많다고 해서, 심지어 그 기록들이 잘 정리되었다고 해서 자동적으로 역사가 되는 것은 아니다. 역사가들의 검증을 통과해야 역사로 인정된다. 기록을 통해 전해진 과거의 기억이 과연 역사적으로 진실한지를 알기 위해서는 역사가들의 연구가 필요하다. 논의되지 않는 역사는 역사로서의 공적 가치를 얻을 수 없다.

과거의 일, 그것의 기록, 그에 대한 연구. 이것이 일반적으로 말하는 역사의 세 가지 의미다. '역사란 무엇인가'라는 질문에 우선 이렇게 답할 수 있겠다. 그러면 이 가운데 무엇이 가장 중요할까? 이 질문은 마지막 장까지 읽으면서 생각해보고 나눌 한 가지 과제다.

2장

역사라는
대화

"역사는 현재와 과거의 대화다." 영국의 역사가 에드워드 카E. H. Carr(1892~1982)가 『역사란 무엇인가』에서 한 말이다. 그런데 이 문장은 이 책을 읽지 않은 사람도 곧잘 인용하며, 책을 읽은 사람이라고 해도 딱히 그 의미를 더 잘 아는 것 같지 않다. 그냥 멋있지만 정확한 뜻은 모르고 사용되는 명언이 된 듯하다. 이 짧은 문장은 『역사란 무엇인가』 1장의 결론에 나오는 "역사란 역사가와 사실 간의 지속적인 상호작용이며, 현재와 과거 사이의 끊임없는 대화다"를 줄인 말이다. 앞 문장을 뒤에서 다른 단어로 재구성하여 사실상 같은 뜻이 반복되어 강조되고 있으며, 이 가운데 뒤의 문장이 대표적으로 인용된다.

이 두번째 문장에서 "현재" "과거" "대화"를 핵심 키워드로 뽑아 조합해 '역사란 현재와 과거의 대화다'라는 근사한 말이 나왔다. 여기서 또 줄여 요약한다면 이 책의 내용은 '역사란 대화다'로 압축할 수 있을 것이다. 실제로 이 책은 본론 다섯 개 장 가운데 세 개 장에서 역사를 '대화'로 설명하고 있다. 또한 세 개 장에서 각 대화는 세 종류의 '무엇과 무엇의 대화'로 구분되어 점차 깊은 이야기로 들어간다. 그러니까 '역사는 대화다'란 말뜻을 제대로 이해하는 게 그 책의 내용과 '역사란 무엇인가'를 이해하는 관건일 것이다. 그러면 먼저 '대화'의 의미부터 살펴보기로 하자.

대화로서의 역사

대화란 무엇인가? 1장에서처럼 '대화란 무엇이 아닌가'라고 묻는 식으로 답을 찾을 수 있다. 우선 대화는 한쪽에서만 말하는 것이 아니다. 한쪽만 말을 하고 다른 한쪽은 듣기만 하는 것은 대화가 아니다. 역사에서는 어떤 경우를 말하는 것일까? '현재와 과거 사이의 대화'에 적용하면 현재가 과거에게, 또는 그 반대로 과거가 현재에게 각각 일방적으로 말하는 것이 아니라는 뜻이다.

앞 장에서 말한 '역사'의 세 의미를 '현재와 과거'로 연결하여 설명해보자. 첫째로 역사란 '과거에 벌어진 일'이라고 할 때 역사의 범위는 '과거'에 한정되지 않는다. 예를 들어 어떤 일이 1000년 전에 벌어졌다면 그것은 당연히 현재로부터 '1000년 전의 과거'를 의미하는 것이다. 그리고 '1910년'에 벌어진 일들은 현재에서 100여 년 전 일이기에 과거의 일이 된다. '과거'는 '현재'를 전제할 때만 상대적으로 '과거'가 될 수 있다. 그러므로 '과거에 벌어진 일'이라는 의미의 역사에 이미 현재라는 기준이 포함된다.

둘째로 '과거에 벌어진 일의 기록'으로서 역사도 마찬가지다. 여기에는 이미 두 시점이 나타난다. 일이 벌어진 때와 기록하는 때가 다르다. 즉 과거—그것이 10년 전이든, 열흘 전이든, 10시간 전이든—에 벌어진 일을 기억하여 현재 기록하는 것이다. 기록 자체가 이미 현재와 과거 사이에 벌어지는 작업이다. 그런데 그렇게 작성된 기록도 나중에는 과거가 된다. "영웅 김영옥"이 1941년에 로마탈환 전투에서 경험한 '과거'의 일들을 한우성이라는 저자가 2000년대에—당시에는 '현재'에—기록하여 2006년에—역시 출간 당시에는 '현재'에—책으로 출간했지만 오늘날 그 책을 읽는다면 독자는 '과거'(2000년대)에 쓴 '과거'(1940년대)의 사건을 접하는 것이다. 모든 기록은 기록될 때 이미 과거와 현재의 관계가 생기며, 그것이 조사되거나 읽힐 때도 과거와 현재 사이의 작업이 된다.

　역사의 세번째 측면인 '과거에 벌어진 일의 연구'에서는 현재와 과거의 관계가 더욱 분명하다. 여기서 연구의 주체인 역사가는 현재의 인물이고 연구 대상은 과거에 벌어진 일이다. 즉 역사가는 과거에 벌어진 일에 대한 과거의 기록들을 현재에 검증한다. 과거의 일과 과거의 기록 사이에 시간 차이는 있겠지만, 오늘날 연구자의 시점에서는 다 과거다. 그리고 역사가의 연구 대상에는 과거 사건에 대한 기록(사료)만이 아니라 후대 역사가들의 연구물도 포함된다. 앞서 이루어진 연구를 참조하고 비교하며 보충하고 비판하는 것이다. 역사가의 연구는 자신보다 앞선 시대에 벌어진 일과 그에 대한 기록과 연구들을 놓고 벌이는, 현재와 과거 사이의 작업이라 할 수 있다.

그러면 이 둘의 관계가 어떤 경우에는 대화가 아니고 어떻게 하면 대화일까?

19세기의 역사가 랑케Leopold v. Ranke(1795~1886)*는 역사를 과거 (사실)가 말하고 현재(역사가)가 듣는 것이라고 상정했다. 현재 (역사가)의 주관적인 관점을 배제하고 과거에 벌어진 것을 사실 그대로 재현하는 것이 역사가의 의무라고 생각했기 때문이다.

흔히 랑케를 '역사학의 아버지'라고 한다. 그로부터 '역사'가 근대적 학문인 '역사학'으로 되었다는 뜻에서다. 그 이전까지 역 사의 가장 본질적인 의미는 과거의 이야기를 듣고 교훈을 얻게 하는 데 있었다. 그러려면 독자들이 감동받고 교훈을 얻을 수 있도록 이야기를 잘 전달하는 것이 매우 중요했다. 어떤 일이 벌어졌는가보다 어떻게 전달하는가가 더 중요한 셈이었다. 역 사는 문학으로 이해됐으며, 감동적인 전달을 위한 주관적인 서 술이 중시됐다.

역사를 이야기에서 학문으로 바꾼 사람이 바로 랑케다. 그는 역사가 과학과 같은 객관적인 학문이어야 한다고 생각했다. 그 러기 위해서는 역사가의 주관성이 전적으로 배제되어야 한다. 곧 역사가는 말하는 자가 아니라 듣는 자다. 역사가는 자신이 연구하고자 하는 과거 사실에 대해 기존의 선입관과 자신의 주 관을 가지고 해석하는 것이 아니라, 사료가 말해주는 과거의 사실을 잘 듣고 옮겨야 한다는 것이다. 이렇게 해서 랑케는 과 거에 "실제로 벌어진 그대로" 재구성하는 것이 역사가의 의무라

● 레오폴트 폰 랑케
독일 베를린대학교에서 1825년부터 1871년까지 역사학 교수로 재직했다. 그는 엄격한 사료 비판에 근거하여 과거에 실제 벌 어진 대로 역사를 서술해 야 한다고 주장했다. 객관 적이며 실증적인 역사연 구를 징립한 기어로 '근대 역사학의 아버지'로 불린 다.

고 보았다. 실제로 벌어진 일은 변하지 않는 단 하나의 사실이므로 여러 나라 출신의 여러 역사가들이 연구한다고 해도 동일한 연구 결과가 나와야 한다는 주장이다. 예컨대 우리나라, 중국, 일본의 역사가가 청일전쟁을 연구한다 했을 때 각 역사가의 국적에 따라, 즉 각국의 이해관계에 따라 팔이 안으로 굽게 역사를 써서는 안 되며, 모두 똑같이 실제 벌어진 대로만 써야 한다는 것이다. 랑케는 이래야 객관적인 역사서술이며 그것이 학문으로서의 역사, 곧 역사학이라고 생각했다. 그리하여 이런 관점에서 현재와 과거의 관계는 과거만 말하고 현재는 듣기만 하는 것이다.

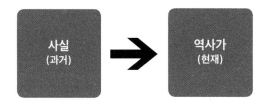

이에 반해 20세기 전반기에 콜링우드Robin G. Collingwood(1889~1943)는 역사란 현재가 과거에게 말하는 것이라 보았다. 과거는 스스로 말하지 못하고 현재의 역사가가 대신 말해줄 수 있을 뿐이며, 역사는 사실이 아니라 사유(해석)라는 것이다. 이러한 관점은 과연 랑케가 주장한 것처럼 역사가가 과거의 사실을 있는 그대로 파악하는 것이 가능할까 하는 의문에서 나왔다. 이는 과거의 사건을 담고 있는 기록 자체는 얼마나 객관적일까 하는 의문이기도 하다. 우리가 과거에 어떤 일이 벌어졌는지 알게 되는 건 기록을 통해서인데, 모든 기록은 기록자의 주관에 영향을 받을 수밖에 없다는 것이다. 따라서 애초부터 100% 객관적인 역사란 불가능하다는 반론이다. 이렇게 보면 어떤 사료가 진실에 가까운지를 검증하고 판단하는 것은 결국 역사가이므로, 과거 사실의 진실성 여부는 후대(현재) 역사가의 판단에 달려 있으며 현재가 과거를 결정한다는 결론이 나온다.

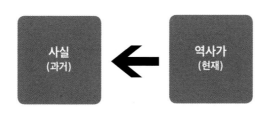

콜링우드의 역사 인식
모든 역사는 현재의 역사로, 과거는 현재의 역사가에 의해 재구성·재해석된다.

과거의 사건은 '자신이 누구인지(어떤 일이 벌어졌는지)' 스스로 말할 수 없다. 이후의 기록과 역사가들의 연구가 '너는 누구야'라고 정의해줄 수 있다. 과거의 모습은 '현재'에 의해 그려지는 것이다. 청일전쟁은 이미 당시 조선 내에서도 수구파와 개화파에 따라 달리 평가되었고, 오늘날 각 나라의 입장에 따라 다르게 해석된다. 이와 같이 과거가 현재에게 말하는 것이 아니라 현재가 과거에게 말을 한다. 기록자가, 그리고 최종적으로 역사가들이 과거에 대해 말할 때 그것은 사실을 말하는 것이 아니다. 있는 대로의 사실은 최초의 기록부터 이미 기록자의 주관에 따라 굴절되었다. 목격자는 벌어진 일을 기록한 것이 아니라 벌어졌다고 자신이 생각한 것을 기록하는 셈이다. 그러므로 역사는 곧 사실이 아니라 사유(해석)라는 이야기다. 이것이 곧 20세기 전반기에 나온 '현재주의'적 역사이해다.

그렇다면 카가 말한 '역사란 현재와 과거의 대화'의 의미는 무엇일까. 그는 이 말을 할 때 앞선 두 가지 관점, 즉 과거든 현재든 한쪽만 일방적으로 말하고 다른 한쪽은 무조건 듣기만 하는 구도를 비판하는 것에서 시작했다. 대화는 서로 말하고 듣는 것이다. 말이 오고가야 대화다. 랑케 식으로 과거 사실이 현재 역사가에게 말하고 역사가가 그대로 받아 적기만 한다면 대화가 아니다. 마찬가지로 콜링우드 식으로 현재 역사가가 과거에 벌어진 일에 대해 해석한 대로 과거 사실이 알려지고, 다른 역사가의 해석에서는 또 다른 모습으로 알려지는 것도 대화가 아니다. 카가 의미하는 대화에서는 현재도 말하고 과거도 말한다. 현재가 말할 때는 과거가 듣지만 과거가 말할 때는 현재가 듣는다. 양쪽이 다 말할 수 있고, 또 서로의 말에 귀를 기울이는 것이 대화의 가장 중요한 특성이지 않은가.

과거만 말하는 것이 아니라 현재도 말하기 때문에 랑케가 상정한 것처럼 한 가지 사건에 대해 역사가들이 똑같은 답을 쓰지 않는다. 역사가들은 각각의 현재 위치에서 주관적으로 자신의 견해를 다르게 피력하며 논쟁을 벌인다. 또한 현재만 말하는 것이 아니라 과거도 말하기 때문에 콜링우드가 단정 지은 것처럼 역사가가 마음대로 자신의 견해를 말하지 않는다. 역사가는 과거에 벌어진 일이 무엇인지 알기 위해 과거의 기록과 연구들이 말하는 것을 듣는다. 그렇게 과거의 '말'을 경청하지 않고서는 현재 역사가의 해석이 나올 수 없다. 현재의 해석 속에 이미 과거의 말이 들어 있다. 대화는 둘이 서로 말하는 것이다.

그러나 그 과정이 일회적으로 끝나고 만다면 역시 대화라 할 수 없다. 한쪽이 먼저 말하고 다른 쪽이 듣고 있다가 차례가 되

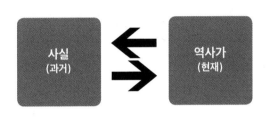

카의 역사 인식(1)
역사가와 사실은 서로를 필요로 하며, 역사는 현재와 과거의 대화다.

어 말을 하고 끝났다면 그들은 대화한 것이 아니다. 그것은 선언이나 성명서의 발표, 성명전일 뿐이다. 카는 단지 "역사란 현재와 과거 사이의 대화다"라고 말하지 않았다. 이 문장에는 카가 말한 아주 중요한 단어가 누락되었다. 카는 "역사란 (…) 현재와 과거 사이의 끊임없는 대화다"라고 말했다. 그냥 대화가 아니라 "끊임없는" 대화다. 한쪽만 말하는 게 아니라 둘 다 말할지라도 각각 말을 한마디씩 하고 끝났다면 대화가 아니다. 대화는 지속성을 전제로 한다. 앞에서 언급했듯 카는 『역사란

무엇인가』 1장의 결론에서 같은 내용을 두 문장으로 강조했다. 다시 인용하면 "역사란 역사가와 사실 간의 지속적인 상호작용이며, 현재와 과거 사이의 끊임없는 대화다"라고 했다. 앞 문장에서 "지속적인"이라고 쓴 단어는 뒤에서 "끊임없는"으로 달리 쓰였고 "대화"는 앞에서 "상호작용"으로 표현되었다. 즉 끊임없이 지속적으로 상호작용이 일어나는 것이 대화다.

카의 역사 인식(2)
역사는 역사가와 사실의 지속적인 상호작용이며, 현재와 과거의 끊임없는 대화다.

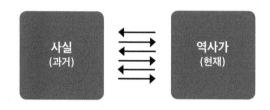

그러면 지속적으로 끊임없이 나누는 대화를 역사에 직접 적용해보자. 역사가는 과거 사실과 어떻게 대화하는 것일까? 우선 대화가 서로 말하고 듣는 것이라고 한 것을 기억하자. 역사가가 어떤 과거의 사실을 알고 싶어 할 때 대화가 시작된다. 그에게 어떤 동기, 관심, 문제의식이 생기거나 주어지면서 그는 그것을 연구하게 된다. 다른 사실이 아니라 바로 '그 사실'을 연구하려고 선택한다. 이것이 바로 말을 거는 순간이다. 역사가는 자신이 가지고 있던 관심과 최소한의 지식을 바탕으로 그 과거 사실에 대해 알고 싶은 것을 묻는다.

질문의 답을 얻으려 그는 관련된 사료들을 선택하는데 이 선택 과정이 이미 자신의 견해가 반영된 그의 '말'이다. 역사가는 자신이 선택한 사료에서 그가 걸었던 '말', 즉 그가 제기한 질문의 답을 들으려 한다. 물론 이때 사료가 마치 사람처럼 스스로 말을 하고 다른 사료를 제시하고 그러는 건 아니다. 이 모든 일은 역사가의 판단과 선택으로 이루어진다. 하지만 그 순간 역사가는 자신이 선택한 사료가 들려주는 말을—사실은 자신이 읽은 글을—'듣는다'. 역사가와 사실 사이의 대화는 이렇게 이루어진다. 랑케가 주장한 것처럼 역사가가 아무 판단과 주관 없이 수동적으로 듣기만 하는 것이 아니다. 사실 역사에서 대화의 주도권은 역사가에게 있다. 또 콜링우드가 강조한 것처럼 과거의 사실이 역사가가 하는 말을 수동적으로 듣기만 하는 것도 아니다. 사료는 그 자체로 역사가의 해석 과정에 이미 영향을 준 것이다. 이렇듯 서로 말하고 서로 듣는다.

대화는 지속적으로 이루어지는 과정이다. 역사가가 과거 사실을 연구할 때도 단 한 번 사료를 골라 읽고서 자신의 역사적 판단이 나오는 것이 아니다. 어떤 사실에 관해 알고 싶은 내용이 얼마나 많을 것이며, 그것을 알려면 또 얼마나 많은 사실들을 알아야 할까. 또 묻고 싶은 질문이 얼마나 많겠는가. 이 일이 왜 일어났을까? 누가 주도적인 역할을 했을까? 그에게 영향을 준 인물, 사건은 무엇일까? 그의 처음 의도는 어떤 과정을 통해 변화되었을까? 등등. 이 모든 질문에 답하려면 계속해서 사료를 찾아 조사해야 하고 그것을 읽고 대조하며 기존의 연구와 비교하는 작업을 해야 한다. 그 모든 과정이 대화다. 역사가가 새로운 관심을 가질 때마다 그리고 그에 따라 새로운 사료를 택해 연구할 때마다 그는 과거에 말을 거는 것이며, 그것들을 읽고 조사할 때마다 그는 과거의 말을 듣는 것이다. 이 과정은 그가 만족할 만한 답을 찾을 때까지 계속된다. 이 작업 내내 역사가와 사실 사이에, 즉 현재와 과거 사이에 계속해서 말하고 듣는 과정이 이어진다. 그러므로 현재와 과거 사이의 대화는 지속적으로 끊임없이 이어질 수밖에 없다.

그런데 대화가 지속되어야 한다고 할 때 그것이 같은 말을 반복하며 오래 끌기만 하면 된다는 의미는 물론 아니다. 그런 대화는 현실의 대화에서도, 역사의 대화에서도 무가치하다. 대화는 그 내용이 발전적으로 전개되어야 한다. 역사가와 사실의 대화는 그 내용이 점점 구체적으로 되고 역사가가 찾고자 하는 답을 향해 나아간다. 역사가가 처음에 품은 관심과 의문은 상대적으로 모호했다. 연구를 계속 진행하면서, 즉 과거 사실과의 대화가 지속되면서 역사가는 더 구체적인 질문을 하게 되고 더 관련이 되는 사료를 참고하며 더 확실한 답을 찾아간다. 역사가와 사실은 점점 더 구체적인 '말'을 주고받는 것이다. 이와 같이 대화의 내용이 발전적으로 전개된다는 것은 이들의 '말'이 처음에는 불충분했다는 걸 암시한다. 만일 처음의 '말'로 충분했다면 그 이후에 더 이상의 '말'이 필요 없었을 것이다. 하지만 양쪽 모두에게 매 단계의 '말'은 더 많은 설명과 확인과 판단이 필요했다.

역사가가 맨 처음에 연구를 시작할 때는, 많은 것을 아직 알고 있지 못하므로 먼저 기초적인 의문에 말해줄 사료를 선택할 것이다. 그는 자신의 첫 질문에 답해줄 것이라고 생각되는 사료를 찾는다. 이 선택은 잠정적이며 잘못 선택했을 수도 있다. 그가 살펴본 사료에서 답을 찾을 수 없거나 답이 너무 미진하다면, 또는 다른 질문으로 나아가고자 한다면 그는 다른 사료를 선택해야 한다. 잠정적이라는 것은 변화가 가능하다는 의미다. 역사가가 품은 처음의 생각은 과거와의 대화를 통해 달라지기 마련이다.

이렇게 모든 과정은 잠정적인 선택에 의해 진행된다. 각 단계의 '말'이 잠정적이므로 이 대화는 답이 나올 때까지 끊임없이 지속된다. 어느 정도 확신을 가지고 세상에 내놓을 수 있을 정도의 연구 결과가 나올 때까지 역사가는 이 대화를 지속할 것이다. 그 이후에는 과거 사실과의 대화가 이제 역사가들 사이에서의 대화로 이어질 것이다.

역사라는 대화, 즉 현재와 과거의 대화, 그러니까 현재 역사가와 과거 사실의 대화는 이렇게 진행된다. 그것은 결코 한쪽만 떠들고 다른 쪽은 조용히 듣기만 하는 일방적인 모습이 아니다. 또 양쪽에서 서로 듣지는 않고 자기주장만 한 번씩 하는 것으로 끝나는 성명전도 아니다. 대화는 서로 말하고 들으며, 그

'말'이 잠정적인 것을 알고 상대방의 '말'에 의해 영향을 받으며 더 구체적이고 분명한 답으로 나아가는 긴 과정이다.

역사가와 무엇의 대화?

대화는 아무도 없는 곳에서 혼자만의 생각을 말하는 독백이 아니다. 대화에는 반드시 대화 상대자가 있어야 한다. 역사를 "현재와 과거 사이의 끊임없는 대화"라고 할 때 이 대화는 "현재와 과거"라는 두 대상 사이에서 이루어진다. 그리고 둘 이상의 대상은 '과' 또는 '와'라는 조사로 연결된다. 영어도 마찬가지로 'and'라는 접속사가 두 단어를 연결한다. 카가 "present and past"라 쓴 것이 우리말로 "현재와 과거"로 된 것이다.

이때 '과'/'와'(또는 and)는 대등한 두 단어를 연결하는 것이 상식적이다. '한국과 일본' 또는 '국어와 수학'처럼 말이다. 한국과 일본은 나라로서, 국어와 수학은 과목으로서 동일한 위치에 있다. 물론 한국과 카스피해 또는 국어와 운동화 같이 서로 아무런 상관성이 없(어 보이)는 단어가 연결될 수도 있다. 그러나 의미를 전하는 일반적인 어법에서 '과'/'와'는 대등한 두 단어를 연결하기 마련이다.

카가 역사를 "현재와 과거" 사이의 대화라고 말할 때도 대등한 두 대상을 연결한 것이다. 카의 두 문장을 다시 보자. 우리가 계속 살펴본 "역사란 현재와 과거 사이의 끊임없는 대화다"

는 두번째 문장이다. 첫 문장 "역사란 역사가와 사실 간의 지속적인 상호작용이며"를 둘째 문장의 구조에 그대로 얹으면 '역사란 역사가와 사실 사이의 끊임없는 대화'라고 할 수 있다. "지속적인 상호작용"이 "끊임없는 대화"와 같은 뜻이듯이, "역사가와 사실"은 "현재와 과거"와 동일한 뜻을 가지고 있다. 역사가는 현재의 존재이며 역사가가 연구하는 사실은 과거 사실이다. 결국 두 문장은 "역사가"와 "사실", "현재"와 "과거"라는 대등한 두 단어, 두 대상 사이의 관계로 역사를 설명하고 있다. 이를 위해 '와'라는 조사가 자연스럽게 사용되었다.

그런데 이것이 반쪽만의 진실임을 알고 있는가? 사실 카가 그렇게 말하지 않았기 때문이다. 카가 역사를 "현재와 과거 사이의 끊임없는 대화"로 말한 것은 맞다. 그러나 그는 "역사란 역사가와 사실 간의 지속적인 상호작용"이라고는 말하지 않았다. 여기에 많은 사람들이 잘못 알고 있는 중요한 사실이 있다. 그리고 이 문장에 나오는 '역사가와 사실'이 책 1장의 제목이기도 해서 책을 이해하는 데 큰 오해를 준다. 우리말로 옮겨진 대부분의 번역서가 1장의 제목을 "역사가와 사실"로 하고 있다. 그러나 다시 말하지만 카는 "역사란 역사가와 사실 간의 지속적인 상호작용"이라고 말하지 않았다. 그리고 1장의 제목도 "역사가와 사실"로 붙이지 않았다.

그렇다면 진실은 무엇일까? 카는 정확히는 "역사가와 그의 사실"이라고 표현했다. 이것이 1장의 제목이며 결론의 문장도

"역사란 역사가와 그의 사실 간의 지속적인 상호작용이며"로 시작한다. "현재"와 "과거"에 해당하는 "역사가"와 "사실"이 자연스러운 대등한 쌍인 것 같지만, 카는 의도적으로 우리의 상식을 벗어나 "역사가"와 "그의 사실"이라는 대등하지 않은 단어들로 1장의 결론 첫 문장을 말했고 제목도 그렇게 붙였다.

카는 왜 의미상 상식적이지 않은 조합을 택한 것일까? 카는 현재와 과거를, 역사가와 사실을 대등한 위치로 보지 않았다. 앞에서 살펴보았듯이 둘 사이의 대화는 역사가, 즉 현재로부터 시작한다. 랑케가 주장한 것처럼 역사가는 말하지 않고 듣기만 하는 것이 아니라 말을 먼저 한다. 과거(사실)는 스스로 말을 하지 못한다. 역사가가 선택해야만 말을 할 수 있다. 그가 사료를 선택해 읽을 때에야 과거는 비로소 말을 한다. 역사가가 선택하지 않은 사실은 말하지 못한다. 그러므로 역사가는 자신과 대등한 과거 한 시점의 어떤 사실과 대화를 하는 것이 아니라 '그가 선택한' 사료, 즉 '그가 선택'한 사실과 대화를 하는 것이다.

카의 역사 인식(3)
역사는 역사가와 역사가가 선택한 사실과의 대화다.

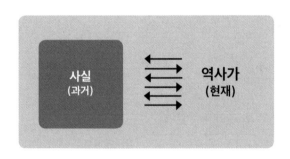

이것은 결국 콜링우드 식 대화일까? 언뜻 그렇게 보이기도 한다. 랑케와는 정반대로 콜링우드는 과거 사실이 스스로 말을 할 수 없다고 단정 지었다. 문서에는 글씨가 적혀 있지만 그것이 스스로 말하는 것이 아니라 누군가 읽을 때에야 말을 한다. 과거는 현재의 역사가가 그것을 읽어줄 때에야 말을 하는데 그때 역사가는 그 사료를 자기의 생각대로 읽으므로, 즉 해석하므로 결국 말하는 것은 그 사료가 아니라 역사가다. 여기까지는 카가 콜링우드의 생각에 그대로 동조한 듯 보인다. 실제로 카의 생각은 랑케보다는 콜링우드에 더 가깝다. 그러나 큰 차이가 있다. 콜링우드에게 중요한 것은 오로지 말하는 자로서 역사가였다. 그는 역사가가 사료에 받는 영향을 중시하지 않았다. 사료는 스스로 말을 하지 못하고 오직 역사가가 읽을 때만 말하므로, 그것은 사실상 역사가의 말이며 역사가만 말한다고 본 것이다. 카는 이러한 주장에는 거리를 둔다. 역사가가 사료를 읽을 때 그는 자신의 주관을 가지고서 해석을 하지만, 그의 생각은 사료를 읽고 조사하면서 변화하고 발전하기 마련이다. 따라서 역사가의 말은 사료의 말이기도 한 것이다. 카는 양자 간의 "지속적인 상호작용"을 강조한다. 역사가가 혼자 말하는 게 아니라 역사가와 그가 선택한 사실이 서로 말하고 듣는 "끊임없는 대화"가 이뤄지는 것이다.

지금까지 설명한 것은 역사가와 과거 사실, 정확히 말하면 그가 선택한 과거 사실과의 대화가 가지는 형식적인 면이다. 대화가 둘 사이에 대등하게 이루어지는 지속적인 과정이라는 점과, 대화가 역사가의 주도로 진행된다는 점을 주목했다. 그러나 이 것을 단지 대화의 모양과 순서라는 점으로만 이해할 것은 아니 다. 여기에 더 중요한 의미가 들어 있다.

'역사'라는 대화는 역사가가 과거 사실을 선택함으로 시작된 다고 했다. 이때 역사가는 그 사실을 어떻게 선택하게 된 것일 까? 자신의 개인적인 지적 호기심과 관심에서 그 사실을 선택 했을 수 있다. 또는 어떤 단체나 기관에서 그 역사가에게 맡긴 연구일 수도 있다. 이때 중요한 점은 자신이 선택했든지 어떤 단체가 맡겼든지, 그 과제는 모두 '현재'의 관심을 반영하고 있 다는 점이다. 다른 말로 하면 현재의 '문제의식'을 담고 있다는 이야기다.

오늘날 사람들이 특별히 중요하다고 느끼는 어떤 문제의식이 있을 것이다. 그러면 그들은 현재의 그 문제를 파헤치고 해결책 을 강구하기 위해, 관련이 있는 과거의 사실들을 살펴볼 것이 다. 그렇게 해서 과거의 사실이 선택된다. 백지 상태에서, 즉 역 사가에게 아무런 관심과 연관성이 없는데 과거 사실이 불쑥 '이 것 좀 연구해라!'고 초청하는 게 아니다. 그러면서 그 사실이 어 떤 사실인지를 현재의 역사가에게 말해주는 것은 더욱 아니다. 그 초청은 역사가가 한다. 역사가의 문제의식에 따라 수많은 과거 사실들 가운데 어떤 사실이 선택된다. 구체적으로는 사료 의 선택으로 나타날 것이다. 과거의 사실을 전하는 수많은 사료 가운데 역사가는 자신의 문제의식에 답을 해줄 것 같은 사료를 선택할 것이다.

이렇게 '현재'의 문제와 그에 대한 역사가의 문제의식으로부터 역사라는 대화가 시작된다. 역사가는 단순히 과거의 지식들을 수집하는 골동품상이 아니다. 골동품의 나열만으로는 역사의 대화가 이뤄지지 않는다. 그렇다고 어마어마한 과거의 보고寶庫를 무시하고 현재만 보는 것은 아주 현명하지 못한 일이다. 현재의 문제는 그 '역사'가 있다. 과거를 보아야 현재의 문제를 알 수 있고 살펴볼 수 있다. 현재에 대해 깨어 있는 의식을 가지고 현재의 문제를 과거라는 긴 맥락 속에서 살펴보며 그 뿌리와 과정을 추적하는 것이 역사다. 그런 사람들이 많은 사회가 역사라는 대화를 제대로 하는 사회다.

사실과 역사적 사실

카가 말하는 대화로서의 역사는 다소 일방적으로 보일 정도로 역사가와 현재에 더 치중하고 있다. 역사가의 선택이 출발점이므로 처음부터 현재와 과거는 대등한 위치가 아니다. 과거 자체가 아니라 현재가 선택한 과거만이 현재의 대화 상대자가 된다. 현재의 문제의식과 연관돼 선택된 과거 사실만이 대화에서 말을 한다.

이렇듯 역사에서는 역사가의 선택이 중요하다. 카는 이것을

'사실'과 '역사적 사실'의 구분으로 설명한다. 사실이란 글자 그대로 '과거에 벌어진 일'이다. 지어낸 이야기가 아니라 어느 특정의 시공간에서 벌어진 일은 모두 사실이다. 1장에서 살펴본 첫번째 의미의 역사가 바로 그것이다. 교과서적 정의로는 '과거에 벌어진 일'이면 무엇이든지 다 역사라고 했다. 그러나 어떤 사실은 역사가에게 선택되고 어떤 것은 그렇지 않다. 카는 역사가가 선택한 사실을 '역사적 사실'이라 불렀다.

물론 역사가가 어떤 사실을 선택하는지에 대해서는 원칙이 없다. 왕이 한 일은 역사가가 연구하기 위해 선택하고 노동자에게 일어난 일은 역사가의 연구대상이 될 수 없다는 법은 없다. 일반적으로 중요한 사실이 역사가의 선택 범주에 들어가고 중요하지 않은 사실은 역사가의 연구 대상으로 선택되지 않을 것 같지만 꼭 그런 것은 아니다. 무엇보다 중요한 것과 중요하지 않은 것을 구분하는 절대적 기준이란 없다. 어떤 사실의 중요도는 그 사실 자체의 성격으로 결정되지 않는다. 그렇다고 역사가에게 선택되는 사실은 중요하고 나머지는 아니라고 할 수도 없다. 역사가의 선택 범위는 시간이 지나면서 점점 더 확대되어갈 것이며 지금도 확대되고 있기 때문이다. 실제로 요즘은 전에는 중시하지 않았던 전체사, 아래로부터의 역사, 일상사, 미시사 등의 연구가 활발하게 전개되고 있다. 그러므로 역사가가 선택한 '역사적 사실'과 중요한 사실을 동등한 의미로 보아도 안 되리라.

카는 사실과 역사적 사실을 구분하여 설명하기 위해 한 가지 사건을 예로 들었다. 1850년에 런던의 스테일리브리지Stalybridge에서 노점상 한 명이 살해당하는 사건이 벌어졌다. 그 사건은 경찰의 조사까지 받은, 기록된 사실이다. 그런데 1962년 키슨 클라크Kitson Clark라는 한 역사가가 그 사건을 연구하기 시작할 때까지 그것은 그냥 '사실'에 불과했다. 물론 그것은 분명히 '과거에 벌어진 일'이며 그에 대한 '기록'까지 있는 '역사'임에 틀림없다. 그러나 그 사실은 한 역사가가 연구하기 위해 선택될 때 비로소 '역사적 사실'이 되기 시작한다. 정확히 말하면 아직 '역사적 사실'은 아니다. '역사적 사실'의 후보에 올라갔을 뿐이다. 그러면 어떻게 해야 정식으로 '역사적 사실'이 될 수 있을까? 바로 역사가'들'의 인정을 통해서다.

키슨 클라크의 연구로 스테일리브리지 노점상 살인사건은 '역사적 사실'의 후보에 등록됐고, 이제 다른 역사가들이 이 사건으로 논쟁을 벌이고 논문에 인용하고 연구를 전개하면서 '역사적 사실'로 인정받는다. 한 사람의 역사가로는 부족하다. 여러 역사가들, 즉 역사학계에서 논의될 때 그 사실은 '역사적 사실'이 되는 것이다. 이것은 앞서 언급한 역사가들의 인정이라는 말과 같은 의미다. 그래서 '노르망디의 조선인'과 '영웅 김영옥'도 분명히 제2차 세계대전이라는 사실의 일부지만 아직 '역사적 사실'은 아니다. 역사가들의 문제의식이, 또는 그 반대로 그들의 게으름이, 사실을 '역사적 사실'로 만들 수도 있고 만들지 않을 수도 있다.

　이렇게 보면 카가 말하는 '역사적 사실'은 1장에서 본 교과서적 정의에서 '역사'의 세 번째 의미, 즉 '과거에 벌어진 일에 대한 (역사가들의) 연구'에 해당한다. '과거에 벌어진 일'이기에 이미 '역사'이기는 하지만 '역사적 사실'이 될 때에 '역사'로서 더 깊은 의미를 갖는다고 할 수 있다. 이와 같이 '역사'에서는 역사가의 역할이 중요하며, '역사적 사실'이란 결국 역사가들이 살고 있는 '현재'의 관심과 문제의식에 따라 결정된다. 물론 역사가가 '현재'의 주체인 것은 아니다. 역사가는 '현재'의 경향과 문제를 잘 파악하도록 훈련받았지만, 그를 움직이는 것은 '현재' 자체다. '현재'를 살아가는 모든 사회구성원들의 의식과 갈등과 결정이 곧 역사가를 움직인다. 그러므로 어떤 사실이 '역사적 사실'로 되느냐는 역사가들이 사는 사회의 구성원들에게 달려 있다고 할 수 있다. 여기에도 다수와 소수라는 수의 논리가 작용하기 마련이지만 '현재'의 구성원 각각이 가지고 있는 문제의식이 곧 '현재'를 대변하는 역사가들에게도 반영된다.

　다시 정리하면 '과거에 벌어진 일'로서 '사실'이 있고, 그 사실들 가운데 역사가가 '현재'의 문제의식에 따라 연구하기 위해 선택하는 '그의 사실'이 있으며, 역사가들이 선택한 '역사적 사실'이 있다. 그중에 대화로서의 역사에서 의미가 있는 것은 '그의 사실'과 '역사적 사실'이다. 그저 '과거에 벌어진 일'인 '사실'은 현재와 무관할 수 있기 때문이다. 현재와 아무 관계가 없는 과거란, 역사라는 대화와 무관하다. '현재'와 관련이 있을 때, '현재'의 문제의식에 의해 들여다보기 시작할 때 과거의 사실은 역사가 된다.

'역사적 사실'은 한 사람의 역사가가 아니라 역사가들에게서, 즉 역사학계에서 공동으로 논의가 되는 사실을 말한다. 여기서 역사는 현재와 관련될 뿐 아니라 공동체의 관점에서도 의미를 갖는다. 한 사람만의 관심이나 의미 부여로는 역사로서의 의미가 매우 빈약하다. '현재'의 문제의식에서 과거를 살펴보는 역사가들이 많을 때, 즉 사회 다수의 관심과 의식이 있을 때 역사로서의 의미도 커진다. 이 장에서는 우선 역사를 역사가 개인의 대화로 설명했지만, 역사가 자신도 얼마나 '현재'와 관계를 맺는지 다음 장에서 깊이 살펴보겠다.

카의 『역사란 무엇인가』는 대화라는 개념을 적용해 역사를 '현재와 과거' 사이의 관계로 설명하고 있다. 그러나 카는 이뿐 아니라 '역사가와 그의 사실' 사이에 전개되는 대화로 역사를 설명한다. 이 두 개념과 두 쌍은 동일한 의미를 갖지만 카가 더 강조하고자 한 것은 '역사가와 그의 사실' 사이의 대화라고 할 수 있다. 그가 1장 제목을 '현재와 과거'라 하지 않고 '역사가와 그의 사실'이라고 한 데서 그의 의도는 분명히 드러난다. '현재와 과거' 사이의 대화라는 말보다 '역사가와 그의 사실' 사이의 대화라는 말에서 역사가가 과거 사실을 선택한다는 의미가 더 잘 나타나고, 카가 '사실'이 아니라 '역사적 사실'에서 역사의 의미를 찾고자 한 것이 더 분명해진다.

그러나 우리말 번역서들은 거의 대부분 1장의 제목을 "역사가와 사실"로 옮겼다. 원저가 1963년에 출간된 이 책은 우리나라에서 1966년에 처음으로 번역되었다. 그때부터 카의 명저는 우리나라 젊은이들의 역사의식에 대단히 중요한 영향을 미쳤다. 그것은 과거에만 시선을 고정하던 19세기식 역사 이해에서 벗어나 현재의 문제의식을 가지고 역사를 보게 하는 데 큰 기여를 했다. 그러한 역할과 함께 이 책은 이후로도 꾸준히 번역되어 최근까지도 거의 매년 번역·출간되고 있다. 지금까지 총 23개 이상의 출판사가 이 책을 내놓았다. 그러나 이 많은 종류의 번역서들 가운데 원문("The Historian and His Facts")대로 "역사가와 그의 사실(들)"이라고 옮긴 책은 단 한 종류뿐이다. 나머지 거의 모든 책이 1장 제목을 여전히 "역사가와 사실"로 옮기고 있고 결론의 첫 문장을 비롯해 본문의 내용에서 그 중요한 "그의"를 빼고 그냥 "사실"로만 번역하여 의미를 크게 훼손하고 있다. 『역사란 무엇인가』는 '왜 역사가와 사실이 아니고 역사가와 그의 사실인가'라는 질문을 가지고 읽어야만 한다. 이것이 또한 '역사란 무엇인지'에 답하는 데 중요한 열쇠다.

3장

무엇을 위한
대화인가

『역사란 무엇인가』가 '역사란 무엇인가?'라는 질문의 답을 찾는 데 가장 참고할 만한 도서 가운데 하나로 손꼽혀온 것은 단지 제목이 그렇기 때문만은 아니었다. 무엇보다 이 책은 역사를 이해하는 데 오랫동안 영향을 미쳐온 객관성과 주관성에 대한 환상을 깨트리는 데 큰 기여를 했다. 과거는 객관적이며 현재는 주관적이라는 단순한 구분으로 역사를 이해하는 고리타분한 방식이 교정된 것이다. 카는 현재와 과거 사이에 대화가 이루어지는 것을 역사라고 보았다. 이때 대화의 본질은 둘 사이에 끊임없이 지속되는 상호작용이다. 대화로서의 역사는 현재가 배제된 채 과거를 객관적으로 받아들이는 게 아니며 또한 과거를 무시하고 현재의 주관적 관점으로만 보는 것도 아니다. 그런데 여기서 현재와 과거는 대등한 위치에서 영향을 주고받는 것처럼 보이지만 그렇지는 않다. 실제 대화는 현재에 의해 주도된다. 현재를 사는 역사가의 문제의식이 과거의 사실을 선택함으로써 둘 사이의 관계가 시작되며 그 다음 단계로 나아가는 것도 역사가가 선택하고 듣고 생각을 정리하고 다시 선택하면서 진행되기 때문이다. 이로써 역사 이해의 무게중심이 과거에서 현재로 상당히 이동했다. 이러한 견해는 역사에서 현재의 중요성을 일깨웠으며 현재의 문제의식을 강조하는 결과를 가져왔다.

그러나 아직 이야기를 끝내기엔 이르다. "역사는 현재와 과거 사이의 끊임없는 대화다." 이 문장 하나로는 카의 『역사란 무엇인가』를 다 설명할 수 없다. 이 문장은 1장의 결론에 불과하다. 카가 2장에서, 그리고 5장에서 말한 더 중요한 문장들이 있다. 그 내용들에서 역사라는 대화의 주체가 더 구체적으로 논의되고 역사라는 대화의 범위가 더 분명해진다.

보통 줄여서 "역사는 현재와 과거의 대화다"라고 인용되는 1장의 결론은 2장에서 "역사란 현재 사회와 과거 사회의 대화다"라는 결론으로 발전한다. '현재'와 '과거'에 '사회'라는 단어가 더해졌다. 대화의 주체가 '현재'(역사가)와 '과거'(사실)에서 '현재 사회'와 '과거 사회'로 된 것이다. 앞 장을 본 독자들은 이 말의 의미를 짐작했겠지만, 여기서 본격적으로 이야기해보려 한다.

현재 사회와 과거 사회의 대화

카의 책 2장의 제목은 '사회와 개인'이다. 이 둘의 관계도 앞에서 살펴본 '역사가'와 '사실'의 관계처럼 어느 한쪽에 더 비중을 둘 수 있을까? 사람마다 '개인'이 더 중요하다고 볼 수 있고, '사회'가 '개인'보다 우선한다고 생각할 수도 있다. 역사에 적용하면 흔히 영웅이 시대를 낳느냐, 시대가 영웅을 낳느냐는 질문으로 표현된다.

20세기가 되기 전까지는 대체로 '개인'이 역사 이해의 중심 노롯을 했다. 역사는 대개 영웅들의 이야기로 구성됐다. 왕, 장군, 사상가, 성인聖人 등으로 이루어진 소수의 위인들이 역사를 이끌고 나머지는 이들이 앞장서 간 길을 따라왔다고 봤기 때문에, 역사를 알려면 이들 소수의 '개인'을 연구하면 됐다. 이러한 생각은 19세기에 역사학이 근대적인 학문으로 정립되는 과정에도 고스란히 전수됐다. 랑케를 비롯한 초창기 역사학자들은 특히 근대로 발전하는 과정에서 개인의 역할이 더욱 두드러진 것에 주목했다. 서양에서 근대의 정점에 이르는 19세기는 두 개의 혁명을 꽃피운 시대였다. 바로 산업혁명과 프랑스혁명이다. 두 혁명은 각각 경제적 근대화(산업화)와 정치적 근대화(시민사회 형성)를 이뤘다. 그리고 이 두 운동의 주역은 모두 부르주아지라고 불리는 중산 시민계급이었다. 이들은 신분 계급으로는 세 개의 신분 가운데 최하위인 3신분에 속하는 평민층이었지만, 3신분에서는 최상층으로서 1·2신분과 버금가는 경제력을 가지고 있었다. 이들은 경제적인 능력과 사회적인 위치 사이의 큰 격차에서 오는 불만을 두 개의 혁명으로 해소하려 했고 19세기를 자신들의 시대로 변화시키는 데 성공했다.

19세기는 부르주아지의 시대라고 할 수 있다. 역사학자들은 이들의 상승을 곧 근대적 개인의 승리로 보았다. 근대사회는 혈통이라는 비합리적 요인으로 결정되는 봉건제 및 신분제 등의 중세적·전통적 구조와 달리 개인의 능력, 즉 경제력을 기준으로 사회가 구성되는 체제였다. 그리하여 19세기에는 더욱 '개

● 3신분 구분
중세 유럽 사회는 세 가지 신분으로 구성되었다. 1신분은 성직자, 2신분은 귀족, 3신분은 평민을 말한다. 1·2신분이 3신분을 지배했다. 근대에 접어들어 경제적 능력에 따라 한 신분 안에서도 계급의 구분이 이루어져 3신분 최상층은 부르주아지, 최하층은 프롤레타리아트로 불리게 된다.

인'이 역사의 주체로 인식되었다. 물론 여기서 '개인'은 오늘날의 보통 사람들 개개인이 아니라 역사를 바꾸고 움직이는 의식 있는 소수를 말한다. 사회를 지배하는 세력이 왕과 귀족에서 부르주아지로 바뀌었지만 이들은 모두 위

대한 '개인'이라는 점에서 공통적이다. 결국 역사는 고대나 중세나 근대나 개인이 움직이며 개인이 사회를 이끌고 영웅이 시대를 낳는다고 본 것이다. "역사란 위인들의 전기傳記다"라는 19세기 역사가의 격언이 이런 생각을 대표적으로 보여준다.

이러한 생각은 개인과 사회가 분리된다는 가정에서 출발한다. 사회는 올바른 의식이 없는 다수의 집단에 지나지 않지만, 위대한 개인은 그 사회의 한 구성원이 아니라 그보다 훨씬 앞서 나아간 자다. 그는 역사 밖에서, 즉 시대를 앞서서 사회를 이끈다. 역사는 위인이 사회에 방향을 제시하고 그리로 이끌어가는 과정인 것이다.

이에 대해 20세기 중반의 카는 개인과 사회의 관계를 전적으로 다르게 보았다. 누구도 사회와 시대 밖에 있을 수 없다는 것

이다. 위대한 개인도 사회 안의, 역사 안의 존재다. 개인과 사회는 분리되지 않는다. 19세기에 부르주아지가 기존의 사회와 체제를 깨트린 것은 사회적 세력들 사이의 싸움의 결과였다. 이 모든 갈등과 투쟁은 모두 사회 안에서 벌어진 역사적 과정이다. 그것은 사회를 훌쩍 뛰어넘은 개인들이 역사적 맥락과 과정과 무관하게 일으킨 사건이 아니었다.

카는 『역사란 무엇인가』에서 개인이 사회와 분리되지 않을 뿐 아니라 나아가 소속한 '사회의 산물'이라는 논리를 끌어낸다. 더 넓게 보면 모든 것이 역사적 과정으로 만들어진 사회적 산물이라고 결론 내릴 수도 있다. 물론 이것이 개인은 전적으로 사회에 따라 결정된다는 뜻은 아니다. 누구도 사회의 영향을 전혀 받지 않고, 사회와 무관하게 살 수는 없다는 의미로 이해해야 한다. 영향을 받는 정도는 사람마다 다를 수 있다. 누구는 시대의 흐름에 앞서며 또 누구는 뒤처질 것이고, 아예 그것을 거부하고 자기만의 방식을 고집하는 경우도 있다. 그러나 누구도 사회를 떠나 있지는 않다. 산속에 혼자 산다 해도 그의 사고와 언어는 그가 사는 사회에 의해 오래전에 형성된 것이다.

모든 것이 사회적 산물이라는 개념은 역사가와 사실, 즉 현재와 과거에 다 관련된다. 현재, 즉 역사가는 개인으로서 현재 사회의 산물이며 과거의 사실도 과거 사회의 산물이다. 오늘날의 어느 역사가가 영조 시대의 탕평책을 연구한다면, 21세기 한국 사회를 배경으로 살고 있는 역사가가 18세기 조선의 정치적 상황에서 펼쳐진 정책을 살펴보는 것이다. 그 역사가는 1945년이나 1987년이 아니라 2010년대 사회 속에서 형성된 사고방식과 문제의식을 가지고 있다. 또한 영조의 탕평책 역시 숙종이나 정조 시대의 탕평책과 다른 사회적 배경에서 나온 것이다.

먼저 역사가의 차원부터 보자. 역사가는 그가 속해 있는 사회 속의 개인이다. 카는 이를 행렬에 비유한다. 역사를 한 사회가 긴 시대에 걸쳐 움직이는 행렬에 비유한 것이다. 이때 모든 개인은 그가 살고 있는 사회의 구성원으로서 사회가 움직이는 대로 따라간다. 1850년의 시점이라면 한 개인이 아무리 특출해도 그가 사는 사회의 위치, 즉 역사를 벗어날 수 없다. 어떤 위인이라도 1850년에 2000년의 시점에서 그 사회를 이끌 수 없다는 것이다. 한 사회가 그때까지 흘러온 사회적 힘의 관계에 따라 1850년, 1851년, 1852년으로 차차 나아가는 것이지 그 시대를 뛰어넘는 혜안을 가진 역사 밖의 인물에 의해 2000년의 시점으로 껑충 뛸 수 없다.

시대에 따라 한 사회의 위치가 결정되고 개인은 사회가 위치한 장소에서 벗어나지 못한다. 사회가 개인의 지점을 결정하는 것이다. 물론 저마다 그 시대가 머물고 있는 지점 안에서 각자의 관점을 갖는다. 이론상으로는 다양한 관점이 가능하지만 그것도 사회의 시대적 위치에 의해 제한된다. 시대의 대세에 따르든 거스르든 모두 그 시대의 흐름에 반응하는 것이며, 따라서 영향을 받는 것이다. 한 시대의 진보적 관점은 150년이 지난 뒤에 보면 보수 중에서도 극보수적인 관점일 수 있다. 한 사회에서 1850년에는 생각할 수도 없던 현상이 2000년에 이르러서는 너무나 자명한 현실이 될 수 있다. 한 개인으로서 역사가가 갖는 관점은 중요하고 또 다양할 수 있지만, 그것은 모두 사회의 영향 아래 형성된 것이다.

역사가는 사회의 산물이다. 1850년의 역사가가 1850년 사회의 산물인 것과 같이 현재 역사가는 현재 사회의 산물이다. 사회의 영향은 역사가가 과거 사실을 선택할 때 그대로 나타난다. 역사가가 처한 현재가 전쟁이 막 끝난 사회일 수 있다. 또 국제적인 경제 위기로 오랜 침체기를 겪는 사회일 수도 있다. 이러저러한 상황에 처한 사회의 문제점이 역사가의 관심과 의식에 영향을 준다. 역사가는 현재, 즉 '현재 사회'의 문제의식에 따라 과거 사실을 선택한다.

물론 역사가 개인의 관점 또한 각자가 살아온 각각 다른 배경과 과정에 따라 다양한 양태로 나타날 것이다. 같은 시대와 같은 사회에 속해 있어도 60년을 살아온 자와 35년을 살아온 자의 경험은 다르다. 구세대는 혹독한 전쟁 시기를 겪었고 신세대는 어린 시절부터 전후의 평화와 번영을 누렸다면 당연히 그들의 세계관에도 영향을 준다. 또는 그가 어느 계층 출신인지, 자라온 가정의 경제적 상태는 어떠했는지, 종교는 무엇이며, 어느 지방에서 자랐는지, 누구에게서 배웠는지 등 다양한 요인들이 역사가의 관점을 형성하는 데 영향을 끼친다. 이 모든 것이 역사가를 형성하는 사회적 요인들이다.

역사가의 문제의식은 곧 그 사회의 모습을 반영한다. 거꾸로 생각할 수도 있다. 역사가들이 무엇을 연구하는지, 어떤 관점을 가지고 있는지를 살펴봄으로써 그 사회를 알 수 있다는 이야기다. 사회의 문제와 의식과 상태는 역사가들의 연구에 영향을 준다. 물론 각 역사가들의 관점은 각자의 환경과 처지에 따라 다 다를 것이다. 그러나 어쨌거나 그 모든 관점은 결국 사회적 작용에 의해 형성된 것이다. 이러한 의미에서 역사가는 사회의 산물이며 현재 역사가는 현재 사회의 산물이다.

다음으로 역사가가 연구하는 과거 사실의 차원을 보자. 과거 사실은 마찬가지로 과거 사회의 산물이다. 우선 어떤 일이 벌어질 때 거기에는 직간접적으로 사회적인 요인들이 작용한다. 일차적으로 대부분의 사건이 사람들 사이에서 벌어진다는 점에서 그것은 사회적 힘에 의해 발생한다고 할 수 있다. 물론 전적으로 개인적인 일들도 있다. 한 사람이 산책을 하거나 밥을 먹거나 하는 일들은 사회적 요인이나 힘과는 거의 관계없어 보인다. 여기서 중요한 문제가 제기된다. 역사가가 자신이 선택한 '그의 사실'과 대화한다고 할 때 그는 어떤 사실을 선택할 것인가. 아무거나 선택해도 될까? 그렇지 않다. 카가 '사실'과 '역사적 사실'을 구분했듯이 '벌어진 일'이면 모두 역사가 되는 것은 아니다. 카는 역사가가 과거 사실을 선택할 때는 사회적 사실을 찾으라고 이야기한다. 사회의 산물이라고 할 수 없는 사실은 역사가의 선택에서 배제된다는 의미다.

이러한 의미에서 전적으로 개인적인 사실이라면 역사적 사실에서 제외될 것이다. 그런데 과연 전적으로 개인적인 사실이 있을 수 있을까? 아무리 혼자 생각하고 말하고 행동하며 사회적인 영향이 전혀 없는 '일'이라 해도 그의 생각과 말과 행동에는 이미 그 사회의 사고구조와 언어가 영향을 미치기 때문에 그것을 사회적 사실이 아니라고 단정 짓기는 어렵다. 이렇게 범위를 넓혀본다면 사회적 사실이 아닌 것이 없을지도 모른다.

그러나 좀더 구체적으로 '사회적 산물'로서의 사실을 말한다면 두 가지를 강조할 수 있다. 하나는 사회, 즉 많은 사람이 관련된 일이다. 한 사람의 불만이 사회적 원인에서 비롯되었을 때 이미 사회적 사실이지만, 다수의 불만이라면 그것은 더욱 사회적 사실이다. 이러한 점에서 공적인 대표성을 가진 한 사람의 결정보다 그 결정이 시행되는 현실에서 다수 대중들 사이에 일어나는 일이 사회적 사실로서 더 큰 의미를 갖는다. 이것이야말로 역사가들이 선택하는 '역사적 사실'이다. 또 다른 하나는 사회적 힘의 관계에 의해 벌어지는 일이다. 많은 사람이 얽혀 있지 않아도 그 일의 배경과 과정에 계층 간 갈등이나 이해관계의 대립이나 사회적 역학관계라 할 수 있는 힘이 작용하고 있다면 그것은 '사회적 사실'이다. 다수 대중의 움직임이 아니라 소수의 사람들이나 심지어 한 개인에게 일어난 일이라 하더라도 사회적 힘의 작용과 관련이 있다면 '사회적 사실'로 간주된다.

그렇다면 앞 장에서 예로 든 1850년 스테일리브리지의 노점 상 살인 사건은 어떠한 경우에 이번 장에서 말한 의미까지 충족하는 '역사적 사실'이 되는 것일까? 앞에서는 역사가들이 선택한 사실이 '역사적 사실'이라고 했다. 그리고 이 장에서는 '사회적 사실'이 '역사적 사실'이라고 정리했다. 이 두 가지를 합하면 어떤 조건이 성립될까? 바로 역사가들이 선택한 사회적 사실이다. 1850년의 노점상 살인 사건이 단순한 우발적인 범죄가 아니라 사회적 세력 간의 이해대립에 의해 벌어진 일일 때 '사회적 사실'로서 '역사적 사실'이 되는 것이다.

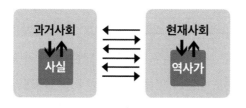

카의 역사 인식(4)
'역사가의 사실'이란 개인적 사실이 아닌 사회적 산물로서의 사실이다. 역사는 역사가가 속한 현재 사회와 과거 사실을 낳은 과거 사회의 대화다.

이와 같은 논의로 카는 랑케로 대표되는 19세기 역사학의 '개인숭배'를 비판했다. 개인은 사회의 산물이므로 개인보다 사회를 봐야 한다는 것이다. 랑케 식의 역사 연구는 역사가라는 개인과 그가 연구하려는 시대를 이끈 위대한 인물(개인) 사이에 이루어지는 것이 된다. 이에 반해 카가 말하는 역사는 역사가를 낳은 '현재 사회'와 그가 연구하려는 과거 사실을 낳은 '과거 사회' 사이의 대화다. 지속적인 상호작용이라는 것뿐 아니라 대화의 주체가 개인 및 개별 사건에서 사회로 확대되는 데 커다란 차이가 있다.

그런데 재밌게도 카의 논리를 그대로 적용하면 사실상 랑케를 비판하기가 어려워진다. 오히려 랑케는 카의 논리를 입증해 준다. 무슨 뜻일까? 카의 관점에서 핵심은 개인이 사회의 산물이라는 전제다. 그렇다면 랑케라는 개인 역시 19세기 사회의 산물이다. 19세기는 사회보다 개인을 중시했고 사회가 위대한 개인의 산물이라고 보았던 시대다. 랑케는 그런 19세기를 살았으니 당연히 그 시대의 관점에 영향을 받을 수밖에 없다. 그러므로 랑케라는 역사가는 19세기의 산물이다. 즉 랑케는 19세기의 개인으로서 19세기 사회의 주장을 한 것이니 '개인은 사회의 산물'이라는 카의 주장을 입증하는 셈이다. 한편으로 카는 20세기의 인물이다. 산업화 이후 서구사회에서는 늘 다수였음에도 자체의 결집력을 갖추지 못했던 하층 민중이 사회적 세력으로 부상하게 된다. 이와 함께 산업화가 고조된 19세기 말 이후로 사회를 개인보다 역사발전에서 더 중요한 요인으로 보기 시작했다. 카가 개인을 사회의 산물로 본 관점은, 카 자신의 논리대로 말한다면, 『역사란 무엇인가』라는 강연을 발표했던 20세기 중반에 서구사회가 처한 상황이 반영된 것이다. 당연히 카도 그가 속한 사회의 산물인 것이다. 랑케도 카도, 나아가 그 어떤 역사가라도 당시 사회의 산물이며, 또 랑케의 '개인숭배'도 카의 '사회의 산물로서 개인'이라는 견해로 설명할 수 있다.

'왜?'에서 '어디로?'

역사가가 과거 사실을 선택하여 연구(대화)한다고 할 때 과연 그는 무엇을 하려는 것일까? 지나간 과거에서 무엇을 알고 싶은지 얼마든지 다양한 답이 가능할 것이다. 그러나 카의 생각을 빌려 역사란 현재(역사가)와 과거(사실)—더욱 정확히 말하면 현재 사회와 과거 사회—사이의 대화라고 하면 역사가가 하는 일은 결국 현재와 과거 사이의 관계를 논하는 것이다. 그러면 현재와 과거 사이에 무슨 관계가 있을까? 가장 쉽게 생각할 수 있는 건 현재와 과거가 시간적인 선후 관계에 있다는 사실이다. 이 둘 사이에서 역사가가 추적하는 가장 일반적인 작업은 인과관계다. 시간의 흐름에서 생기는 변화를 살펴볼 때 가장 흔하게 갖는 관심은 어떤 일이 벌어지게 된 원인이 무엇인가라는 점일 것이다. 가장 일반적으로 말해서 역사 연구는 원인을 추적하는 작업이다. 어떤 것이 원인과 결과로서 작용을 하는지를 분석하는 것이다. 역사연구는 곧 인과관계의 연구라고 할 수 있다.

원인을 찾는 작업은 어디에서나 중요하다. 사고의 원인을 규명하는 건 대책 마련의 전제조건이다. 범죄사건의 원인이 누구에게, 어디에 있는지를 알아야 책임 소재를 분명히 할 수 있다. 어느 연로한 어르신이 집에서 넘어지는 사고와 함께 골절상을 입었다. 상식적으로는 넘어져서 뼈가 부러진 것이라는 생각이 든다. 그러나 의사는 자세히 검사해서 이미 골다공증으로 골절이 일어났고, 그 결과 넘어진 것이라는 진단을 내린다. 넘어져서 부러진 것인지, 이미 부러져서 넘어진 것인지에 따라 치료방법은 완전히 달라질 것이다. 역사에서 원인 규명은 보다 다양한 가능성을 갖는다. 서로마제국의 멸망이 게르만족의 침입에 의한 것인지 로마 자체의 누적된 문제에 의한 것인지 다양한 주장이 나올 수 있다. 제1차 세계대전의 원인이 무엇에, 어느 나라에 있는지에 대해서는 더욱 복잡한 답들이 나온다.

원인이 무엇인지를 알려는 질문은 '왜?'라는 의문사가 붙는다. '왜 이 일이 발생했을까?' 역사 연구에서 인과관계의 분석이 가장 중요한 작업이므로 역사가들은 자신들의 관점에 따라 다양한 답을 내놓을 것이다. 역사가는 원인들로 보이는 여러 가지 사안을 나열하고 그 가운데 나름의 중요도대로 원인들 중의 원인을 찾아낸다. 어떤 역사가는 정치 영역에서, 또 다른 사람은 경제에서, 또는 사회·문화·사상 등등의 요인을 가장 중요한 원인이라고 주장할 것이다. 나아가 정치적 원인이 가장 중요하다고 보는 건 같아도 구체적으로 어느 당파에게, 누구에게, 어떤 사건에 가장 중요한 원인이 있다고 보는지는 다를 수 있다. 역사가가 그 사회의 산물이라고 했던 앞의 논리를 적용하면 어떤 사건의 원인에 대해 역사가들이 내놓는 답들은 곧 그 사회의 인식을 대변하는 것이라고 할 수 있다.

원인들의 후보는 다양하게 제시될 수 있지만, 모두가 원인이라고 주장할 수는 없다. 한 사람의 연구에서도 첫 단계에서 나열된 원인들의 목록은 다음 단계에서 타당성을 검증받으며 최종 원인(들)으로 좁혀진다. 많은 사람들의 원인 목록도 역사가들의 논의를 통해 타당성의 범위가 좁혀진다. 그러면 어떤 원인이 더 타당한지를 어떻게, 어떤 기준으로 파악할 수 있을까?

카는 한 가지 예를 통해 인과관계 연구에서 핵심이 무엇인지 알려준다. 그가 만든 가상 이야기를 하나 살펴보자. 교통사고 이야기다. 길을 건너던 로빈슨이라는 사람이 존스라는 사람이 몰던 차에 치어 숨졌다. 카는 교통사고의 원인에 해당될 수 있는 것들을 나열한다. 첫째, 존스가 음주운전을 했다는 사실. 둘째, 사고 현장의 거리 조명이 어두웠다는 사실. 셋째, 존스가 몰던 자동차에 제어장치 결함이 있었다는 사실이 제시됐다. 그런데 왜 하필이면 이 순간에 로빈슨이 길을 건너고 있었는가? 그는 담배가 떨어져 사러 가는 길에 사고를 당했다. 그래서 그가 흡연가라는 사실이 원인들의 넷째 목록에 들어간다. 만일 이 사실들이 없었다면 로빈슨의 사고는 일어나지 않았을 것이므로 네 가지 사실이 모두 원인으로 보인다. 음주운전, 거리조명과 관련된 시 행정의 문제, 사고 직전에 자동차정비를 받았음에도 문제가 생긴 정비회사의 불량정비, 그리고 피해 당사자의 흡연. 아마도 누구나 이 중에서 상식적으로 걸러야 할 원인이 있다고 생각할 것이다. 어떤 것을 올바른 원인으로 고르고 또 어떤 것은 배제해야 할까? 그러한 구분을 할 수 있는 기준은 무엇일까? 이것이 바로 인과관계 분석에서 핵심이 되는 문제다.

카는 우리가 왜 교통사고의 원인을 알려고 하는지 묻는다. 그리고 그것은 교통사고를 예방하기 위해서라고 대답한다. 이것이 원인들을 구분하는 기준이 된다. 즉 어떤 원인의 해결이 교통사고 예방에 도움이 된다면 타당한 원인들의 목록에 들어갈 수 있지만, 그렇지 않은 것은 아니다. 위에 나열된 예에서 음주운전, 거리조명, 불량정비의 해결은 분명히 교통사고의 예방에 직접적인 영향을 줄 것이다. 그러나 흡연 문제를 해결하는 것은 교통사고 예방을 위한 대안이라 볼 수 없기 때문에 이 목록에서 제외된다.

이렇듯 중요한 건 합리적인 전후관계다. 원인이 결과를 낳으므로, 원인이 해결되면 결과가 달라질 수 있다. 바로 이렇게 인과관계가 성립될 때만 앞의 사실과 뒤의 사실은 합리적인 전후관계를 갖게 된다. 여기서 합리성의 핵심은 타당한 목적에 있다. 교통사고 이야기의 경우 어떤 원인이 이 사건의 원인으로 지목될 수 있는지는 그것이 교통사고 예방이라는 목적에 기여를 하는지 여부에 좌우된다. 즉 인과관계 연구에서 가장 중요한 것은 목적의 설정이다. 타당하게 목적이 설정되면 그에 따라 합리적인 전후관계와 비합리적인 전후관계가 구분될 것이다. 로빈슨이 흡연가라 마침 그때 담배를 사러 가다가 교통사고를 당한 것은 사실이다. 하지만 흡연이 그의 사망 원인이라고 말할 수 있는가는 금연이 교통사고 예방이라는 목적을 이룰 수 있는가에 달려 있다. 상식적으로 누구나 그렇지 않다고 생각할 것이므로 로빈슨이 흡연가라 사고를 당했다는 건 비합리적인 분석이다. 그것은 그저 우연한 원인에 불과하다. 역사에서 우연은 물론 존재하지만 우연으로 치부되는 일은 역사 연구의 대상으로 부적합하다.

결국 역사 연구는 인과관계 분석이 핵심으로, 그것은 합리적인 전후관계를 밝혀내는 것이다. 이러한 의미에서 인과관계는 '왜'라는 질문으로 시작하지만 사실은 '어디로'를 물어야 제대로 대답할 수 있다. '왜 이 일이 벌어졌는지'를 알 수 있는 열쇠는 '이 일이 어디로 향하는 것일까'라는 물음에 있다. 그러므로 역사가는 '왜'에서 '어디로'로 나아가야 한다.

결국 인과관계 연구는 목적의 설정으로 귀결된다. 역사가가 연구하는 인과관계는 그 당시 사회의 인식을 대변하는 것이라고 이미 말했다. 따라서 역사가들이 역사에서 인과관계를 연구할 때 어떤 목적을 설정하는지를 잘 살펴본다면, 그 시대와 사회가 어떤 목적을 가지고 있는지도 읽을 수 있다. '왜'와 '어디로'는 단지 역사가들의 질문이 아닌 것이다. 그것은 사회가 가지고 있는 중요한 물음이다. 사실은 사회가 '왜'라고, '어디로'라고 묻기에 역사가가 '왜'와 '어디로'라고 묻는다. 이 질문에 대한 역사가들의 답에서 당시 사회의 답을 듣게 된다. 역사가가 행하는 '역사'라는 대화를 통해 우리는 결국 사회가 역사와 작업하는 소리를 들을 수 있다.

대화의 확대: 현재에서 과거로, 그리고 미래로

지금까지 역사의 대화를 두 시점 사이의 관계로 설명했다. 그것은 '현재'와 '과거' 사이의 대화다. 더 정확히 말하면 현재 역사가와 그가 선택하는 과거 사실의 대화다. 그리고 역사가 개인의 대화가 아니라 그를 낳은 사회가 나누는 대화다. 이 작업은 과거와 현재라는 시간 사이에서 인과관계를 찾는 것으로 집중된다.

그런데 '왜'를 묻는 인과관계의 분석은 '어디로'라는 질문으로 향한다고 했다. '왜'는 어떤 일의 원인을 묻는 것이므로 시간적으로 앞에 일어난 일과 관련된다. 현재의 원인은 과거에 있고, 과거에 벌어진 일은 그보다 더 먼 과거에 원인이 있다. 우리는 시간적인 전후를 가리키는 이 두 시점을 지금까지 '현재'와 '과거'로 말해왔다. 그러나 '어디로'는 두 시점을 넘어선다. '어디로'는 목적을 묻는 것인데, 그 목적은 과거와 현재 사이의 인과관계를 넘어서 있다. 과거의 원인이 결과로 나타난 것이 현재이고, 현재가 앞으로 나아갈 방향이 목적이다. 드디어 과거와 현재에 이어 '미래'가 등장한다! '왜'가 두 시점 사이의 관계라면 '어디로'는 세 시점 사이에서 답을 찾아야 할 물음이다. 카 식으로 말한다면 현재와 과거 사이의 대화가 과거와 현재와 미래 사이의 대화로 발전하는 것이다.

이 관계를 좀더 자세히 살펴보자. 인과관계 분석은 나중(현재) 일의 원인으로 작용한 먼저(과거) 일을 찾는 것이다. 이 과정은 역사가가 과거 사실을 선택하면서 시작하며 이렇게 해서 역사가와 '그의 사실' 사이의 대화가 진행된다. 물론 이는 현재 사회와 과거 사회의 대화이기도 하다. 이러한 대화의 구도 위에서 인과관계를 추적하는 일은 어떻게 진행될까?

역사가는 자신의 관점에서 과거 사실들을 선택하고 살펴보면서 원인이 무엇일까라는 물음의 답을 찾아나간다. 그는 우선 원인으로 생각할 수 있는 것을 다 나열한다. 장기적인 원인, 단기적인 원인, 직접적 혹은 간접적인 원인, 정치적·경제적·사회적·사상적·문화적 원인, 이러저러한 시각에서 원인으로 보일 수 있는 다양한 목록을 작성한다. 그리고 그 원인들을 비교하고 검토하면서 어떤 것은 배제하고 어떤 것은 최종적인 원인들의 범주로 분류할 것이다. 이때 기준은 그 원인들이 역사가의 목적에 부합하는지 여부다. 즉 역사가는 과거 사실들과 대화를 하면서 이 사건이 어떤 목적을 지향하는지를 발견해내야 한다. 역사가는 자신이 설정한 목적을 기준으로 나열된 원인들을 분류한다. 목적에 부합하는 것은 합리적인 원인이 되지만 그렇지 않은 것은 우연한 원인이며 최종 원인의 목록에서 탈락한다. 물론 이 과정은 끊임없이 수정되고 반복되고 새롭게 시도되는 긴 작업이다. 이것이 앞에서 말한 '지속적인 상호작용'이요 '끊임없는 대화'인 것이다.

목적설정의 작업은 역사가가 살아가는 현재를 넘어서는 미래의 영역이다. 그러나 미래는 아직 존재하지 않으며, 아직 도달하지 않았다. 이것이 어떻게 역사라는 대화의 주체가 될 수 있을까? 역사가가 찾아낸 목적이 실제 사실이 아니라는 점을 생각해보자. 그 목적은 역사가가 생각해낸 것이다. 미래 시점에 적용될 목적이지만 그것은 현재 역사가의 머릿속에 있다. 즉 내용은 미래이지만 존재하는 시점은 현재다. 역사 연구의 목적은 아직 존재하지 않은 미래가 아니라 오늘을 사는 역사가에게 있는 것이다. 이것을 카는 '서서히 등장하고 있는 미래의 목적들'이라고 표현했다. 여기서 미래의 목적이란 10년 뒤, 100년 뒤의 자명한 사실이 아니라 역사가가 오기를 바라는 희망으로 설정한 목적이다. 아직 이뤄진 사실이 아니며 단지 역사가의 판단 속에서 서서히 등장하고 있는 것으로 보이는 바람이다. 미래의 목적은 그 자체가 별도로 있는 게 아니라 역사가의 사고 속에 있는 중요한 한 요인이다. 더 정확히 말하면 현재의 확장된 영역이라고 할 수 있을 것이다. 그리하여 현재와 과거 사이의 대화가 미래까지 확대된다는 것은, 미래를 품은 현재와 과거가 대화를 한다는 의미다. 그냥 현재가 아니라 반드시 미래를 품은 현재여야 한다. 역사가가 미래의 목적을 생각하지 않고는 진정한 의미의 역사라는 대화가 이루어지지 않는 것이다.

『역사란 무엇인가』는 처음에 역사란 "현재와 과거 사이의 끊임없는 대화"라고 제시한다. 그러나 이 문장은 곧 "현재 사회와 과거 사회의 대화"로 그 의미가 심화하고, 마지막으로 "과거의 사건들과 서서히 등장하고 있는 미래의 목적들 사이의 대화"라는 개념으로 차원이 확대된다. 앞의 두 대화에서 세번째 대화로 나아가는 가운데 시간의 차원이 현재와 과거에서 미래로까지 넓어진다. 그러나 사실 미래는 독립적인 시점이 아니라 현재 역사가의 사고 속에 있는 것이므로, 시점으로 볼 때 역사라는 대화는 결국 현재와 과거의 대화다. 또한 과거도 현재 역사가가 선택한 과거이므로 대화의 중심은 현재에 있다. 현재가 과거를 선택하고 그 과정에서 현재가 미래를 품는다. 이로써 카의 관점에서 볼 때 역사에서 현재가 얼마나 중요한지 더욱 분명해진다. 대화로서의 역사라는 과정은 독립적인 과거와 역시 독립적인 현재, 그리고 독립적인 미래의 관계가 아니다. 역사는 결국 현재가 과거에게 말을 거는 작업이며, 이때 반드시 미래를 발견해내고 그 미래를 품고 다시 과거와 말을 해야 하는 작업이다. 요약하면 역사는 현재가 과거를 해석하면서 미래의 목표를 제시하는 작업이라고 할 수 있을 것이다.

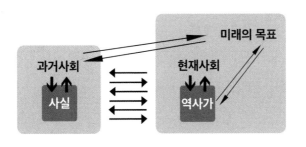

카의 역사 인식(5)
역사는 현재와 과거의 끊임없는 대화이자 현재 사회와 과거 사회의 대화이며, 과거 사건들과 앞으로 등장할 미래의 목적들 간의 대화다.

목적의 파악이란 단지 과거와 현재 사이의 인과관계를 추적하기 위한 보조 도구가 아니다. 오히려 그것은 역사 연구가 나아가야만 하는 종착점이요 목표다. 심지어 인과관계가 목적을 발견하기 위한 도구가 된다고까지 말할 수 있을 것이다. 역사 연구의 중심은 어떤 사실의 원인을 제시하는 것 이상으로 그 목적을 설정하는 데 있다. 이러한 의미에서 역사가는 과거와의 대화를 통해서 미래의 목표를 제시하는 자요, 역사가의 작업은 사회가 나아갈 방향을 제시하는 것이라고까지 이야기할 수 있지 않을까. 역사가의 글에서 그 목적을 읽어내지 못한다면 저자가 연구를 제대로 하지 못한 것이다. 사실상 역사가가 찾아내는 미래의 목표란 그 사회가 품고 있는 미래의 목표를 반영하는 것이다. 그러므로 독자는 역사가의 글에서 자신이 살고 있는 사회가 미래에 대해 그리고 있는 그림을 확인하게 된다. 만일 그것을 읽어내지 못한다면 독자와 저자뿐 아니라 그 사회의 문제이기도 하다. 미래의 목표를 설정할 줄 모르는 사회라는 의미니 말이다.

한 사회가, 즉 역사가와 그의 독자인 시민들이 어떻게 역사를 통해 미래의 목표를 품는지 19세기 독일의 예를 들어보자. 서양에서 중세는 봉건시대라고 불렸다. 그 시대의 한 가지 특징은 정치적으로 통일되지 않고서 여러 영주들이 각 지방을 다스렸다는 것이다. 나라의 왕이 있었지만 지방의 제후들을 장악하지 못했다. 마치 지방의 수만큼이나 많은 나라가 있는 셈이었다. 중세에서 근대로 접어들면서 이런 영주들의 난립이 정리되고 왕 중심의 중앙집권화 경향이 나타나기 시작했다. 그러나 그 중에서 독일은 오랫동안 통일을 이루지 못했다. 14~15세기에 이미 이 궤도에 올라선 발 빠른 나라들에 견줘 독일은 19세기가 되어서도 수많은 지방 국가들로 나뉘어 있었다. 통일국가 건설은 독일 민족의 염원이었다.

이런 염원은 1833년에 드로이젠Johann Gustav Droysen이라는 역사가가 쓴 『알렉산드로스 대왕의 역사』라는 책에 반영되었다. 그는 반쯤 미개하다고 폄하되던 변방의 마케도니아가 알렉산드로스 대왕을 통해 쇠퇴해가는 그리스 세계를 정복하고 통일 마케도니아-그리스를 이루어 당시의 세계에서 최강자였던 페르시아제국을 정복하는 과정을 그렸다. 그것은 고대사를 다룬 저술이었지만 당시의 독일 독자들은 그 내용이 무엇을 의미하는지 알아차렸다. 독자들은 독일사에서 비교적 늦게 등장한 동부 변방의 프로이센*이 군사적으로 힘을 갖춰 독일을 통일하고 나아가서는 유럽을 지배하기를 바라는 은유로 이 책을 읽었다. 마케도니아가 프로이센을, 그리스가 독일을, 페르시아가 유럽을 상징했다. 결국 독일 민족의 염원은 1871년에 프로이센의 비스마르크가 독일을 통일하며 이루어졌다. 그러나 약소국으로 강대국들에게 당했던 독일은 통일 이후 유럽에서 지배적인 위치로 부상하려 했고, 그런 시도는 20세기를 파국의 세기로 몰아간 제1차, 제2차 세계대전의 발발로 이어지기도 했다.

● 프로이센
유럽 중부·동북부의 옛 지명이자 이 지역에서 출발해 독일제국의 중심으로 발돋움했던 국가를 가리킨다. 12~13세기에 독일 기사단이 정복하여 얻은 프로이센 지역은 1525년에 브란덴부르크 공국에 상속되었다. 1701년에 왕국으로 승격하면서 국호를 프로이센으로 교체했다. 이후 수많은 지방(영방국가)으로 나뉜 독일 국가들을 1871년에 통일함으로써 독일제국을 건설했다.

한 사회와 역사가가 미래의 목적들을 설정하는 작업은 정해져 있는 객관적인 답을 찾는 과정이 아니다. 카가 예시한 교통사고의 경우처럼 누가 보기에도 타당한 목적을 세울 수 있는 예도 있지만 대부분의 경우에 목적 자체가 이미 주관적인 판단으로 결정된다. 그리고 여러 관점에 따라 다양한 목적들이 주장될 것이다. 역사의 대화에서 미래의 목적은 주관적일 수밖에 없다. 19세기 독일의 역사(현재)와 고대 마케도니아의 역사(과거) 사이의 대화에서 도출한 미래의 목적이 독일의 통일로 귀결되는 것은 불 보듯 뻔한 일이다. 그러나 19~20세기 독일이 선택한 주관적인 미래의 목표는 유럽의 지배까지 더 나아갔다. 그것이 문제였다.

현재와 과거 사이에서 미래의 목적을 찾아내는 작업은 역사가와 그가 속한 사회가 해야 할 매우 중요한 역사적 과제다. 과거를 연구하면서도 미래를 생각해내지 못한다면 역사의 범위를 다 충족시키지 못한 것이다. 역사 자체에 과거와 현재와 미래가 품겨 있어야 한다. 그러나 그렇게 설정된 목적이 역사의 진보와 평화적인 발전을 보장하는 것은 아니다. 역사의 대화에서 미래의 목적을 찾아내는 것 이상으로 어떠한 미래를 발견하고 그려낼 것인가도 중요한 과제다. 과거와 현재의 인과관계에서 어떤 미래를 제시할 수 있고 그리고 과연 어떤 미래의 목적을 추구할 것인가. 이는 끊임없이 지속적으로 대화하는 사회와 역사가들의 작업에 달려 있을 것이다.

4장

역사학의
발자취

이번 장에서는 2장에서 잠깐 설명했던 역사학의 역사를 좀더 자세히 살펴보려 한다. '역사학의 아버지'라고 불리는 랑케가 19세기 인물이니 그 이전에는 역사학이라는 학문이 없었다고 말할 수 있다. 그러면 그 이전에는 '역사'가 없었다는 말인가? 그렇지는 않다. '역사'라는 말의 의미는 여러 가지 뜻이 있어 그에 따라 언제부터 '역사'가 있었는지 각각 다르게 말해야 할 것이다.

첫 장에서 말했던 교과서적 정의를 따를 때 '역사'의 첫 의미는 '과거에 벌어진 일'이다. 특별히 인간과 관련된 일만을 이야기한다. 인간이 한 일, 또는 인간이 하지는 않았지만 인간에게 영향을 준 일들이 역사다. 그렇다면 이 의미의 '역사'는 인류가 존재한 시간만큼의 길이를 가지며 인류 탄생 때부터 '역사'가 시작되었다고 할 수 있다.

둘째 의미의 '역사'는 '과거에 벌어진 일의 기록'이다. 이것은 첫번째 의미의 '역사'보다 훨씬 짧다. 문자를 만들고 그것으로 기록을 하기 시작한 때부터 이 '역사'가 있었다. 가장 오래된 문자의 역사가 지금부터 약 5000여 년 전이라고 하는데 인류 역사의 전체 길이에 비교한다면 지극히 짧은 기간이다. 기록 문화가 등장한 시기를 기준으로 인류의 역사를 '선사시대'와 '역사시대'로 구분한다. 학문 분야로 말한다면 고고학이나 고고미술사학이 선사시대를 연구하는 학문이다.

세번째, 즉 '과거에 벌어진 일의 연구'라는 의미의 '역사'는 둘째 의미의 경우보다 더욱 짧다. 역사가를 근대적 학문으로서 역사학을 전공한 사람으로 제한한다면 이 직업의 역사는 19세기에 등장한 역사학의 시간적 길이만큼밖에 되지 않을 것이다. 그러나 그 이전에도 역사를 연구하고 저술한 사람들이 있었다. 이들에게까지 범위를 넓힌다면 근대 역사학보다는 훨씬 이전에 역사 연구가 시작되었다고 할 수 있다.

즉 랑케 이전에도 '역사'는 존재했다. '역사'라는 의미의 범위를 아주 좁힐 경우에만 근대 역사학 이전에는 '역사'가 없었다고 말할 수 있다. 연구라는 의미로 '역사'를 말할 때에도 우리는 두 '아버지'를 만난다. '역사학의 아버지'인 랑케와 '역사의 아버지'인 헤로도토스Herodotos(BC 484~425 추정)°가 그들이다. 이들의 시간적 간격은 약 2400년이나 된다. 이 기간 동안에 수많은 역사가들이 역사를 연구하고 집필했다.

헤로도토스: '역사의 아버지'

헤로도토스와 랑케의 차이는 무엇일까? 그들이 각각 '아버지' 소리를 듣는 영역인 '역사'와 '역사학'이 무엇인지에서 차이를 확인할 수 있다. 두 인물이 다 역사가라는 점에서 '역사의 아버지'든 '역사학의 아버지'든 이들이 다룬 '역사'는 앞에서 말한

● 헤로도토스
고향(현재 터키의 서부해안)이 페르시아의 지배에 들어가자 아테네로 망명한 고대 그리스의 역사가. 그리스-페르시아 전쟁의 기원을 '탐구'(historia, 이 말이 '역사'의 기원이다)하여 방대한 『역사』를 저술했고, 체계적인 역사서술로 '역사의 아버지'라 불린다.

양피지에 기록된 헤로도토스의 『역사』. 헤로도토스는 과거 사실에 대한 충실한 조사자이자 기록자로서 '역사의 아버지'라는 칭호를 얻었다.

세번째 의미에 해당된다. 이들은 모두 역사를 연구하고 책으로 썼다. 헤로도토스는 '기록'의 차원에 머무른 목격자일 뿐이고 비로소 랑케가 '연구'를 한 최초의 역사가라고 할 수는 없다. '기록'과 '연구'의 차원으로 이들을 나누는 것은 무리다. 이들 모두 사료를 이용해 역사를 연구했다. 그러나 똑같이 역사가와 '연구'라는 범주에 넣을 수 있다 하더라도 연구의 방식과 차원이 다르다는 점에서 이들은 구분된다. 랑케의 역사학은 근대 학문으로서의 역사 연구다. 그러나 헤로도토스는 근대 역사학자라 할 수 없다. 그의 역사는 '역사서술'이라고 할 수 있다. 그를 '역사의 아버지'라 하는 것은 '역사서술'의 기초를 놓았기 때문이다.

'사건이나 생각 따위를 차례대로 말하거나 적다.' 이런 '서술'의 사전적 정의를 적용하면 역사서술이란 역사를 쓰는 행위를 말한다. 역사가들이 하는 일이 바로 이것이다. 춘추관의 사관史官이 그날 있었던 일을 기록하든, 나중에 그 기록들을 참고하여 선왕의 실록을 편찬하든 사관이 하는 일은 역사를 쓰는 일이었고 그러므로 그는 역사가다. 그러면 '역사의 아버지', 즉 '역사서술의 아버지'란 역사서술을 처음으로 한 사람을 지칭하는 것일까? 곧 헤로도토스 이전에는 역사를 쓴 사람이 없었다는 뜻인가? 당연히 그렇지 않다. 그 이전에도 역사를 쓴 사람들이 있었다. 동

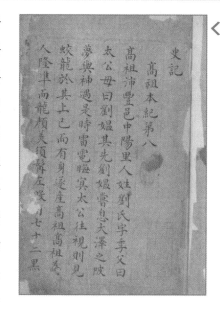

양에서 '역사의 아버지'로 불리는 사마천司馬遷(BC 145~86 추정)의 경우도 마찬가지다. 아무도 역사를 쓰지 않다가 이들에 이르러서야 비로소 역사를 쓰기 시작한 것은 아니다. 두 사람이 동서양에서 각각 그들의 역사책을 쓸 때 이들 모두가 참조할 역사 문헌들이 있었다.

'아버지'라는 단어는 기원이 되거나 기초를 놓은 사람을 뜻할 때 붙이는 칭호다. 일반적으로는 최초의 시작이라기보다는 제대로 시작했다는 의미로 쓰인다. 헤로도토스가 '역사서술의 아버지'인 것은 그가 아무도 하지 않던 역사를 쓰는 일을 최초로 시작했기 때문이 아니다. 헤로도토스 이전에 문서, 법령, 비문 등 역사의 기초자료만 있었던 것이 아니다. 완결된 저술로서 역

사서술도 있었다. 그러나 제대로 된 역사서술은 그로부터 시작된다고 보고 그를 '역사서술의 아버지'라 부른다. 그럼 어떻게 하는 것이 제대로 역사서술을 하는 것일까?

헤로도토스는 『역사』라는 책을 썼다. 그는 그리스인과 페르시아인을 두 축으로 해서 여러 민족들의 역사와 지리와 풍속과 제도에 대해 수많은 이야기를 수집하고 기록했다. 당시에 '역사historia'라는 단어는 '조사하여 알아내다'라는 뜻으로 사용되었다. 그는 특히 그리스와 페르시아 사이의 전쟁(페르시아전쟁, BC 490~479)의 원인과 배경을 분석하고 결과를 해석하기 위해 당시의 지중해 세계 곳곳을 다니며 자료를 수집하고 증언을 듣는 '조사' 작업을 했다. 그리하여 자신이 태어나기 전, 심지어는 이집트와 그리스의 아득한 옛 역사로 거슬러 올라가는 방대한 이야기들을 적었다.

역사가로서 헤로도토스가 가장 중요시한 일, 즉 자신의 첫째 의무로 삼은 것은 과거에 벌어진 일을 기록으로 남기는 것이었다. 그는 그 일을 위해 다른 사람들이 전해주는 이야기를 찾아 곳곳을 누비며 뒤졌다. 그가 역사가로서 가졌던 근본적이고 절실한 고민은 기록이 없으면 역사도 없다는 사실이었다. 그가 전해들은 이야기들이 실제로 일어난 일인지 아닌지 모르더라도, 일단 기록해놓지 않으면 시간이 흘러 그 이야기가 잊히고 결국 사라지게 될 것이기 때문이었다. 그는 아주 충실한 조사자이며 기록자였다.

그는 각 사람이 말하는 바를 들은 그대로 전하려 했다. 그 이야기가 믿을 만한지 아닌지는 전적으로 독자의 몫으로 두었다. 그렇다고 그가 단순히 이야기를 수집하기만 한 것은 아니다. 당시 사람들은 현대의 과학적 사고방식으로 무장되어 있지 않았다. 그들은 신화를 진실이라고 믿었고, 전설과 전승을 통해 사물과 사건을 이해했다. 이에 반해 헤로도토스는 사실성에 초점을 맞추었다. 그는 실제로 일어난 일을 역사로 쓰고자 했으며, 이로써 역사를 신들의 세계에서 인간 세계로 끌어내렸다. 이것이 사실의 취급에서 헤로도토스가 해낸 위대함이었다. 그것은 역사 연구에서 '코페르니쿠스적 전환'이었다.

헤로도토스의 『역사』보다 앞서 쓰인 역사서술과 비교하면 그의 업적이 보다 분명해진다. 헤로도토스가 태어나기 약 300년 전의 인물인 호메로스Homeros는 『일리아스』와 『오디세이아』를 쓴 것으로 알려졌다. 이 서사시는 서양에서 가장 오래된 역사서술 가운데 하나다. 여기 언급된 사건들의 현장이 나중에 고고학자들에 의해 실제로 발굴됨으로써 그 이야기들의 역사적 의미가 더욱 확실해졌다. 그러나 호메로스의 역사는 근본적으로 인간의 역사라고 할 수 없다. 그는 트로이전쟁을 인간이 신들의 싸움을 대신한 전쟁, 즉 그리스 여신들의 질투 때문에 일어난 것으로 바라봤다. 그것은 신들의 역사, 즉 신화였다. 이에 반해 헤로도토스는 이 전쟁을 신들이나 초인간적 존재의 질투와 복수로 보지 않았다. 그는 인간이 벌인 사건으로서 트로이전쟁을 바라보고 그 원인을 인간 세계에서 찾으려 했다. 이로써 인간의 관점에서, 즉 신들의 영역이 아닌 인간의 영역으로 역사를 설명함으로써 신화에서 역사로의 획기적인 전기가 마련된 것이다. 앞에서 말한 대로 헤로도토스가 첫째 의무로 삼은 기록의 수집과 정리—이것은 모든 역사가들이 하는 기초 작업으로서 역사서술의 전제다—보다도 이것이 헤로도토스가 역사서술의 역사에 기여한 훨씬 더 큰 의미라 할 수 있다.

헤로도토스는 역사를 신들의 이야기에서 인간의 이야기로 바꾸는 데 그치지 않았다. 그의 역사 작업, 곧 당시 '역사'라는 단어의 의미대로 그가 '조사하여 알아낸' 것은 과거에 벌어진 사건에 대한 이야기였다. 그는 그것을 수집하고 저술로 정리했다. 그러나 전해 내려오는 이야기들을 기록하는 과정에서 그가 수행한 더 중요한 작업이 있다. 바로 비판이다. 그는 이야기들을 그냥 전하기만 하지 않았다. 필요하다면 사건의 현장을 직접 탐문하고 조사했다. 그리고 구전으로 내려오는 이야기들보다 자신이 직접 듣거나 목격한 이야기를 더 신뢰했다. 또한 그 이야기를 더 잘 알고 있을 것 같은 사람들을 찾아가 사실을 직접 확인하기도 했다. 그러한 그의 탐구 작업은 『역사』의 서술 방식에 반영되었다. 자신이 직접 들은 이야기는 "내가 …라고 들었다"로, 간접적으로 전해 들은 경우는 "(어떤) 사람들이 말하기를…" "…라고들 한다"라고 표현하면서 구분했다. 이야기가 의심스러운 경우에는 "내가 들은 것이 사실이라면", "(어떤 사람이)

진실을 말하는 것이라면" 등의 유보적이고 신중한 표현을 사용했고, 동일한 사항에 대해 상이한 두 가지 구전을 모두 들려주기도 했다. 헤로도토스는 신화를 인간의 이야기로 바꾸었을 뿐아니라 이야기를 검증된 사실로 전하기 위해 비판, 곧 탐구라는 방법을 역사서술에 적용했다. 이러한 그의 시도로부터 제대로 역사를 서술하는 작업의 기초가 마련된 것이다.

랑케: '역사학의 아버지'

헤로도토스 이후로 19세기에 이르기까지 역사가들은 인간에게 시대와 지역을 뛰어넘어 누구나 가지고 있는 변치 않는 본성이 있다고 가정했다. 역사는 선례를 통해 배우고 교훈을 얻는 데 대단히 중요한 도구였는데, 역사에서 교훈을 얻을 수 있는 건 인간성이 언제 어느 시대에나 보편적이라고 여겨졌기 때문이다. 그래서 과거에 일어난 일이라도 현재에 의미가 있을 수 있다. 이것은 헤로도토스 다음 세대의 역사가인 투키디데스Thucydides(BC 460~400 추정)가 펠로폰네소스전쟁에 관한 역사를 집필할 때 밝힌 역사서술의 목적에서 잘 나타난다. "이미 일어난 일들과 인간사의 속성상 언젠가 똑같게 또는 유사한 방식으로 다시 일어날 일들에 관해 명백한 진리를 얻기 원하는 자들이 나의 글을 유익하다고 판단한다면 나는 그것으로 충분할 것이다." 투키디데스가 과거에 벌어진 일이 동일하게 반복될 수 있을 것이라고까지 한 말은 과장이겠지만, 그의 의도는 인간의 속성이 같기에 비슷한 일이 반복해서 나타나므로 역사가들의 서술에서 유익한 교훈을 얻으라는 것이다.

역사에서 비슷한 일이 반복해서 나타날 것이라고 가정하면 예기치 않은 일이 갑자기 일어날 가능성은 적다. 시간이 흐르면서 나타날 변화의 속도란 그렇게 빠르지 않다. 사람들은 역사의 유사한 사건들을 통해 교훈을 얻을 수 있으므로 변화는 예측 가능한 범위에서 전개될 것이다. 과거와 현재는 크게 다르지 않을 것이며 동일하게 흘러간다고 볼 수 있다. 그리하여 역사가는 무엇보다 현재 벌어지는 일을 기록하는 사관이었다. 현재의 사건도 역사가가 따라잡을 수 없을 만큼 급작스럽게 전개되지 않았다. 역사가들은 현재를 그때그때 기록할 수 있었다.

그러나 19세기에 접어들어 역사가들은 이러한 전제를 거부했다. 그들에게 과거와 현재는 동일하지도 유사하지도 않았다. 현재는 과거와 크게 달라졌다. 그들의 시대를 낳은 두 혁명—산업혁명과 프랑스혁명—은 그 속도가 너무 빨라서 도저히 그들 당대에 역사로서 추적될 수 없었다. 역사가들은 변화의 속도가 너무 빠른 현재를 다루는 대신 이미 종결된 과거로 시선을 돌렸다. 그리고 그것이 객관적인 태도로 여겨졌다. 혁명의 시대에 현재 벌어지는 일을 추적하는 것은 결국 그가 어떤 정파와 계층에 속해 있는가에 영향을 받는 매우 주관적인 작업이었다. 이제 역사가의 영역은 현재가 아니라 과거가 되었다.

선례에 기초해서 교훈을 얻는 일에는 객관성이 강조되지 않아도 되었다. 교훈에는 주관적인 감동이 필요하므로 객관적인 사실성보다 문학적인 수사학이 역사서술에서 더 중요했다. 객관성의 개념이 중요하게 된 것은 이렇게 봐도 되고 저렇게 해석해도 되는 인간사의 영역에서보다 물질세계에 대한 인식의 지평에 변화가 생기면서부터였다. 이 변화를 주도한 것은 17세기에 시작된 과학혁명이다. 자연을 정확히 관찰하고 수학적으로 계산함으로써 천체의 비밀이 밝혀지기 시작했다. 자연법칙이 잇따라 발견되며 별들의 정확한 위치를 예측할 수 있게 됐고, 그 예측의 적중은 자연과학의 능력을 더욱 입증했다. 자연과학의 능력은 무엇보다 객관성에 있었다. 과학에서 증명된 객관성의 중요성은 점차 사회와 인간에 대한 학문에도 적용되었다.

18세기의 계몽주의는 자연과학적인 방법론을 인간 사회의 연구에 적용한 결과로 등장했다. 경제생활 및 사회제도를 보다 객관적인 타당성 위에 확립하는 것이 곧 근대화였고 합리화였다. 산업혁명과 프랑스혁명은 바로 그 결과였다. 인간 사회를 연구하는 학문분야는 사회과학이라는 이름으로 자연과학적인 객관성을 표방했다. 20세기에 들어서는 인문학도 '인문과학'으로 불리는 경향이 생길 정도였다. 객관성은 학문의 가장 중요한 기반이 되었고 이때 말하는 객관성의 표준은 자연과학적 객관성이었다.

19세기 역사가인 랑케는 객관성을 역사에 적용했다. 그가 생각한 역사에서의 객관성은 과거를 "실제로 일어났던 대로" 보여주는 것이었다. 그가 남긴 이 유명한 구절의 독일어 원문은 "wie es eigentlich gewesen"이며 영어로는 "what actually happened"로 번역된다. 랑케는 과거의 일을 왜곡과 굴절 없이 실제로 벌어졌던 그대로 보여주는 것이 역사가의 임무라고 강조했다. 현재 역사가가 자신의 사관史觀·국적·출신계층·종교·신념·학파·나이 등에 영향을 받지 않고, 또한 당시 사회의 정세나 경향으로부터 아무런 영향을 받지 않고 과거 사실을 실제 일어났던 대로 보여주어야 한다. 역사가는 과거 사실을 해석하는 자가 아니라 과거가 말하는 것을 전달하는 자인 것이다.

자연과학의 객관성은 실험의 조건에 달려 있다. 그러나 역사는 실험실에서 이루어지는 작업이 아니다. 역사가의 작업은 과거의 사실을 기록한 문서들, 즉 사료를 연구하는 것으로 이루어진다. 누구도 이미 지나가버린 과거 사실 자체에 접근할 수는 없다. 기록으로 남겨진 사료를 통해서만 과거를 알 뿐이다. 그러므로 역사가는 그 사료가 얼마나 정확한가를 조사해야 한다. 즉 역사 연구에서의 객관성은 사료가 과거 사실과 얼마나 일치하는가를 검증하는 데 달려 있다. 랑케는 역사 연구의 객관성을 위해 사료를 정밀 분석하는 문헌비평이라는 방법론을 정립한다. 그는 실험실에서의 자연과학 연구와 같이 철저히 통제된 연구를 통해 객관적인 지식에 도달할 수 있다고 확신했다. 그가 생각한 사료란 마치 투명한 창과도 같다. 너무도 깨끗해서 그

창을 통해 보는 밖은 누가 봐도 동일하다. 창이 불투명하거나 먼지와 얼룩으로 더럽혀져 있다면 창밖의 모습은 보는 이에 따라 다르게 보일 수 있다. 이러한 것을 배제하고 객관성을 유지하기 위해 사료가 얼마나 투명한지 밝혀져야 하며, 이런 검증을 통과한 사료는 왜곡이 없는 투명한 창으로서 과거 사실의 진상을 보여줄 것이다.

사료가 문자로 기록되었다는 점에서 사료비평은 결국 문자의 해독에 달려 있다. 사료에서 사용된 문법과 어휘와 표현과 그 내용에서 사료의 타당성이 검증된다. 예를 들어 사료에 적힌 단어나 표현이 과연 그 시대의 일반적인 어법에 맞는 것인가를 살펴봄으로써 그 사료가 위조된 것인지 아닌지를 판별할 수 있다. 현대에 들어서 사용되기 시작한 단어가 중세시대의 사료에 나타났다면 그 사료는 믿을 수 없을 것이다. 그러므로 역사 연구자는 무엇보다 사료에 기록된 언어에 통달해야 한다. 유럽에서는 고전 그리스어와 라틴어가 고대와 중세시대에 통용되었는데, 곧 이런 고전 언어가 역사가가 준비해야 할 가장 중요한 지식이었다. 고전 언어를 공부하는 고문헌학philology이 역사학 공부의 전제조건이 된 것은 랑케 식 역사 방법론에서 당연한 귀결이었다.

이렇게 하여 역사학이 철학과 문학에서 독립된 별개의 학문으로 정립되었다. '역사'가 '역사서술'을 의미했던 시대에 역사 공부는 곧 문학이었다. 그러나 이제 역사학이라는 독립된 학문

레오폴드 랑케가 사료분석 등 역사에 객관성을 도입함으로써, 역사학은 19세기 이후 문학에서 과학의 영역으로 자리매김시켰다.

영역이 대학에 등장했다. 그 과정은 1825년에 랑케가 최초로 역사학 교수로서 베를린대학교에 초빙됨으로써 시작된다. 이제 역사학은 대학에서 전공하는 학문이 되었고 랑케의 역사학 세미나를 통해 많은 역사가가 배출되었다.

　오늘날도 역사가들은 랑케 식으로 역사연구의 기초 작업을 한다. 사료의 출처를 밝히고 사료 기록자의 동기와 상황을 파악하며 동일한 주제를 다룬 다른 사료들을 참조한다. 물론 현대 역사가들은 이론적으로는 19세기와는 극단적으로 대조되는 주장을 하기도 한다. 우리가 과거에 벌어진 일을 실제 그대로 알 수 있는 방법은 없으며, 그러므로 역사는 허구에 불과하고 각자 해석—의미를 부여—하기 나름이라고까지 말한다. 그러나 역사가들의 실제 작업에서 사료비평은 결코 무시될 수 없다. 어떠한 입장을 가지는 역사가와 학파라도 자신의 주장이 사료에 근거하고 있음을 보이려 애쓴다. 랑케에 대한 비판은 카의 표현대로 '사료숭배'에 집중된 것이지, 그가 정립한 사료비평의 방법론과 관련된 것은 아니다.

랑케는 과학적 방법을 통해 역사가의 개성과 주관이 아무런 영향을 미치지 않는 객관적 역사서술이 가능하다고 보았고 그렇게 해야 한다고 주장했다. 역사가의 작업은 한마디로 과거에 대한 지식의 빈틈을 메우는 것이었다. 그러나 19세기가 지나면서 이러한 믿음에 회의가 나타나기 시작한다. 사실 랑케 자신도 과학적으로 중립적인 역사를 서술하지 못했다. 그도 이전의 서술들과 같이 그가 비판했던 주관적인, 즉 수식어로 편중된 서술을 했음이 지적되었다. 이러한 모습은 모든 이론의 주창자에게서 볼 수 있다. 이론은 실제보다 더 극단적으로 주장된다. 랑케의 역사서술은 분명히 객관성의 경향을 보이긴 했어도 그의 주장만큼 철저히 객관적이지는 못했다. 결국 랑케는 자신이 주장한 대로 과거의 빈틈을 메울 수 없었다.

19세기 역사가들이 재현하고자 했던 과거는 무엇보다 정치사였다. 역사를 알려면 정치만 보면 됐다. 모든 것이 정치에 의해 결정된다고 바라보았기 때문이다. 이때까지 역사는 곧 정치사였고 역사서술도 정치사서술이었다. 전쟁사인 헤로도토스의 『역사』는 그리스인과 비그리스인 사이의 오랜 반목의 원인으로서 양측에서 벌어진 공주들(및 왕비)의 납치극을 설명하는 것으로 시작한다. 사마천의 『사기』는 왕들의 연대기와 제왕 및 제후들의 흥망사를 중심으로 당대를 움직인 인물들을 재구성하면서 고대 중국의 정치사를 서술했다. 우리나라에서 현재까지 전

해 오는 가장 오래된 역사서인 김부식의 『삼국사기』도 박혁거
세로부터 시작하는 삼국 왕들의 정치사를 위주로 담고 있다.
역사서란 역사를 모르면 정치를 잘 할 수 없다는 교훈을 남기
는 데 목적이 있었다.

 그러나 점차 새로운 영역과 분야들이 역사에서 중요해지기
시작했다. 산업화의 문제가 심화되면서 사회와 경제 영역에서
벌어지는 일들에 관심이 집중되었다. 이에 따라 사회사와 경제
사가 역사학의 새로운 영역으로 편입되었고 역사 연구의 폭은
점점 더 넓어졌다. 역사 연구의 범위가 확대되면서 역사가들이
조사해야 할 사료의 수는 기하급수적으로 증가했다. 교육이 보
편화되면서 극소수의 지식인만 기록자였던 시대는 지났고, 보
다 많은 사람들이 사료를 남길 수 있었다. 또한 공적인 문헌보
관소에서 관리하는 문서만이 사료구실을 하는 것이 아니었다.
기록자와 기록 영역의 증가와 함께 개인적인 사료들이 넘쳤고,
급증하는 사료들을 역사가가 다 발굴하여 과거의 빈틈을 메우
는 것은 불가능했다. 관련된 사료를 다 망라하여 조사한다 해
도 사료 자체가 가지고 있는 주관성의 한계에 따라 랑케가 주
장하는 것처럼 과거를 누구나 똑같이 하나의 모습으로 본다는
것은 불가능했다. 사료는 근본적으로 불투명하여 깨끗한 창 역
할을 할 수 없었다. 결국 랑케의 이론에 대한 반론들이 더욱 힘
을 얻게 된 것이다.

20세기 전반: 현재주의

랑케에 대한 비판은 이론적으로만 대두된 것이 아니었다. 산업혁명과 프랑스혁명으로 시작된 경제와 정치의 합리화는 19세기를 낙관적인 진보주의 시대로 만들었다. 그러나 근대화가 가져다 줄 것처럼 보였던 이성적이고 합리적인 20세기의 이상은 유럽을 파국으로 이끈 두 차례의 세계대전 앞에서 처참히 무너졌다. 사실 근대역사학을 태동시켰던 가치중립적인 역사학에 대해 회의적인 분위기가 형성된 것은 이미 제1차 세계대전이 발발되기 이전부터였는데, 그때 이미 역사 연구에서 가치중립성에 두었던 신뢰가 흔들리고 있었다.

제1차 세계대전은 19세기의 전쟁들과는 규모와 결과에서 너무나 차원이 다른 전쟁이었다. 전쟁이 범죄로 여겨지고 전쟁의 책임이 있는 나라는 전범戰犯국가로 낙인찍히는 상황에서 승패의 결과보다 정당성 여부가 더 중요한 판단의 기준이 되었다. 각 나라의 전문 역사가들은 자기 나라 정부가 전쟁에 참여하게 된 이유를 그럴듯하게 옹호하는 데 집중했다. 그러면서 중립적인 역사학이 가질 수밖에 없는 문제점이 인식되었다.

19세기의 역사학이 지켜왔던 객관성에 대한 믿음, 즉 과거를 이끌어온 힘들을 간단한 추론과정을 통해 이해할 수 있다는 믿음은 예견이 가능한 세계의 생활 감각에서 나온 것이었다. 그에 비해 예측 불가능한 사건들이 이어지는 20세기에는 19세기처럼 중립적이며 객관적으로 역사를 이해하는 것이 불가능한 일로 보였다. 더구나 근대역사학이 객관성의 본보기로 삼았던 자연과학 자체에서도 주관성이 긍정적으로 인식되기 시작했다. 관찰자와 관찰 대상이 엄격하게 분리되어 완전한 객관성을 갖췄다고 간주됐던 자연과학도 관찰자의 관점에 영향을 받는다는 사실이 강조된 것이다. 자연과학을 객관적인 법칙으로 인식했던 19세기의 태도는 여러 가지 가능성을 전제하는 새로운 과학 이해로 바뀌었다. 가설과 개연성과 상대성이 자연과학 안에서 중시되었다. 이제 가치중립적인 객관성의 신념을 역사학에서 주장하기 점점 어려워졌다.

이러한 변화가 역사학에 적용되면서 강조된 것은 현재의 중요성이었다. 역사의 중심이 과거에서 현재로 이동했다. 현재에 거리를 두고 과거를 고찰해야 객관성을 확립할 수 있다고 보았던 태도에 변화가 생겼다. 역사서술이 현재의 관심에 따라 좌우된다는 것이 당연하게 여겨졌다. 역사에서 객관성 자체가 불가능하므로, 객관성을 위해 역사가가 무시해왔던 현재의 의미가 달라져야 했다. 이제는 현재에 의해 과거가 이해된다는 주장이 나왔다. 역사는 과거가 현재에게 말하는 것이 아니라 현재가 과거에게 말하는 내용이다. 독자들이 읽는 것은 과거 사실에 대한 역사가의 해석이므로 그 해석에 영향을 미친 당시(역사가의 현재)의 역사를 읽는 것이다. 그러므로 "모든 역사는 현대사"(크로체)다. 그리고 이제 역사는 사실의 역사가 아니라 역사가가 해석한 역사이므로 "모든 역사는 사유의 역사"(콜링우드)다. 역사학이란 역사를 연구하는 역사가의 생각을 나타낸 것이다.

　제1차 세계대전은 서구사회에 19세기의 환상을 깨뜨리기에 충분히 큰 충격을 주었다. 역사를 계속 발전시키는 것 같았던 진보의 곡선은 그로 인해 내리막길로 들어섰다. 그러나 20세기의 무거운 짐은 그것으로 끝나지 않았다. 그 이후로 서구사회는 1920년대, 30년대, 40년대에 걸쳐 경제적 침체, 혁명적 소요, 폭력과 비인도성의 만연, 국제 분쟁을 겪는다. 전후 경제의 침체에다가 미국에서 시작된 대공황이 자본주의 경제를 근본적으로 흔들었고, 이미 제1차 세계대전 중에 러시아에서 사회주의 혁명이 최초로 성공했다. 거기에 파시즘과 나치즘이 유럽의 의회민주주의를 한참 뒤로 후퇴시켰다. 그리고 이 모든 무거운 짐에 더하여 제2차 세계대전은 서구를 밑바닥까지 끌어내렸다. 20세기 이전의 역사가들을 지탱해주었던 진보에 대한 낙관적 기대가 허물어졌고, 과거의 지식의 빈틈을 메울 수 있다는 학문적 자신감도 붕괴되었다. 과거 모든 시대의 역사는 조각그림 맞추기 식의 빈틈 메우기가 아니라 매번 다시 연구되고 기술되어야 할 것으로 보였다.

　인식의 변화는 시대의 변화와 같이 나아갔다. 20세기 전반기 역사가들의 역사 이해는 그 시대의 상황에 대응해서 변했다. '사실 숭배'에서 '현재주의'로의 변화는 카의 전제대로 '사회의 산물'로 볼 수 있을 것이다. 역사란 문학인가 과학인가, 또는 주관적인가 객관적인가 하는 논쟁도 이를 반영한다. 교훈을 위한 감동이 무엇보다 중요했던 역사서술에서 역사는 곧 문학과도 같았다. 랑케 이후 근대적 학문으로서 객관성이 본질이 된 역사학에서 역사는 곧 과학과도 같았다면, 이제 20세기 전반의 현재주의에서 역사는 다시 문학의 성격을 더 띠었다.

20세기 후반: 사회과학적 역사학

제2차 세계대전이 끝나고 전후복구와 경제회복이 시작되었다. 이와 함께 20세기 전반의 침체와 파국의 시기가 종료되면서 역사학의 발전도 새로운 국면을 맞는다. 역시 시대의 변화가 역사가들의 역사 이해와 연구에 새로운 계기를 주었다. 제1차 세계대전은 관점에 따른 해석의 여지가 있었다. 제1차 세계대전에서 독일인들은 자신이 승자인 줄 알았지만 실제로는 패전국이었고 이탈리아는 전후 상황이 패자와 같았지만 명목상으로는 전승국 진영에 속했다. 이렇게 현실과 국민들 인식의 현저한 차이 속에 두 나라에서 나치즘과 파시즘이 부상한다. 하지만 제2차 세계대전은 제1차의 경우보다 주관적인 자기변호의 여지가 없어 보였다. 전쟁은 승패뿐 아니라 정당성에서도 구도가 분명했다. 제1차 세계대전은 여러 설명과 이견이 있을 수 있으나 두 번째 세계대전은 발발과정과 결과와 그 본질에서 누가 부당한지 누가 책임을 져야 하는지 객관적인 판단이 명확했다. 20세기

후반의 시작은 전반기와 같은 주관적 현재주의가 통용될 필요가 없는 상황이었다. 이제 역사가들에게 더 중요한 것은 객관성이었다.

1945년 이후에 전개되는 역사학에서의 변화는 침체기로부터 회복기로 전환되는 1940~1950년대의 단기적인 발전의 결과만은 아니었다. 그것은 20세기 전반기의 현재주의 역사학에 대한 반발이었으며, 더 거슬러 올라가 19세기의 역사학에 대한 비판과 대안 제시도 포함했다. 한편으로 현재주의에 대한 반발은 객관성의 복원으로 나타나고, 다른 한편으로 19세기에 대한 비판은 정치사에서 사회경제사로의 전향으로 전개된다. 이미 19세기 말부터 정치사 위주의 연구에 대한 비판이 제기되었다. 특히 산업화가 진보만을 가져다준 것이 아니라 심각한 근대사회의 문제를 초래한 것에 주목하면서 이 문제들이 곧 이 시대의 진면목이며 그것을 연구하는 것이 역사의 중심적인 과제인 것으로 인식되었다. 산업화로 인한 사회계층 간의 갈등과 경제적 불평등이라는 현상은 기존의 정치사 영역을 넘어서는 것이며 이것을 다루기 위해서는 사회경제사가 대두되어야 했다.

현재주의에 대한 반발과 정치사 중심에서 사회경제사로의 전향은 모두 객관성을 재강조하면서 진행되었다. 한편으로 현재주의에 대한 반발은 역사가가 처한 현재의 관점에서 과거 사실을 보는 주관주의로부터 벗어나 객관주의를 지향했다. 다른 한편으로 사회경제사는 사회적, 경제적 현상을 다루어야 한다는 점에서 사회과학적 방법론을 전제하며, 사회과학은 자연과학적 객관성과 인문학적 주관성의 사이에서 객관적인 연구를 추구한다. 두 현상 모두 객관성의 복원이라는 점에서 일치했다.

　근대 역사학의 흐름을 주관성과 객관성이라는 축으로 간략하게 개관하면 이렇게 말할 수 있다. 19세기 이전의 역사서술이 주관성 위주의 감동을 주는 교훈으로서의 역사였다면, 랑케 이후로 자연과학적 객관성을 표방하는 근대 역사학이 등장했고, 이 경향을 20세기 전반기에 현재주의가 주관성의 방향으로 전환했다. 그리고 다시 제2차 세계대전 이후의 시기에 사회경제사의 대두와 함께 사회과학적 객관성이 강조되었다. 근대 역사학의 강조점은 객관성에서 주관성으로 그리고 다시 객관성으로 전환되는 모습을 보인다. 그러나 19세기의 객관성과 20세기 후반의 객관성에는 차이가 있다. 전자가 자연과학적 객관성을 추구했다면, 후자는 사회과학적 객관성을 추구한 것이다.

　그러면 사회과학적 객관성이란 무엇일까? 먼저 사회과학은 사전의 정의에 따르면 "사회 현상을 지배하는 객관적 법칙을 해명하려는 경험 과학"이다. 사회과학의 연구대상은 사회, 즉 인간 집단이다. 소수의 의식 있는 개인인 위인들에 의해 역사가 움직인다고 보았던 19세기 정치사와 달리 20세기의 사회경제사는 연구의 주체를 다수의 사회구성원으로 확대한다. 민중이든 다른 계층이든 한 사회 및 집단의 구성원에게 공통적인 현상을 연구하므로 많은 사람과 관련된 자료가 중요하고 그것을 다루기 위해서는 통계와 평균 등의 계량화 작업이 필요하다. 연구의 결과는 정확한 수치를 비교하여 전체적인 경향을 찾아내는 것으로 나타난다. 물론 사회과학의 객관성은 물질세계 연구에 적용되는 매우 치밀한 자연과학적 객관성과는 다르다. 사회과학은 자연과학보다는 덜하지만 주관성과 개연성을 본질로 하는 인문학에 비하면 훨씬 정교한 객관성을 지향한다.

역사 연구 범위의 사회과학적 확대는 산업화의 결과로 인해 사회경제사가 중요해지는 19세기 말 이후의 시대에만 국한된 것은 아니다. 사회과학적 역사학이 산업화 이후의 시대에 대두된 것이기는 하지만 역사가들은 사회경제사적 문제의식을 그 이전 시대에도 적용해나갔다. 중세 봉건사회의 사회경제사가 연구되고 고대 로마제국과 그리스의 역사도 사회경제사적으로 조명되었다. 그 결과 이제 우리는 고대 노예들의 삶에 대해서, 중세 농노들의 농업기술에 대해서 더 많이 알게 되었다.

사회과학적 역사학은 정치사적 접근에 비해 다량의 통계자료에 기초한 연구여서 훨씬 광범위하고 객관적인 연구일 수 있다. 이제 역사에서 수가 대단히 중요한 데이터가 되었다. 자료화된 수치가 많을수록 더 객관적인 연구가 가능하리라 여겨졌다. 역사 연구는 이제 한 명의 역사가가 연구실과 도서관의 책상 위에서 옛날 문서를 뒤적이며 다른 사료와 대조하고, 앞선 연구를 참고하고, 무엇보다 치열한 문제의식과 꼼꼼한 검토와 새로운 착상으로 시도하는 작업 이상을 요구했다. 엄청난 통계자료를 분석할 거대한 컴퓨터 앞에서 일군의 역사가들이 공동으로 작업해야 할 기획연구로 되어갔다. 이른바 '계량사cliometricism'라는 분야가 탄생한 것이다. 그것은 전통적인 역사학과 구분되는 과학적 역사학이다. 컴퓨터 같은 계량적 수단으로 엄밀하게 검증할 수 있는, 정교하고 수학적인 본보기에 의존한다. 그러나 개인보다는 집단을, 설명보다는 통계적 검증을 중시하는 계량사는 대중이 아니라 교수와 학자 등 전문가만을 위한 작업으로 자리매김했다.

계량사와 같은 극단적인 실험의 양상도 보이지만 대체로 사회과학적 역사학은 분명 객관성과 주관성의 논쟁 사이에서 사회과학적 객관성을 추구하고, 연구 주제에서 보다 전체적인 영역으로의 시야를 확대하며, 정치 영역의 위인 중심 역사 주체를 민중으로 확산하는 등 역사 이해의 내용과 범위를 훨씬 넓히고 깊게 하는 데 큰 기여를 했다. 20세기 후반 이후로 사회경제사는 역사학의 주류임에 틀림없다. 이제 사회를 논하지 않으면 역사를 논하지 않는 것처럼 되었다. 20세기 후반을 대표하는 단어는 단연코 '사회'일 것이다. '개인은 사회의 산물'이라고 본 카도 이 시대, 이 사회의 산물인 셈이다.

포스트모던 역사학

20세기 후반은 사회과학적 역사학의 시대만은 아니었다. 그보다 조금 늦게 대두된 새로운 경향의 역사학이 지금까지와는 전혀 다른 이야기들을 내놓기 시작했다. 이른바 '포스트모더니즘'이라는 사조가 등장했다.

첫째로 '포스트$_{post}$'라는 단어는 '이후'라는 뜻을 가지고 있다. '모더니즘(근대)' 이후의 시대가 도래했다는 것이다. 고대 '이후에' 중세, 중세 '이후에' 근대가 왔듯이 이제 근대 '이후에' 다음 시대가 등장했는데 아직 이름을 붙이지는 못한, 그래서 일단 '포스트모더니즘(근대 이후)'이라 명명한 시대인 것이다. 둘째로 이보다는 좀 더 의미를 부여해 가치판단의 차원에서, '포스트모더니즘'은 실패한 근대를 상정한다. '포스트'의 첫번째 의미대로 근대가 끝나고 다음 시대가 등장했는데, 그 끝난 근대가 문제가 있었고 실패했음을 강조하는 것이다. '탈난 근대'라는 것이다. 세번째 의미의 '포스트'는 두번째 의미에서 '이후'라는 뜻이 들어 있지 않은 것이다. 근대는 분명 문제가 있고 실패했다. 그러나 그 근대가 끝난 것은 아니다. 즉 지금도 여전히 근대다. 지금은 근대와 단절된 시대가 아니라 근대가 변혁되어야 할 시대다. '제2의 근대', 이른바 '성찰적 근대화'라는 변혁운동을 강조하는 의미로서 '포스트모더니즘'이다. 이 세 가지 의미를 다 나타낼 수 있는 우리말의 번역이 어려워—벗어난다는 뜻의 '탈$_{脫}$'을 붙여 '탈근대' '탈근대주의' '탈근대화' 등 비교적 많이 쓰이는 우리말 표현이 있기는 하지만—그냥 외래어를 사용하는 것으로 굳어졌다.

이 새로운 사조의 등장은 서구사회가 1960년대 후반에 제2차 세계대전의 국면에서 완전히 벗어나는 것과 관련이 있다. 전후복구를 훨씬 넘어 고도로 산업화된 사회에 도달한 서구인들은 삶의 질에 대한 욕구에 눈을 돌리기 시작했다. '근대'로 상징되는 진보, 대량생산과 소비, 이성, 이념 같은 것이 총체적인 비판의 대상이 되었다. 이러한 '근대적' 가치가 누리고 있던 권위를 타도하고 무너뜨려야 한다는 주장이 힘을 얻었다. '포스트모더니즘'을 한마디로 하면 곧 '권위의 해체'다. 일체의 권위가 무너져야 한다고 주장되었다. 근대가 중세의 권위—신·종교·교회·신분—를 깨뜨렸다면 근대의 권위—이성·국가·사회·계급·이념—도 깨져야 한다는 것이다.

이 사조가 역사학에 적용된 것이 '포스트모던 역사학'이다. 인간 실존의 매우 다양한 측면에 새로운 관심이 모아지고, 일상의 문화와 개인의 의지가 역사에서 중요한 변화를 주도하는 원동력으로 인식되었다. 과거의 변화에 대해 모순 없는 과학적 설명이 가능하다는 사회과학적 역사의 신념이 거부되기 시작했다. 과학적 합리성이 비판받고 경험이 강조된 것이다. 그것은 객관성에서 주관성으로 역사학의 방향을 돌렸다. 포스트모던 역사학의 주관성은 20세기 전반의 현재주의를 훌쩍 넘어서는 것이었다. 일체의 '권위의 해체'에는 객관성뿐 아니라 사실성도 포함되었으며 역사는 사실이 아니라 '허구'라고까지 주장되었다. '사실'의 권위도 무너뜨린 것이다.

이 새로운 역사학은 인류가 발전시켜온 학문과 지식의 역사를 권력의 속성으로 파악했다. 어떤 이론이 더 타당한가에 따라 좌우되어온 진리 추구의 역사가 아니라 각 이론을 주창하는 사람들 사이에서 벌어진 권력관계의 산물이라는 것이다. 이른바 주류와 정론과 정통은 그것이 더 옳아서가 아니라, 더 힘 있는 자들이 주장했기 때문에 그 시대의 '지배 담론'이 되었다는 것이다. '담론', 이것이 포스트모던 역사학자들이 보는 역사의 실체다. 담론narrative은 이야기다. 역사는 벌어진 '사실'이 아니라 그에 대한 '이야기'로서 이해되었다. 역사는 사실의 타당성이 아니라 그에 대한 이야기들의, 더 정확히 말하면 그에 대해 이야기하는 자들의 힘의 관계에 따라 움직인다고 본 것이다.

승자가 된 세력은 역사를 한 가지 시선으로, 하나의 흐름으로만 보게 하려 한다. 그리하여 각 시대마다 있을 수 있는 다양한 견해들과 조류들이 무시되고, 어느 시대나 가장 힘 있는 담론체제가 모두에게 타당한 것으로, 진리로 인정되었다고 강조한다. 지배세력의 이러한 배타적 관점이 결국 역사를 하나의 거대한 흐름으로만, 즉 현재의 승자를 낳은 정당한 주류로만 보게 해왔다고 포스트모던 역사학은 비판한다. 그래서 포스트모던 역사학은 '거대담론'을 신랄하게 비판한다. 역사에 대한 거시적인 조망에서 거리를 두고 그 대안으로 비주류와 이단으로 몰려 역사에서 잊힌 이견들을—특히 맨 밑바닥의 민중문화에서—찾아내는 미시적인 연구가 더 중시되었다.

사실이 아니라 담론, 이러한 관점은 역사학의 기반이 되는 사료에 대한 입장에서도 나타난다. 그것은 포스트모더니즘 언어이론의 적용이기도 했다. 근대 언어이론은 언어를 지식 전달을 위한 매체로 인식했다. 사람은 자신의 생각(기의記意)을 언어(기표記標)로 표현한다. 이때 생각(기의)이 언어(기표)를 결정한다. 장미를 말하려는 생각이 '장미'라는 단어를 말하게 한다. 국화를 생각했다면 '국화'라는 단어를 쓸 것이다. 그러나 포스트모더니즘은 이것을 뒤바꿔놓았다. 기표를 결정하는 기의의 권위를 해체했다. 언어(기표)가 생각(기의)을 결정했다는 것이다. 무슨 말일까? 공상과학 영화에서 흔히 볼 수 있는 장면으로 설명하자. 인간이 편리함을 위해 만든 도구—가장 흔하게는 기계, 컴퓨터 또는 제도—가 역으로 인간을 지배하게 돼서 인간이 도구로 전락하는 상황은 이러한 영화들의 단골 주제다. 그런데 사실 이런 역전은 우리의 일상에서도 흔한 일이다. 의사소통의 편리함을 위해 도구로서 휴대전화기를 만들었는데 이제는 휴대전화기가 없으면 인간 사이의 의사소통이 단절된다. 그것은 인간이 이용하는 도구—직접 만나서 하는 대화·편지·전자우편과 같은—였는데 이제는 도구의 위치를 넘어 사람이 그것에 얽매이는, 종속된 관계가 되었다.

언어이론으로 다시 말하면, 내가 언어를 이용해 자유롭게 무엇인가를 생각할 수 있는 것이 아니다. 나의 생각은 기존 언어 체계에 종속되어 있다. 내가 아무리 창의적인 시를 쓰려 해도 기존의 언어체계에서 만일 장미에 대한 표현이 100가지—흑장미, 백장미, 붉은 장미…—만 있다면 나는 101번째 장미는 생각조차 못한다는 것이다. 언어가 없으므로 생각도 못한다. 생각(기의)이 언어(기표)에 종속되어 있다는 것이다. 사람의 생각 이전에 언어가 있었지 언어 이전에 생각이 있었던 것이 아니기 때문이다. 이를 포스트모던 학자들은 "언어 바깥에는 아무것도 존재하지 않는다"라고 표현한다. 언어 이전에도 꽃이나 바위나 물리적인 사물은 있었겠지만, 그것들이 언어 체계 안에서 개념으로 자리 잡고 나서야 그것은 비로소 인간에게 존재하는 것이 된다. "내가 그의 이름을 불러주었을 때 / 그는 나에게로 와서 / 꽃이 되었다"는 시 구절처럼 말이다. 여기서 포스트모더니즘이 사실보다 인식을, 그리고 이야기(담론)—인식도 비로소 언어 체제 안에서야, 즉 언어로 표현되어야 존재한다—를 얼마나 중시하는지가 단적으로 나타난다.

이런 생각을 더 밀고 나가면 어떤 글의 저자는 그가 쓴 글보다 앞서 있지 못한 것이 된다. 그의 생각(기의)은 그가 쓴 글(기표)에 의해 형성된 것이다. 그렇다면 독자는 글을 읽을 때 그 글을 쓴 저자의 의도가 무엇일까 궁리할 필요가 없다. 언어 밖에는 아무것도 없으므로 저자의 책 이전에 저자도 없다. 그러면 어떤 결론이 나올까? 저자가 더 이상 그가 쓴 글의 의미를 지배하지 않는다. 독자는 저자가 어떤 뜻으로 그 글을 썼는지 신경 쓰지 않고 마음껏 자신의 해석을 할 수 있다. 글(텍스트)의 의미는 정해진 것이 아니라(특히 저자에 의해) 읽힐 때마다 바뀌며 그 의미는 독자에 의해 주입된다. 언어는 무한한 놀이다.

이러한 관점은 역사에서 사실의 권위를 부정하고 저자의 의도를 무시한다. 사료란 당시에 누가 어떻게 기록했는지에 상관없이 현재의 역사가에 의해 얼마든지 주관적으로 해석될 수 있다. 심지어는 사료 사이의 시간적 관계, 즉 최초의 목격자가 쓴 1차 사료와 나중에 그 사료를 참고하여 쓴 2차 사료 사이의 관계가 가지고 있는 권위—먼저 기록된 것이 나중에 기록된 것보다 더 권위 있다—도 깨진다. 모든 것은 현재 역사가에 의해 새롭게 해석되고 쓰일 뿐이다. 저자가 아니라 독자에게 주입되는 의미, 이것이 사료들 사이의 시간적 관계를 깨트리며 결국에는 사실과 허구의 관계까지도 상대화한다. 역사는 이제 극단적인 실험장이 된 듯하다.

앞에서 말한 바와 같이 이론과 실제 사이에는 차이가 생겨나기 마련이다. 어떤 관점이나 견해든지 이론으로 주장하는 그대로 역사서술을 하지는 않는다. 더구나 극단적인 주장일 때는 더욱 그렇다. 성공적인 포스트모던 역사가들의 작업들 역시 모두 사료작업에 기초하고 있다. 그들이 추구하는 신념대로 상상력을 중시하기는 하지만 그렇다고 그들이 역사소설을 쓰지는 않았다.

포스트모던 역사학이 기존의 관점들을 모두 전통적 역사학이라 단정 짓고 자신에 이르러서 비로소 모든 권위의 속박으로부터 해방된 비약적인 새로운 역사 이해가 등장했다는 주장을 하기는 하지만 역사학의 역사를 그렇게 단절적으로 보기에는 무리가 있다. 또한 포스트모던 역사학의 자기주장대로 전적으로 차별성과 유일성이 있다고 보는 것도 문제가 있다. 만일 그러하다면 앞에서 언급한 포스트모던 역사학의 핵심 이론으로 포스트모던 역사학 자신을 비판해볼 수도 있다. 즉 지금까지의 학문과 지식의 역사라는 것이 그 내용의 타당성이 아니라 주창자들의 권력관계에 따라 결정된 이데올로기적 산물이라는 주장이 그대로 포스트모던 역사학에도 적용될 수 있다는 것이다. 오늘날 역사학계에서 사회과학적 역사학과 함께 주도적인 역할을 하고 있는 포스트모던 역사학도 그 타당성에 의해서가 아니라 결국 정치적 역학관계에 힘입어 여기까지 오게 되었다는 설명이 가능하게 되니까 말이다.

각 주장들을 통해 전개된 역사학의 역사를 19세기 이전부터 오늘날까지 하나의 긴 흐름으로 본다면 주관성과 객관성, 또는 문학으로서의 역사와 과학으로서의 역사가 서로 대립적으로 오르락내리락 발전하면서 최근에는 중첩되어 병존하는 양상을 보이고 있다. 그러나 이보다 더 주목할 만한 사실은 200여 년 동안의 근대 역사학의 역사에서 역사 이해의 폭이 점점 다양해지고 넓어지며 깊어지고 있는 현상이다. 역사학의 관심은 위인 중심의 정치사에서 사회의 전체 구성원 및 전체 영역으로 점차 크게 확대되었다. 이제는 서로 자신이 진정한 의미의 '전체사',

또는 진정한 의미의 '아래로부터의 역사'를 구현하고 있다는 경쟁이 벌어지는 형세다. 전체사회사, 일상사, 미시사, 심성사, 여성사(성별사), 환경사, 지구사 등은 지배자·백인·남성·유럽만을 중심으로 하던 편향된 역사 이해를 지금까지 소외되었던 부분으로 크게 확대하고 심화시키고 있다. 역사학의 역사는 계속되고 있다.

5장

어디까지가
역사인가

역사가들의 관심이 과연 얼마큼, 어디까지 확대되었을까? 이것이 역사학의 역사에서 일관되게 나타나는 양상이라면 이것으로 오늘날 역사학의 현주소도 알 수 있고 앞으로의 발전 방향도 가늠할 수 있을 것이다. 역사가 개인은 사회와 상호작용하며 역사학의 문제의식은 곧 사회 구성원 모두의 역사적 관심과 맞물려 발전하므로, 역사 연구의 경향은 곧 우리 사회의 실상을 보여주는 것이기도 하다. 역으로 아직 역사가들의 연구 주제는 아니지만 사회에서 고조되고 있는 관심이 있다면 역사학이 나아갈 방향을 예측하는 것도 가능하다. 이러한 상호작용에 대해 민감한 사회일수록 역사는 더 많은 주체들에 의해 움직일 것이다.

역사를 '과거에 벌어진 일'이라고 정의할 때 그 범위는 사람과 관련된 경우에 한정된다고 했다. 지질학적으로 벌어진 모든 일이 역사인 것은 아니며 천문학적으로 분명히 벌어졌던 일이라 할지라도 역시 역사가 되는 것은 아니다. 인간세계와 무관하게 자연계에서 일어나는 변화는 역사 연구의 대상이라 할 수 없다. 그러므로 역사가들은 사람과 관련된 일이 무엇인지를 잘 분별해내야 한다. 프랑스의 역사가 마르크 블로크Marc Bloch는 역사가를 "전설에 나오는 식인귀"에 비유했다. "눈으로 느낄 수 있는 풍경이나 연장·기계 너머로, 겉으로 보기에는 차디찬 문서나 그것을 만든 자들과는 아무런 관련이 없어 보이는 제도 너머로, 역사학이 파악하고자 하는 것은 인간들"이다. 인간 사냥꾼과도 같이 역사가는 "인간의 살 냄새를" 잘 맡아야 한다는 것이다.

연구 대상의 확대

역사 연구의 대상은 정해져 있지 않다. 역사가와 사회의 관심의 변화에 따라 그 영역과 범위는 얼마든지 확대될 수 있다. 사람이 한 일이라면 '과거에 벌어진 일'이니 당연히 역사일 것이지만 극소수 정치 지배자만을 역사의 주체로 생각했던 때에는 고대 노예의 삶이나 중세 시골의 한 여인에게 일어난 일은 역사의 대상이 되지 못했다. '벌어진 일' 가운데 역사의 범주에 포함된 '중요한' 일은 소수의 시대적 위인이 행한 특별한 일만을 의미했다. 물론 '중요'하다는 것이 객관적으로 명확하게 선이 그어질 수 있는 개념이 아니어서 그 의미는 시대에 따라 변화되기 마련이었다.

연구 대상의 변화에서 가장 중요한 것은 개인(위인) 중심의 역사에서 사회(민중)로 확대되는 과정이다. 역사학은 점점 다수의 역사를 지향하게 되었다. 한 사람의 결정과 불만보다 다수의 결정과 불만이 역사적으로 더 중요하게 인식되었다. 카의 표현대로 한다면 역사가는 많은 사람이 관련되고 사회적 힘의 관계에 의해 벌어진 '사회적 사실'을 연구 대상으로 선택하므로 사회적 사실이 곧 '역사적 사실'이다. 이 점에서 사회경제사의 기여가 매우 크다. 연구 대상이 정치에서 사회 및 경제 영역으로 넓혀지면서 역사 주체의 수가 대폭 늘어난 것이다. 19세기에 유행한 정치사가 소수 지배자를 통해서 위에서 아래로 본 역사라면 20세기에 등장한 사회경제사는 다수의 민중이 겪은 사회·경제적 삶을 통해 역사를 아래에서 위로 보았다. 인물이나 사건 중심의 역사가 구조의 역사로 바뀌었다. 사회경제사는 양적으로, 질적으로 역사 인식의 폭을 크게 확대했다.

그러나 사람 수의 확대가 곧 연구 대상의 범주를 넓힌다고 보는 것에는 문제가 있다. 다수를 자칫 더 많은 수가 '대세'로서 이룬 역사에만 관련시킨다면 결국 그것도 '승자의 역사'만을 말하는 것이기 때문이다. 다수란 꼭 가장 많은 수를 의미하는 것은 아니다. 더욱이 승자와 동일시돼서도 안 된다. 각각 다수로 구성된 집단들이라도 그들 사이의 힘의 관계에 따라 상대적으로 소수가 되는 경우도 있고 아무리 최다수여도 패자가 될 수도 있다. 역사 연구가 확대됐다는 것은, 승패와 최대 인원의 동원 여부에 관계없이 지금까지 관심을 기울이지 않았던 대상들을 역사적으로 조명하게(역사가가 '선택'하게) 됐다는 의미다.

예를 들어 사회경제사는 산업시대의 노동자들을 역사 연구의 중심 대상으로, 그리하여 역사의 주체로 부각시켰다. 그러나 계급투쟁의 성공이라는 업적에만 초점을 맞춘다면 성공하지 못한 다수의 역사는 관심을 받지 못하고 선택에서 배제된다. 또는 그 성공의 효율성만을 고려할 때 조직을 잘 갖춘 정예집단에서만 역사적 선례를 찾으려 할 것이다. 이 역시 결국 대세만을 다룬 역사이며 조직 밖의 사람들, 아직 조직화하지 못한 더 소수의 사람들, 그리하여 더 오랫동안 성공하지 못하고 계속해서 당하기만 한 사람들의 역사는 오히려 '사회적 사실'의 연구에서도 소외되는 셈이다.

역사 인식의 범위를 넓히는 데는 더 많은 자극과 도전이 있어야 했다. 이 과정에서 포스트모던 역사학은 정치사 중심의 역사를 사회경제사가 바꾼 것 이상의 역할을 했다. 사회경제사는 지배-피지배의 문제를 무엇보다 경제적 차원에서 계급관계의 대립으로 규명하고자 했다. 이로써 노동자들이 역사의 주체로 인식되었다. 그러나 억압은 계급 사이에서만 발생하는 것이 아니었다. 사회의 가장 밑바닥에서 가장 큰 억압을 받는 약자들이 계급의 관점으로는 인식되지 않을 수도 있었다. 계급은 조직과 집단적 정체성, 즉 계급의식을 전제한다. 그러나 조직을 이루지 못한 하층민들은 사회경제사적으로 역사 연구의 중심부에 들어오지 못했다. 이들도 역사의 주체로 인식되기 위해서는 조직과 계급과 사회와 다수에 부여된 '근대적' 권위가 깨트려져야 했다. 모든 '권위의 해체', 이것이 포스트모더니즘의 역할이었다.

포스트모던 역사학은 계급 구조 밖에서 벌어지는 억압을 주시했다. 계급투쟁으로 무장되고 조직화된 노동자들의 힘 있는 집단이 아니라 조직 안에 있든 밖에 있든 구체적인 한 사람이 중요했다. 집단에 가해진 사회적 억압뿐 아니라 한 사람의 실존적 경험이 주목되었다. 파업에 참여한 수백, 수천 명의 노동자 세력만큼이나 '레베이에' 또는 '제롬'이라는 실명의 견습공이 역사서술에서 주인공 역할을 했다. 포스트모던 역사학은 집단이 아니라 이름과 얼굴이 있는 아랫사람들의 역사를 썼다. 그것은 사회를 다시 19세기식 개인 중심으로 돌려놓은 것이 아니었다. 19세기에 이름 있고 얼굴 있는 개인은 위인이요 지배자였지만, 포스트모던 역사학은 정치사는 물론이고 사회경제사적 '다수'도 놓친 작은 사람들에게 역사의 자리를 찾아주었다.

포스트모더니즘은 큰 것이 가지는 권위를 거부했다. 역사가 지금까지 너무 큰 것에만 중점을 두었다고 비판했다. 크고 작음이 수에 비례하는 것은 아니다. 정치사에서는 힘 있는 소수가 '큰 자'였고 사회경제사에서는 힘 있는 다수가 '큰 자'였다. 곧 힘 있는 자가 큰 자였다. 결국 이제까지의 역사는 누가 힘을 차지했는가를 보고자 했다는 점에서 큰 자들의 역사였고 큰 자들이 쓰는 거창한 이야기, 곧 거대담론이었다. 포스트모던 역사학은 큰 것의 권위를 해체했다. 망원경을 통한 거시적 조망을 거부하고 현미경을 통해 미시적으로 들여다봄으로써 지금까지 역사가들의 시야에 들어오지 않았던 작은 사람들, 작은 일들이 역사서술의 주제가 되었다. 역사가들은 이 새로운 역사적 조망을 '미시사'라고 불렀다.

그것은 정치만 보면 역사를 다 알 수 있다고 생각했듯이, 큰 것만 보면, 또는 중요한 것만 보면 역사를 다 이해할 수 있다고 여긴 사고방식에 대한 거부였다. 예를 들어 기존의 역사 이해에서 16세기 종교개혁●은 소수의 개혁가와 군주와 교황 및 고위 성직자 중심으로 서술되었다. 그러나 미시적인 접근에서는 신학적 논쟁이나 국가와 교회 사이의 이해관계보다 시골 농부들의 결혼관과 부부관계를 통해 종교개혁의 본질을 파헤치고자 한다. 예컨대 농촌의 한 여인이 어떻게 새로운 종파의 영향을 통해 전통적인 여성관에서 볼 수 없는 새로운 정체성을 추구하는지를 밝히는 식이다. 미시사라는 현미경을 통하지 않고는 이러한 작은 사람과 작은 부분들이 확대될 수 없었다.

포스트모던 역사학의 미시적인 접근은 일상생활을 역사의 무대 위에 올려놓았다. 특별하고 중요한 사건만을 주인공으로 삼았던 역사에 날마다 반복되는 하찮은 일상이 새로 자리를 잡은 것이다. 인간이 과거에 벌어진 일들을 역사로 남기는 과정에서 첫 단계부터 생기는 문제는 기록이 충분하지 않다는 사실이다. 모든 것이 다 기록되지도 않으며 기록된 것에도 많은 빈틈이 있다. 중요한 일을 선별하여 기록하고, 그 가운데 중요한 것이 그나마 오래 보존되고, 거기서도 더 중요한 것이 연구된다. 역사는 결국 선별 과정을 거치면서 중요한 것만 남는 셈이다. 그런데 정확히 말하자면, 사실은 중요한 것이 아니라 중요하다고 '생각된 것'이라고 해야 한다. 중요한 것과 중요하지 않은 것을 구별하는 절대적인, 객관적인 기준이란 없다. 일반적으로 위

● 종교개혁
중세 가톨릭의 폐단을 쇄신하고 본래의 기독교를 회복하려는 변혁운동. 1517년 마르틴 루터가 교회의 부패를 비판함으로 점화됐고, 이후 칼뱅 등 여러 개혁가들에 의해 확산되었다. 전유럽을 구교와 신교 지역으로 나눈 종교의 분열은 정치·경제·사회·문화적인 발전에도 큰 영향을 끼쳤다.

사회경제사와 포스트모던 역사학의 출현으로 '역사의 경계'는 몰라보게 광활해졌다. 덕분에 민중사, 일상사, 여성사, 문화사 등 그간 주목받지 못했던 수많은 새로운 역사들이 연구자와 대중의 관심권에 들어올 수 있었다.

에서 결정한 것, 왕이나 국가의 선택과 조처가 중요했다. 그것은 전체에 막강한 힘을 행사할 수 있는 권한을 가진 중요한 일이었다. 그렇게 해서 바로 정치가 가장 중요시됐다.

역사 인식이 좀더 확대되면서 개인보다는 사회, 소수보다는 다수와 관련된 일이 중요한 것으로 인식되었다. 사회 상층보다 하층에 훨씬 더 많은 사람이 있으므로 아래로부터의 역사가 더 중요해졌다. 그러나 인식에 변화와 확대가 일어나 중요함의 기준이 달라졌다 해도, 중요한 것은 늘 중요하지 않은 것을 배제했다. 역사에 중요하지 않은 것이 들어설 여지는 없었다. 그리고 일상생활은 너무 사적이고 똑같은 일의 반복이므로 중요하게 여겨지지 않았다.

그러나 포스트모던 역사학은 중요한 것이 가지고 있는 권위를 깨트렸고 중요하지 않다고 여겨졌던 일상생활의 역사적 의미를 주장했다. 예를 들어 사적인 것은 중요치 않고 공적인 것만 중요하다면 공적 영역에서 벌어지는 제도적·사회적 억압만 역사로 중시되고 일상에서 관행적으로 이뤄지는 억압은 역사로 취급되지 않는다. 그러나 역사의 진실은 공적 관계에서보다 오히려 사적 일상에서 더 적나라하게 드러난다. 정책과 제도에 대한 정치적 견해는 공식적인 통계 숫자를 통해서만 나타나는 것이 아니다. 모든 것이 정치적으로 통제되는 독재정권의 치하에서 국민들의 속내는 그 체제의 빈틈, 즉 일상에서 사적으로 표출된다. 그 체제가 과연 얼마나 견고한가는 그 체제의 신념과 정신이 국민들에게 얼마나 내면화되었는가에 달려 있다. 그 체제에 대한 동의 여부는 당에 얼마나 많이 가입했는가, 투표율과 찬성률이 얼마나 높은가에서보다 국민들의 일상에서 은밀하게 나타나는 개인적인 불순응, 불만, 비판의 정도에서 더 잘 알 수 있다. 그리고 국민들이 그 체제를 얼마큼 내면화했는지를 확인하기 위해서는 바로 그들의 일상생활이 조명되어야 한다. 일상은 포스트모던 역사학에 의해 역사의 연구 대상으로 확대되었고, 그리하여 '일상사'가 등장한다.

일상을 역사적으로 조망하게 되면서 계급간의 억압에 집중해 온 사회경제사가 관심을 두지 않았던 중요한 억압이 주목받았다. 계급적인 억압만이 문제가 아니었다. 그만큼 또는 그보다 더 심각하고 오래된 문제가 있었다. 바로 성별 차이에 의한 억압이다. 포스트모던 역사학의 문제제기 이전까지 역사는 무조건 남성 중심적인 시각으로만 관찰되었고 연구되었다. 사람은 곧 남성을 의미했고 성별간에 벌어지는 차별은 의식되지 않았다. 성별 사이의 억압적인 관행은 제도적이며 공적일 뿐 아니라 사적인 영역에서 일상적으로 나타났다. 노동자들의 해방을 위한 운동과 투쟁에서도 여성의 문제는 주목되지 않았고, 여성 차별은 노동자들의 일상에서도 거리낌 없이 자행되었다. 기존의 역사학이 보지 못한 이러한 성별의 문제를 주시하고 역사의 주제로 삼은 것은 포스트모던 역사가들이었다. 사회경제사는 경제적 불평등을 문제 삼음으로써 역사에서 계급 해방을 중대한 과제로 인식하게 했지만 그것은 반쪽의 해방에 지나지 않았다. 포스트모던 역사학은 역사 인식의 지평을 성별에까지, 여성에까지 확대했고 '여성사'를 낳았다.

역사학에서 연구 대상의 범주는 역사가들의 관심의 변화에 따라 양적으로 확대되고 질적으로 심화돼왔다. 역사 연구의 범위는 분명 개인에서 사회로, 위인에서 민중으로, 상층에서 하층으로, 또한 승자에서 패자로, 최대다수에서 소수로, 대세에서 약세로 확대되고 있다. 지금까지 역사학은 중심부로 인정되어왔던 사람들 위주로 다루었지만, 점차 주변부로 내밀렸던 사람들을 연구의 중심으로 삼는 경향이 대두되고 있는 것이다. 한마디로 역사의 조망이 중심에서 주변으로, 위에서 아래로 방향이 바뀌고 그 시야가 넓어지고 있다. 이러한 변화는 다른 모든 학문에서처럼, 역사학의 여러 분야와 사조와 학파가 각기 이전과 다른, 보다 새로운 시각을 추구함으로써 나타난 결과다. 그 가운데 포스트모던 역사학의 역할은 단연 특별했다고 할 것이다.

그러나 역사의 범주가 아무리 커진다 해도 인간세계를 그 한계로 한다. 앞에서 든 예는 모두 사람의 수, 인간사회의 계층, 삶의 영역, 성별과 관련된 확대다. 역사는 '사람에게 벌어진 일'이라고 했으니 연구 대상의 확대가 사람에게서 나타나는 것은 당연하다. 그러나 '사람에게 벌어진 일' 또는 '사람과 관계되어 벌어진 일'이 꼭 사람만을 역사 이해의 대상으로 삼는다는 뜻은 아니다. 언젠가 달 표면에 형성되었을 분화구는 역사 연구의 대상이 아니지만 79년에 폼페이시를 멸망시킨 베수비오 화산폭발은 역사다. 지금도 심해에서 일어나고 있을 지각변동은 지질학의 연구 대상이지만 2011년 일본 동북부를 강타한 쓰나미는 인간의 역사다. 즉 사람만이 아니라 자연현상도 인간세계와 관련될 때는 '과거에 벌어진 일'로서 역사가 된다. 역사 연구의 대상에 대한 관심의 확대를 인간사회를 넘어 주변의 자연환경에도 적용해볼 수 있는 여지는 충분히 있다.

사회경제사와 포스트모던 역사학은 역사가들의 관심을 중심에서 주변으로, 위에서 아래로 확대시켰다. 이제 우리는 인간사회의 '주변'과 '아래'의 역사적인 면모를 전보다 더 잘 알게 되었다. 그러나 이를 넘어서는 중심에서 주변으로, 위에서 아래로의 더 큰 확대도 있다. 이제 소개할 '환경사'가 바로 그것이다.

환경사란 무엇인가?

　20세기 후반 들어 환경문제가 세계적으로 가장 중요한 사안으로 대두되기 시작했다. 지구적 환경위기에 대한 국제회의가 개최되고 환경운동이 등장했다. 앞 장에서 말한 대로 서구사회는 1960년대가 되면서 산업사회가 이룬 양적 증가를 넘어서 삶의 질에 더 관심을 두는 이른바 후기산업시대로 진입한다. 이제 이들의 눈에 산업화가 야기한 환경파괴가 얼마나 심각한 문제인지 보이기 시작했고 친환경적 대안 수립이 무엇보다 절실해졌다. 환경문제는 모든 학문분야에서 관심을 기울이는 주제가 됐다. 물론 자연세계 자체를 다루는 자연과학이 가장 먼저 움직였고 이어서 그에 대한 정책을 연구하는 사회과학이, 그리고 맨 나중에 인문학도 반응을 했다. 환경문학이 등장하고 환경심리학, 환경교육학도 생겼다. 환경에 대한 역사학계의 반응은 1970년대에 환경사의 등장으로 나타난다. 역사에 대한 생태학적 조망으로서 환경사는 인간과 환경 사이의 관계를 역사적으로 연구한다.

　여기서 말하는 '환경'은 자연환경을 뜻한다. 사회적 조건과 상황을 나타내는 의미로 교육환경, 가정환경 등의 단어가 귀에 익지만, 환경사는 자연적 의미의 환경에 국한하여 인간이 지구적 생태계로서의 자연환경과 어떤 상호작용을 했는지를 연구한다. 지금까지의 역사 연구는 인간과 지구와의 관계를 고려하지 않았다. 자연환경과 그 현상은 다른 학문의 소관이었고, 역사학은 인간의 독립성과 특수성을 강조했다. 오늘날에는 너무도 당연하게 인식되는, 인간의 행동이 불러온 생태학적 결과의 문제가 간단히 무시되었다. 인간이 중심이고 환경은 주변이었으며 그나마 주변은 역사 이해에서 완전히 배제되었다. 역사는 오로지 인간의 사상과 행위라는 요인으로만 설명됐고 환경은 인간 역사에서 변수로 인식되지 못했다. 그러나 환경사는 이러한 인식에 변화를 가져왔다. 인간이 지구의 한 부분임을, 지구환경에서 독립적이지 못한 존재임을 전제하는 역사 연구가 시작된 것이다. 역사에서 자연환경이 독립변수로까지 중요해졌다.

환경사 연구의 핵심은 인간과 자연환경 사이의 상호작용을 살펴보는 데 있다. 그러기 위해서는 먼저 자연환경 자체에 대한 이해가 있어야 한다. 어느 시기 강수량의 변화가 기온에 얼마큼의 변화를 가져왔으며 농작물의 수확에 어떤 영향을 주었는지, 또는 특정한 농업생산 기술이 겉흙의 침식에 어떤 영향을 주었는지를 알고자 할 때 정확한 자연과학적 자료가 필요하다. 강수량과 기온의 변화에 대한 자세한 자료가 있어야 하고, 예를 들어 무거운 쟁기를 도입해 농사를 지었을 때(심경深耕) 쟁기를 쓰지 않는 밭보다 얼마나 빨리 겉흙이 침식됐는지 보여주는 자료와 계산이 있어야 한다. 이러한 자료는 최근에는 기상학적 자료가 꼼꼼히 기록되어 있어 쉽게 참조할 수 있지만 과거로 올라가면 사람이 남긴 기록 자료를 찾아보기 매우 어렵다. 역사가는 무엇보다 사람이 쓴 문헌자료에 의존하고 또 그런 기록을 철저히 찾아봐야겠지만, 자연환경과 관련된 기록에서는 아무래도 자연과학자들의 도움을 받아야 한다. 오늘날의 과학은 여러 가지 장비와 기술과 지식을 동원해 오래전의 지층과 빙퇴석 속에 남아 있는 꽃가루를 분석하여 강수량과 기온의 변화를 추적해낸다. 겉흙의 침식 정도와 속도도 계산할 수 있다. 그래서 오늘날 여러 학문분과 간의 통합적 연구가 시도되는 상황에서 환경사는 자연과학자들과의 공동연구가 더욱 요청된다.

여기서 환경사 연구에 어떤 자료가 필요하고 사용되는지를 알 수 있다. 전통적인 역사학에서 사료로 분류되는 인간사의 기록 자료들 가운데 환경과 관련된 정보를 제공하는 것이 있는지 재검토하고 새로이 찾아내야 한다. 그러나 환경사는 자연사의 사료들 또한 필요로 한다. 사람이 아니라 자연이 남긴 사료들을 찾고 해독하는 것이다. 기후변동, 지리적 변화, 동식물의 생태학, 미생물에 대한 자료들이 자연에 남아 있다. 그러한 사료를 찾고 읽기 위해서는 자연과학자의 도움을 받아야 한다.

여기 고대 그리스 시대에 지어진 신전의 현재 사진이 있다. 여러분이 역사가라면 이 사진을 보고 무엇을 알고 싶은가? 이 사진을 놓고 어떤 질문을 할 수 있을까? 육하원칙에 따라 물어보자. 누가 이 신전을 지었을까? 이 신전은 언제 지어졌을까? 여기는 어디일까? 왜 이 신전을 지었을까? 이 신전은 무슨 신을 모실까? 이 신전은 어떻게 지어졌을까? 등의 질문이 가능할 것

그리스 코린토의 아폴론 신전. 뒤쪽에 거대한 민둥산이 자리잡고 있다. 이 유적지를 찾는 많은 이들은 이곳에서 신전과 관계된 인물·사건을 떠올리겠지만 환경사가의 관심사는 신전 자체보다는 신전 주변의 환경이다.

이다. 더 확대해서 묻는다면 지어진 것에 대해서만이 아니라 무너진 것에 대해서도 똑같은 식으로 물을 수 있다. 그런데 이 질문들은 모두 무엇에 관한 질문인가? 역사적으로 접근한다면 우리는 이 사진에서 무엇을 알고 싶은 것일까? 모두 신전과 관련된다. 왜냐하면 이 신전은 인간이 지은(그리고 무너뜨린) 것이기 때문이다. 역사는 '사람에게, 또는 사람과 관련하여 벌어진 일'이라고 했다. 사람이 한 일, 사람에게 일어난 일, 사람과 관련된 일이 이 신전을 무대로 벌어졌다.

그러면 환경사가는 무엇을 볼까? 그는 신전이 아니라 신전 주변—곧 신전을 에워싼 환경—을 본다. 신전 주변에 무엇이 있는가? 몇 그루 안 되는 나무가 있고 그 뒤로 민둥산이 있다. 환경사가는 바로 그것에 대해 묻는다. 왜 여기에 나무가 몇 그루밖에 안 되지? 왜 이 산은 민둥산일까? 이런 것이 환경사가의 관심사다. 이런 물음이 과연 역사적인 질문일까? 나무와 산이 역사가의 질문 대상이 될까? 그렇다, 된다! 환경사가가 신전 주변을 보는 이유는 고대 그리스에서는 신전 주변이 울창한 숲이었기 때문이다. 신에게 돌로 잘 지은 신전을 바칠 때 그 주변도 신에게 드리는 대상에 속한다. 그렇다면 황량한 땅이 아니라 울창한 숲으로 뒤덮인 풍요롭고 전망이 좋은 곳이어야 한다. 고대 그리스 시대에 신전과 원형극장 등 신에게 바쳐지는 건축물들은 모두 풍광이 수려한 곳에 위치했다. 심지어 아테네 파르테논 신전˙이 지어진 곳은 바위산이었기 때문에 나무가 없었지만 돌을 파서 흙으로 채우고 나무를 심기까지 했다. 나무가 없는 빈약한 주변은 신에게 드리는 신전과 어울리지 않기 때문이다.

이러한 배경 지식에 근거해서 환경사가는 신전 주변에서 일어난 환경의 변화에 대해 물은 것이다. 왜 울창한 숲이 사라지고 황량한 민둥산으로 변했을까? 이것이 그의 생태학적이며 역사적인 질문이다. 이 질문에는 두 가지 대답이 가능할 것이다. 하나는 약 2500년의 시간이 지나는 동안 장기적으로 강수량이 변화했을 것이며 그 때문에 숲이 사라졌을 것이라는 추측이다. 다른 하나는 혹시 많은 석조건물을 지어 신에게 바치던 고대 그리스 시대 때 이미 인간의 건축행위가 삼림파괴를 낳지 않았을까 하는 추측이다. 두번째 생각이 역사학의 관점에서 볼 때 멋지기는 한데 문제는 증거다. 그러면 두 개의 답 가운데 타당한 것을 고르게 해줄 수 있는 근거가 무엇일까?

앞에서 말한 대로 오늘날 자연과학은 오래된 시기의 자연현상도 정확히 추적해낸다. 지층의 꽃가루 성분을 분석해서 온도와 강수량을 측정할 수 있다. 그러면 2500년 동안 강수량이 차츰 줄어들었는지를 파악하고 그에 따라 첫번째 대답의 타당성을 판단할 수 있다. 강수량의 측정은 두번째 대답의 증거도 될 수 있을까? 두번째 대답은 사람들의 건축행위에 혐의를 두었다. 그러면 강수량의 변화보다 사람들이 환경에 어떤 영향을 미쳤는지에 대한 기록이 있어야 한다. 과연 그러한 것이 있을까? 오늘날이라면 많은 사람이 환경에 관심을 가지고 있고 파괴든 복구든 그 현상을 기록으로 정리할 것이다. 무엇보다 언론이 그러한 기록을 하고 있다. 그러나 고대 그리스 시대에 과연 누군가 오늘날의 환경의식을 가지고 그 변화를 친절하게 기록해둔 자가 있을까? 있다면 얼마나 좋을까!

그런데, 있다! 2500년 전의 환경 문제를 기록한 사람이 있다. 이 기록을 한 번 보라.

오늘날은 기름지고 부드러운 흙이 다 유실된 땅만 남은 작은 섬들을 볼 수 있을 뿐이다. 그때와 견주어보면 그것은 앙상한 뼈만 남은 병자의 몸과 같다. 그러나 큰 재해가 없던 그때의 땅은 지금과 완전히 달랐다. 산들은 흙으로 덮인 언덕을 이루고 있어서 나무들이 울창했었다. (…) 아티카 지방에는 오늘날 벌에게 먹이를 제공할 수 있는 여력밖에 지니지 못한 산들도 있다. 그러나 얼마전까지만 해도 그 산들에는 큰 건축물들의 지붕을 덮을 수 있는 큰 나무들이 수없이 잘 자라고 있었다. 이 나무들로 만든 서까래들이 아직까지도 그대로 남아 있는 것을 볼 수 있다. 그뿐만 아니라 열매를 맺는 많은 나무들 또한 하늘을 가릴 정도로 무성했고 가축에게 먹일 사료들도 무진장 여물었었다.

이것은 오늘날 환경운동가의 고발이 아니다. 약 2400년 전에 플라톤이 『크리티아스』라는 책에 쓴 대목이다. 그는 동시대인으로서 당시 환경을 생생히 보고하고 있다. 이 기록이면 삼림의 황폐화가 이미 고대 그리스 시대에 진행됐음을 알려주는 근거로 충분하다. 거대한 석조건축 작업이 가져다준 환경의 부담은 충분히 짐작되고도 남는다. 그리스는 국토의 3/4이 산악지대다. 당시에 국토의 절반이 삼림지대였지만 BC 600~200년 사이에 전 지역에서 집중적인 숲의 파괴가 진행되면서 1/10 정도로 줄었다. 난방, 도자기 제작, 제철 등의 연료와 건설 및 선박제작을 위한 목재 수요가 급증했기 때문이다. 또한 목초지 확보를 위해 숲을 불태웠고 그 자리에 가축을 방목하면서 삼림의 황폐가 가중되었다. 나무가 사라진 허약한 토양은 비가 내리면 쉽게 침식되어 BC 3세기에는 해안에 늪지대가 형성되었고 그로 인해 말라리아가 발병했다는 기록도 있다.

삼림황폐는 어느 시대나 환경 문제의 척도이고, 나라와 문명의 운명에 직접적인 영향을 준다. 환경사가들은 고대 그리스의 멸망은 장기적으로 가해진 환경적 부담이 누적된 결과였다고 강조한다. 한 나라의 성쇠를 환경과 관련지어 설명하려는 시도는 한반도 역사에도 적용될 수 있다. 단일 국가로는 가장 긴 역사를 자랑하는 천년왕국 신라의 멸망 원인을 삼림황폐화에서 찾는 것이다. 신라는 초기부터 제철업이 발달했다. 쇠를 녹일 수 있는 $1000°C$ 이상의 열을 얻기 위해서는 숯이 필요했다. 숯은 일반 나무(장작)보다 열효율이 높지만 훨씬 비싼 연료다. 숯 $1kg$을 만들려면 나무 $8{\sim}10kg$이 필요했지만 숯이 내는 열량은 나무의 두 배에 못 미쳤다. 삼국통일 이후로 서라벌(경주)에서는 숯이 가정용으로도 쓰였다. 연기와 그을음이 없는 숯은 난방과 취사용으로는 최고급 연료였다. 그러나 숯의 지나친 사용은 삼림의 황폐화로 직결됐다. 더구나 숯의 주재료였던 참나무를 남벌하면서 흉년이 들 때 구황식량으로 도토리 열매를 먹던 백성들이 타격을 받았다. 민둥산은 가뭄과 흉흉한 민심의 원인으로 작용했고 신라의 패망으로 이어졌다. 환경의 훼손이 장기적으로 어떤 결과를 야기할 수 있는지를 여기서도 볼 수 있다.

플라톤의 글이나 통일신라의 숯 사용에 관한 기록들은 지금까지 관심을 기울이지 않았던 것들이지만 환경문제가 역사의 주제로 들어오면서 중요한 사료로 부각되었다. 새로운 시각으로 본다면 기존의 사료들 가운데서 환경사적 증언들을 분명히 찾아낼 수 있을 것이다. 고대 로마제국의 기록들 가운데서도 그런 것을 찾을 수 있다. 당시 광산에서 일하던 노예들의 건

강상태에 관한 한 기록은 환경 문제에 대해서도 충분한 단서를 제공한다. BC 1세기에 당시의 건축가 비트루비우스Vitruvius가 쓴 글은 로마제국의 납중독 문제를 보여준다.

납을 캐거나 납을 이용하여 무엇을 만드는 일을 하는 사람들을 예로 들 수 있다. 그들은 하나같이 창백한 얼굴과 피부색을 하고 있다. 뜨겁게 끓는 아연을 주형에 부어 물건을 만드는 작업을 할 때, 공기의 흐름에 노출된 아연은 곧 바로 독기가 서린 가스를 내뿜는다. 그 가스는 일하는 사람의 신체 각 기관들 속으로 침투해 들어가 핏기를 가시게 한다. 따라서 우리가 신체를 건강한 상태로 유지하고자 원한다면 납으로 만든 수도관으로 물을 운반해서는 안 된다.

지식인으로서 비트루비우스는 납광산 노예들의 상태를 정확히 관찰했지만. 귀족으로서 그가 내린 결론은 납으로 된 수도관을 교체하라는 주장이었다. 납중독 증상을 보이는 노예들을 보호해야 한다고 생각하는 건 오늘날의 바람과 시각일 것이다. 어쨌든 역사에서 중요한 것은 고대 세계에서 관찰되고 기록된 환경 문제다.

환경사는 과거의 기록에서 인간과 자연환경 사이의 상호작용에 관한 정보를 추적하는 데 그치지 않는다. 당연히 역사를 그러한 관점에서 새로 쓴다. 그리하여 환경사는 지금까지 인간 중심으로 보았던 역사 이해의 폭을 상당히 넓혔다. 자연환경이라는 주변부가 이제 역사가들의 중심 시야에 들어왔다. 지금까지 역사가들이 쓴 책과 논문은 사람들이 행한 사건과 사람들에게 벌어진 일을 기록하고 있다. 만일 그 내용들을 음향효과로 표현한다면 어떤 소리가 들릴까? 한번 상상해보라. 역사책을 펴고 귀를 기울여보라. 글씨를 소리로 바꾸어보라. 의성어로 표현되지 않았어도 서술의 한 장면에서 연상할 수 있는 소리들을 떠올려보라.

아마도 가장 많이 들리는 것이 사람들이 말하는 소리일 것이다. 의회에서의 연설, 거리 시위에서 외치는 소리, 숨죽이며 속닥이는 음모의 소리, 전쟁터를 메운 비명과 신음들 말이다. 또는 사람들이 일하는 현장에서 들을 수 있는 소리가 있을 것이다. 기계 돌아가는 소리, 쟁기질 소리, 어망 끌어올리는 소리… 모두 사람의 소리다. 사람이 내는 소리, 사람이 하는 행동을 통해 나는 소리다. 지금까지의 역사서술은 모두 '사람에게 벌어진 일'의 기록이었다. 환경사는 이에 대해 의문을 제기한다. 실제로 사람들이 살았던 역사 현장에서는 사람 소리만 들리지 않았다는 것이다. 자연의 소리가 있었다. 역사책에는 그러한 소리가 빠져 있다. 환경사는 "개울의 소리를 듣고 꽃의 향기를 맡는 역사"를 쓰고자 한다. 책을 펴면 사람이 살았던 자연환경의 소리가 들리는 역사책을 쓰려고 한다.

결국 환경사가 쓰고자 하는 것은 새로운 전체사다. 사회경제사가 지배층에 국한된 역사가 아니라 민중들의 삶을 다루는 전체사회사를 쓰면서 정치사보다 훨씬 더 역사 이해의 범주를 넓혔다고 했다. 그러나 그때 '전체'사회는 인간 사회를 의미한다. 그렇지만 인간이 살아온 세상은 인간들로만 구성되지 않았다. 인간은 항상 자연환경 속에 살았다. 그러나 자연환경은 주변시되었고 간과되었다. 환경사는 진정한 의미의 주변에까지 역사적인 관심을 넓혀 진정한 의미의 전체사회사, 새로운 전체사, 포스트모던 역사학보다 더 아래까지 내려간 진정한 의미의 아래로부터의 역사를 쓰고자 한다. 이와 같이 역사학의 연구 대상은 점점 더 넓어지고 있고 거기에 환경사의 중요한 의미가 있다. 그리고 이러한 일련의 역사 인식과 연구의 범위의 확대과정을 보면 역사란 무엇인가를 넘어, 역사란 어디까지인가를 생각하게 된다.

생태계까지 확대된 역사

대학에서는 해마다 학생들이 가장 많이 대출한 책이 무엇인지를 조사한다. 이는 학생들이 어느 분야에 지적 관심을 가지고 있는지를 보여주는 대단히 중요한 정보다. 몇몇 대학에서 최다 대출 도서 1, 2위로 오른 책 가운데 환경사와 관련된 서적이 눈에 띄어 흥미롭다. 바로 재레드 다이아몬드Jared Diamond의 『총, 균, 쇠』라는 책이다. 이 책은 서점가에서도 인기 많은 스테디셀러다.

저자는 본래 기초의학을 가르치는 자연과학자다. 그런데 그가 역사적인 질문을 던졌고 그에 대한 답을 찾는 중에 역시 역사적인 접근을 하여 그의 책은 환경사에 대한 관심을 높이는 데 큰 기여를 했다.

그의 질문은 이것이었다. 콜럼버스의 대서양 횡단 이후 16세기에 유럽이 아메리카를 차지하게 됐는데 왜 아메리카가 유럽을 정복하지 못하고 유럽이 아메리카를 정복했을까 하는 질문이다. 그리고 그의 대답이 바로 '총·균·쇠'다. 당시에 유럽은 총이라는 무기와 금속문명을 가지고 있었는데 아메리카는 아직도 석기시대였고 돌칼로 유럽인을 막을 수 없었다는 것이다. 총(무기)과 쇠(금속문명)는 역사학에서 늘 연구해온 요인들이다. 인류 역사를 살펴본다면 결국 군사적인 발달과 문명의 발전으로 설명할 수 있을 것이다. 그 점에서 이 책은 기존의 견해를 반영했다고 할 수 있다. 그러나 다이아몬드는 총과 쇠와 함께 '균'을 논한다. '균'이라고? 그렇다. 병원균이다. 그건 의학이나 생물학의 연구 대상인데 역사적 요인이 될 수 있을까? 다이아몬드의 설명은 이렇다. 16세기에 아메리카에 도착한 유럽인들이 유라시아 대륙에만 있던 질병의 균을 가지고 왔고 그것이 아메리카에 전염병을 창궐시켜 대부분의 원주민이 죽게 되었다는 것이다. 총이나 금속문명의 우월함보다 균의 위력이 더 컸다는 것이다. 그 점에서 16세기에 유럽이 아메리카를 정복할 수 있었던 요인으로 총, 균, 쇠가 지목되었다.

저자는 더 나아가서 그러면 왜 16세기에 유럽에는 총·균·쇠가 있었고 아메리카에는 없었는가 하고 묻는다. 그는 답을 두 대륙의 생태계의 차이에서 찾는다. 문명의 발전은 사람을 먹여 살릴 수 있는 식량의 양에 달려 있다고 전제하고서, 대륙마다 인간의 식량이 될 동식물의 양이 다른 데서 문명의 차이가 나왔다는 것이다. 여기서 식량이란 결국 인간의 주요 식량이 되는 가축과 작물을 의미한다. 그것은 자연의 다양한 동식물 가운데 인간이 길들이는 데 성공한 종류들이다. 가축화와 작물화는 사람이 공만 들인다고 자동적으로 되는 것이 아니다. 될 종류가 있고 안 될 종류가 있다. 문제는 가축과 작물로 될 수 있는 동식물의 종류가 대륙마다 다르게 분포되었다는 사실이다. 가장 단적인 예가 가축이다. 인류가 가축화에 성공한 동물들이 148종(식용 목적의, 몸무게 45*kg* 이상의 땅에 사는 포유류 종) 가운데 14종에 불과한데 그중 13종류(소, 말, 돼지, 양, 염소…)가 유라시아 대륙에 서식하는 동물들이다. 나머지 1종류는 남아메리카의 안데스산맥에서 가축으로 된 라마라는 동물이다. 더구나 그것도 그 지역에만 서식하기에 남북아메리카 전역에는 가축이 없는 셈이었다. 실제로 16세기에 유럽인들이 대서양을 건넜을 때 아메리카에는 소와 말과 돼지와 양과 염소 등의 가축이 없었다.

이것은 식량의 차이만이 아니라 전염병의 차이도 낳았다. 인간을 집단적으로 죽일 수 있는 최대 요인인 전염병은 가축의 질병에서 인간의 질병으로 전이된 것들이 많다. 예컨대 천연두는 본래 소의 전염병이었지만, 인간까지 감염시킨 것이다. 그래서 가축이 많았던 유라시아의 인류는 전염병의 피해를 숱하게 입었지만 덕분에 해당 전염병에 대한 면역력도 세졌다. 반면 가축이 없던 아메리카는 전염병을 경험하지 못했고 유럽인들을 처음 만났을 때 그 피해가 즉각적으로 나타났다는 것이다.

더욱 큰 문제가 되는 것은 대륙의 위치다. 대륙의 모양이 유라시아는 동서축으로 아메리카는 남북축을 기준으로 형성되어 있다. 즉 유라시아는 가로로 길고, 아메리카는 세로로 길다. 따라서 아메리카에서는 각 지역마다 기후의 차이가 심해 동식물과 인간 기술의 전파 및 확산이 불리한 반면 유라시아는 훨씬 유리했다는 것이다. 이미 분포된 동식물의 차이가 식량에 영향을 주었을 뿐 아니라 대륙의 축의 차이가 결정적으로 양 대륙 문명의 차이를 낳았다고 다이아몬드는 보았다. 이러한 차이는 인간의 두뇌가 아니라 결국 생태계 자체의 차이에서 비롯된 것이다. 그는 그래서 장기간의 문명발전에서 결정적인 요인으로 작용한 것은 자연환경이라고 결론을 내렸다.

환경이 역사 발전에서 과연 '결정적인 요인'일까? 이것은 관점이나 연구에 따라 다르게 대답될 수 있겠지만 자연환경이 역사에서 중요한 요인이라는 데는 이견이 없을 것이다. 이제 생태학적 관점으로 역사의 많은 부분이 새롭게 조명되고 있다. 『총, 균, 쇠』는 16세기 유럽의 아메리카 정복 문제를 추적하다가 그 원인을 고대나 선사시대는커녕 인류가 존재하기 훨씬 이전의 태곳적 시대까지 거슬러 올라갔다. 즉 환경사는 지구 전체의 역사(지구사)를 배경으로 하여 인간의 역사를 조망하므로 그 연구 대상의 범위가 지금까지 역사학이 해왔던 것과 비교할 수 없이 확대된다.

오늘날 '환경' 하면 곧바로 환경파괴가 떠오르고 그것은 거의 자동적으로 산업화의 결과로 인식된다. 그렇다면 환경사는 화석연료가 사용되고 자동차와 공장의 굴뚝이 도시를 지배하는 현대의 사회에만 적용되는 것일까? 아니다. 인간은 어느 시대에도 자연환경 속에서 살아왔고 그것은 어느 시대도 환경사적으로 역사를 살펴볼 수 있음을 의미한다. 환경사는 선사시대에도 고대에도 적용되며, 중세와 근대, 현대도 생태학적 관점으로 조명될 수 있다. 환경과 전혀 상관없는 것처럼 보이는 사건들도 환경사적으로 인과관계를 설명할 수 있다.

현대 세계의 국제적인 구도가 형성되는 데 중요한 배경으로 작용한 것은 제국주의였다. 제국주의는 산업화된 서구사회에 새로운 시장을 제공했고 서구가 세계를 직접 지배하는 시대인 현대를 등장하게 했다. 반면에 제국주의적 침략을 당한 많은 나라들은 현대 세계의 주변부로 더욱 내몰리는 결과를 맞는다. 물론 수탈에도 불구하고 서구화와 현대화의 기회를 포착하여 결과적으로 현대 세계의 중심부로 약진하는 소수의 나라들도 있다. 어떤 경우든지 제국주의가 현대 세계의 중요한 배경으로 작용한 것은 분명하다. 제국주의가 현대 세계의 많은 나라들의 운명을 결정지었거나 최소한 심대한 영향을 미쳤다.

그러면 제국주의를 환경사로 본다면 어떻게 될까? 제국주의는 가장 먼저 경제적인 행위와 의미로 해석되었고, 이어서 정치적·사회적·문화적 차원에서 설명이 시도되었다. 직접적 피해자로서 우리의 경험으로 볼 때 제국주의는 단연코 경제적인 수탈이었다. 대체로 제국주의는 서구의 산업자본주의와 맞물려 진행되었다. 산업혁명으로 인해 서구 국가들은 세계를 지배할 부의 기반을 쌓을 수 있었고, 반면에 그 많은 생산물을 처리할 시장이 필요해졌다. 일반적으로 유럽의 국가들이 아프리카 대륙의 나라들을 정복하는 1870년대를 근대 제국주의의 시작으로 간주한다. 그리고 제1차 세계대전이 끝나면서 대두된 민족자결주의와 더불어 식민지가 독립하기 시작하고 제2차 세계대전 이후에는 중심부의 특권적 위치를 상실하게 된 유럽의 국가들이 완전히 식민지를 떠나면서 드디어 근대 제국주의 시대가 종식됐다고 말한다. 물론 영토 점령을 넘어선 직간접적인 지배력은 그 이후에도 계속된다고 할 수 있지만.

즉 1870년부터 1918년/1945년까지를 근대 제국주의 시대라고 할 수 있는데, 환경사적으로 보면 이 시기 구분이 또 달라진다. 그 시작은 훨씬 이전으로 거슬러 올라가며, 지금도 계속되고 있다. 생태학적으로 제국주의 역사를 조명할 때 제국주의는 경제적·정치적·사회적·문화적 의미의 현상만이 아니었다. 그렇다고 이른바 환경 보호의 차원에서 제국주의 국가들이 제국주의를 통해 환경파괴를 자행했다는 좁은 의미의 환경사적 의미만 담고 있는 것도 아니다.

세계지도를 보면 근대 제국주의에 의해 서구에 정복된 지역은 아프리카와 아시아의 일부였다. 이 지역의 제국주의는 대체로 제1차 및 제2차 세계대전과 함께 종식된다. 그러나 다른 지역 가운데 원래 유럽이 아니었던 지역이 지금 유럽처럼 된 곳이 있다. 이 지역들은 무엇보다 인구통계학적으로 백인이 다수가 되었다. 유럽인들이 대항해 시대 이후로 진출하여 점차적으로 원주민의 인구를 능가하여 이제는 수적으로도 주인처럼 된 곳이다. 남북아메리카, 오스트레일리아, 뉴질랜드, 남아프리카공화국이 그렇다. 아프리카와 아시아에서는 유럽인이 떠났지만 이 지역은 여전히 유럽 백인들이 다수를 차지한다.

더 중요한 사실이 있다. 이 지역 생태계가 유럽의 모습과 같아졌다는 것이다. 첫 백인 발견자와 정복자들, 그리고 뒤를 이은 이주민들은 식량을 위해 자신들의 동식물 먹을거리를 가져왔고, 마침 기후가 유럽과 비슷해 이 동식물들이 잘 자랐다. 아메리카와 오세아니아에 유럽의 소와 말과 양이 들어왔다. 그것은 그 가축들의 먹이가 되는 식물도 들어왔다는 것을 뜻한다.

단적으로 뉴질랜드의 예를 살펴보자. 18세기부터 백인들이 출몰한 뒤에 뉴질랜드는 세 단계에 걸쳐 식민화가 된다. 첫 단계(1769~1814)에 백인들이 상륙하면서 구대륙(유라시아)의 생물체도 같이 들여왔다. 옥수수, 감자, 유럽의 잡초들, 돼지 등—여기

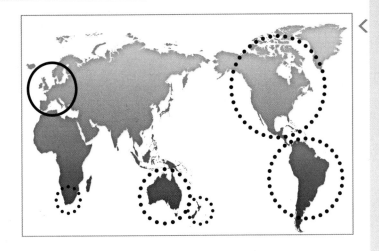

서 옥수수와 감자는 아메리카가 원산지다. 이것들은 16세기에 유럽으로 전파되고 이후 뉴질랜드로 확산되었다―이 들어와 번식했다. 아메리카의 경우처럼 유럽인들의 병원균도 따라 들어왔고 유라시아의 면역체계를 갖추지 못한 원주민들이 초반에 대량 사망했다. 둘째 단계(1814~1840)에 선교사들이 기술과 작물과 가축을 전래한다. 특히 1기의 경험에서 뉴질랜드가 영국과 비슷한 기후라는 것을 알고 양이 유입되어 사육된다. 또한 양 사료가 되는 작물을 재배하기 위해 숲으로 가득 찼던 뉴질랜드 전역을 목초지로 만들기 시작한다. 주로 숲을 불태우고 초지를 넓히면서 뉴질랜드의 생태계가 변화했다. 이 시기에 뉴질랜드는 영국의 식민지가 된다. 셋째 단계(1840~1870) 동안에 백인들의 수가 급증하면서 남은 원주민 마오리족들의 민족주의가 대두되지만 독립전쟁은 실패하고 뉴질랜드는 완전히 유럽화된다.

뉴질랜드의 식민화는 결국 유럽화로 귀결된다. 그것은 인구통계학적 변화뿐 아니라 생태계의 변화까지 포함하는 것이었다. 이것이 오늘날 뉴질랜드 하면 떠올리는 '목가적 풍경'의 배후에서 진행된 슬픈 역사의 참모습이다.

이렇게 유럽화된 지역은 '새로운 유럽Neo Europe'이라고 불린다. 그리고 경제와 정치적 주권만이 아니라 인구와 생태계를 지배하고 뒤바꾼 이 양상을 '생태제국주의'라고 한다. 근대 제국주의가 경제적·정치적·문화적으로 얼마간 행한 일을 생태제국주의는 더 오래, 지금까지 지속적으로 하고 있다. 근대 제국주의 시기는 끝난 것처럼 보이지만 현대 세계는 분명히 제국주의의 연속된 체계로 작동하고 있다. 생태제국주의는 생태계의 변화처럼 너무도 자연스럽게 진행되어 주목하지 않고 넘어가기 쉽다. 그러나 이는 제국주의의 속성을 가장 잘 보여주는 일면이라고 할 수 있다.

오늘날의 세계가 형성되는 데 자연환경이 중요한 요인으로 작용했다는 건 분명하다. 모든 것이 환경에 의해 결정된다는 환경결정론은 당연히 지나친 주장이겠지만 역사 발전에서 환경의 요인을 간과하는 것은 역사를 부분적으로만 제한해서 보는 결과를 낳는다. 역사를 환경사적으로 살펴보면 기존의 시각으로는 보지 못한 영역과 내용을 마주 대할 수 있다. 이런 식으로 역사는 계속 확장되어가고 있다.

6장

시대구분:
선사시대에서
현재까지

시간은 만질 수 있거나 냄새를 맡
거나 맛을 볼 수 있는 물체가 아니다. 시간은 과학, 특히 물리
학의 이해에서 매우 중요한 요인이지만 감각적으로 경험할 수
있는 대상은 아니어서 시간에 대한 설명은 대체로 추상적으로
들린다. 우리가 시간에 대해 구체적으로 말할 수 있는 것은 시
간 자체보다는 그로 인해 생기는 변화에 대해서다. 그런데 시
간이 흐름에 따라 일어나는 변화를 인지하는 인간의 감각은 그
렇게 섬세하지 않다. 해와 달의 위치가 바뀌는 데는 하루와 달
이 걸리며, 계절이 지나면서 파종이 수확의 결과를 낳고, 몇 달
이나 몇 년이 걸린 전쟁으로 승패와 정복과 지배가 갈리며, 어
떤 대형 건축물은 몇 세대가 지나서야 완공된다. 그러한 수준에
서만 시간에 따른 변화를 느낄 수 있었다. 예전에는 오늘날처럼
시와 분과 초의 변화를 감지할 여지도 필요도 없었다.

시간의 작업

유럽의 도시들에서 흔히 볼 수 있는 교회 건물의 종탑에는 시
계가 있기 마련이고 어떤 것은 중세 때 만들어진 그대로 지금도
작동하고 있다. 그런데 관광객의 눈에는 그 시계들이 시간을 잘
못 가리키고 있는 것 같다. 예를 들어 현재 시각이 오후 4시 20

프라이부르크 대성당의 종탑과 중세 시계. 짧은 침은 장식으로 오늘날처럼 분·초를 가리키는 기능이 없다.

분인데 교회당의 시계는 10시 22분이다. 관광을 하다가 두 시간 반 정도 지나 그곳에 다시 이르렀을 때 손목의 시계는 오후 7시 3분인데 교회 종탑의 시계는 12시 35분을 나타내고 있다. 고장 난 시계임에 틀림없다. 중세 때 지은 건축물이니 그럴 수도 있겠다. 그래도 수많은 사람이 드나드는 광장의 시계인데 왜 고치지 않을까 의아스럽다.

아하! 그러나 바로 이것이 중세 시계임을 안다면 사실 이상할 것은 없다. 이 교회의 시계는 정확한 시각을 가리키고 있다. 단지 오늘날과는 다른 중세식으로 가리키고 있을 뿐이다. 중세에는 시계의 침이 하나였다. 분을 알 필요는 없었다. 침의 긴 쪽이 시간을 가리키고 작은 쪽은 장식으로 연장했을 뿐이다. 그러니까 위의 시계는 현대식으로 각각 4시 20분, 7시 3분이다. 중세 때는 각각 4시, 7시로 읽었을 것이다. 초는 말할 것도 없고 분의 구분도 일상생활에서 의미가 없었다. 사실 교회니까 예배 시간을 위해 몇 시인지가 중요했지 농민들의 삶에서는 해가 뜨고 지는 것만으로 시간을 파악하는 데 어려움이 없었다. 중세는 시간에 대해 거의 무관심했다. 수확은 사람의 노동을 통해 얻는 것이지 시간이 흐른다는 이유만으로 돈이 늘어나는 것은 아니므로 꾸어준 돈이 이자를 낳는다고 생각하지 않았다. 이자는 전적으로 신의 영역에 속한 시간을 파는 행위가 되고 인간에게는 그럴 권리가 없었다. 그것을 돈으로, 더구나 자신의 이익으로 계산하는 것은 불경한 일이었다.

그러나 점차 시간에 경제적 의미가 부여되기 시작한다. 18세기에 벤저민 프랭클린은 "시간은 돈이다"라고 했고—나중에 "시간은 금이다"라는 말로 더 알려진다—산업시대에 이르면 고용주들이 시간의 경제관념을 노동자들에게 주입한다. 시간은 사고 팔 수 있는 것이며 노동자들은 노동 시간을 파는 자다. 시간의 준수와 작업 시간 동안의 태도가 제품의 양과 질에 결정적인 영향을 주었다. 고용주 입장에서는 노동자들이 정확한 시간을 지키는 것이 중요했다. 대부분 농촌 출신이었던 산업시대의 공장 노동자들은 기계적인 생산의 흐름에 따라야 하므로 이제는 해가 뜨고 지는 자연에 의존했던 노동시간을 포기해야 한다. 시간은 금이라는 개념이 노동자들의 의식에 규범으로 자리 잡기에는 2~3세대가 걸린다.

시간의 경제개념이 발전하는 데는 도시와 상업의 발달이라는 요인이 중요한 역할을 했다. 사고파는 일이 점점 수량화되고 있던 도시민에게 시간은 점점 더 중요해졌고 곧 시간 또한 표준화할 필요가 생겨났다. 불균등한 시간을 균등한 시간으로 계측하려는 시도는 드디어 14세기경에 기계시계의 발명으로 이어진다. 도시에 시계가 등장했을 때 사람들은 "시간에게 목소리를 주노라"라고 새겨 넣었다. 시간은 이제 균일하게 시간마다 그 '목소리'를 낸다. 처음에는 시간이 종소리로만 목소리를 냈지만 나중에는 시계판과 바늘로 더 정확하게, 항시적으로 시각을 알렸다. 인간의 외부에서 주어진 조건으로서 신의 영역에 속했던 시간이 인간에 의해 목소리를 얻게 되었다. 시간에 따라 변화되는 인간이 시간을 계측하고 규정하게 된 것이다.

역사는 시간에 따라 인간에게 벌어진 일이지만 인간은 그 역사를 기록하고 정리하고 비교하고 구분한다. 인간은 시간에 대해 전적으로 수동적인 위치에 있으면서도 또한 능동적인 위치에서 시간을 작업한다. 시간에 대한 이중적인 위치가 인간을 역사적인 존재로, 즉 시간을 의식하고 시간에 맞서 작업하는 존재로 만든다. 인간이 시간에 완전히 수동적이기만 한 존재라면 역사적일 수 없다. 반면에 시간에 능동적이기만 한 존재라면 역사적일 필요가 없다. 그러나 인간은 역사적인 존재이며 그러한 존재여야 한다. 역사는 무엇보다 시간의 영역이다. 그리고 시간의 작업이다.

시대구분: 고대·중세·근대

'역사'라는 단어를 다른 단어와 조합할 때 우리는 보통 '사'로 줄여 말한다. 중세의 역사를 중세사로, 한국의 역사를 한국사로, 사상의 역사는 사상사라고 부른다. '사'자 앞에 위치할 단어는 굉장히 많다. 위의 예는 사실 역사를 세분할 때 가장 일반적인 세 영역에서 하나씩 뽑은 것이다. 그 셋이란 시간, 공간, 주제를 말한다. 역사 자체가 너무 광범위하기 때문에 연구하기 편하게 범위를 나누는 것이다.

시간적인 차원의 구분은 가장 크게는 선사시대와 역사시대로 나뉜다. 여기서 '사'는 특별히 기록을 의미한다. 3장에서 설명한 대로 선사先史시대란 인류가 아직 글자를 발명하지 않았던 시절, 그래서 기록을 남기지 못하고 주거지, 동굴의 그림, 석기·토기 등 물질적인 흔적을 통해서 추적할 수 있는 시대다. 그 이후는 역사시대로서 문자가 사용되기 시작하여 기록이 가능해져 글로 써진 자료들(사료)을 남길 수 있었던 시대다. 역사시대는 고대, 중세, 근대로(현대가 추가되기도 한다) 구분한다.

두번째로 공간적인 구분은 역사가 벌어진 장소에 따라 나눈 것이다. 우리나라에서는 크게 한국사·동양사·서양사로 분류하고 동양과 서양의 경우는 다시 각 나라별로 나눠진다. 즉 중국사·일본사·인도사 또는 영국사·독일사·이탈리아사 등으로 구분된다. 조금 더 크게는 동아시아사·아프리카사·유럽사와 같은 이름도 가능하다. 때에 따라서는 한 나라 안에서도 시간적인 구분과 맞물려 고려사, 명·청사 등으로 더 세분된다.

주제에 따른 세번째 구분은 연구 대상이나 영역을 명시한 것이다. 정치사·사회경제사(또는 사회사와 경제사)·문화사·사상사 등이 있고 좀더 좁은 영역으로는 도시사·전쟁사·혁명사 등의 구분이 가능하다. 이 영역에서는 역사학의 역사에 따라 점점 새로운 분야가 형성되고 추가되고 있다. 5장에서 소개한 환경사와 지구사, 4장의 포스트모던 역사학에 속하는 일상사·여성사·심성사 등이 이에 해당된다.

이 세 가지 차원을 종합하면 역사의 관심이나 연구 영역을 보다 구체적으로 세분해서 표현할 수 있다. 앞에서는 시간, 공간, 주제의 순으로 설명했지만 우리나라에서는 대체로 공간적 구분이 제일 앞에 표시되어 이에 따르면 한국 근대 정치사(더 일반적으로는 시간과 공간의 분류를 국가별 구분으로 통합해서 '고려 경제사' 같은 식으로 구분한다), 중국 현대 경제사, 프랑스 중세 문화사 등으로 관심을 전문적으로 좁혀 표시한다.

역사에서 가장 중요한 구분은 시간적 차원일 것이다. 왜냐하면 역사는 무엇보다 시간과 관련되기 때문이다. 기본적인 의미로 역사를 '과거에 벌어진 일'이라고 했다. 더 정확히 말하면 그 가운데 사람에게 벌어진, 사람이 행한, 즉 사람과 관계된 일이 역사다. 그러니까 역사는 사람들과 시간에 관한 연구라 할 수 있다. 시간의 가장 중요한 특성은 변화이므로 역사란 시간이

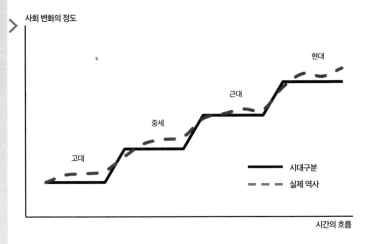

시대구분은 역사를 단계적으로 조망하는 데 유용한 방법이지만, 이런 식의역사 읽기는 자칫 역사의 흐름을 단속적·도식적으로 인식하게끔 만들기도 한다. 시대적 특성이나 세기적 특성이 어느 날 갑자기 출현했다가 사라지는 경우는 드물다.

흐름에 따라 사람들에게 일어나는 변화에 관한 연구다. 물론 시간 자체가 변하는 것은 아니다. 변화는 인간에게 나타나며 그 변화가 곧 역사다. 사실 시간 자체는 어느 때나 어떤 곳에서도 똑같이 흘러가는 자연 현상이다. 그러나 시간 전체를 구분 없이 보기에는 너무 범위가 넓다. 따라서 시간에 따라 인간의 역사에 나타나는 변화를 공통적인 특성으로 크게 묶어서 연속적인, 또는 단계적인 흐름으로 보는 것이 역사를 조망하는 데 훨씬 편리하다. 어떤 특징을 기준으로 공통성을 구분하고 어느 간격으로 시간의 단위를 설정하는가는 보기에 따라 다를 수 있다.

그러나 기록의 여부에 의한 선사시대와 역사시대의 구분, 역사시대 내에서도 정치·경제적 체제의 변화에 따른 고대·중세·근대 또는 현대의 구분은 상이한 견해에도 불구하고 대체로 가장 많이 이용되는 방법이다. 이 구분들은 각각 그 안에서 또 시간적으로 세분된다. 선사시대는 구석기·중석기·신석기·청동기·철기로, 역사시대는 각 시대를 전기(초기)·중기(또는 성기)·후기(말기)로 나누고, 더 세분하여 100년 단위로 세기를 구분한다. 또는 10년을 기준으로 각 세기 안에서도 나눌 수 있다.

세기는 시대만큼이나 많이, 유용하게 쓰이는 표현이다. 100년을 단위로 한다고 할 때 한 세기의 시작은 각 100년의 1년에 시작하여 다음 100년까지를 의미한다. 즉 16세기는 1501년부터 1600년까지다. 그러나 이것은 너무 숫자에만 얽매인 구분이고 역사적인 기준으로는 훨씬 유동적이다. 100이라는 숫자보다 역사의 세기적인 특성이 더 중요하다. 예를 들어 1801년이 되자마자 18세기와 다른 19세기의 특성이 갑자기 나타났고 1900년이 되자 그 세기적 특성이 사라지면서 20세기가 시작됐다고 말할 수는 없다. 모든 세기마다 각 1년에 새로운 세기적 특성이 나타나고 100년 뒤에 그 특성이 사라진 것은 아니다. 유럽의 19세기를 낳은 것은 1801년보다 10여 년 전에 발생한 프랑스혁명(1789~1799)이라고 할 수 있다. 세기적 변화는 1801년이라는 물리적 시점이 아니라 프랑스혁명으로 이루어졌다. 그리고 19세기적 특성이 변화되는 때는 1900년이라기보다는 제1차 세계대전이 발발하는 1914년이라고 할 수 있다. 프랑스혁명·산업혁명 등으로 나타난 자유주의·자본주의·부르주아의 지배라는 19세기적 특성은 제1차 세계대전과 함께 큰 변화를 맞는다. 그러므

역사를 100년 단위로 끊는 '세기' 역시 시대를 구분하는 가장 익숙한 방식이지만 각 세기별로 두드러지는 역사적 특성의 명멸은 세기의 물리적 경계를 자주 넘나든다. 왼쪽부터 19세기의 시작이자 프랑스혁명의 서막을 알린 바스티유습격(1789년), 제1차 세계대전을 촉발한 사라예보 사건(1914년), 20세기의 때이른 종언을 알린 동구권붕괴(1989년).

로 역사적인 의미에서 19세기는 1789년부터 1914년까지라고 할수 있다. 100년을 넘어 125년이 되니 이를 역사가들은 '장기 19세기'라고 부른다. 이에 반해 19세기와 다른 20세기적 특성은 1914년에 나타나기 시작하여 1990년의 동구권 붕괴까지 지속돼 100년보다 훨씬 짧아 '단기 20세기'라는 이름이 등장했다.

이와 같이 역사의 시간적 구분은 어느 정도 주관적이며 유동적이다. 100년을 단위로 하는 세기도 그러한데 그보다 훨씬 길고 기준이 정해진 것도 아닌 시대구분은 더욱 불분명하다. 시대의 구분과 칭호는 처음부터 각 시대의 사람들이 정한 것이 아니다. 당연히 그리스와 로마제국은 당대에는 고대가 아니었고 10세기의 사람들은 스스로를 중세인이라 하지 않았다. 어느 시대나 자신의 때가 최근이요 현재다. 우리에게 가장 익숙한 고대·중세·근대의 구분은 14~16세기에 서유럽에서 일어난 문화운동인 르네상스 시대에 시작된 것이다. 이 시대의 학자들과 예술가

들은 자신들의 당대에 종교와 교회의 권위에 종속되지 않은 '새로운 시대'(근대)가 되었다고 주장하고, 그 이상과 모범을 그리스 로마의 학문과 예술에서 찾으며 그 시대를 현재의 기준이 되는 '옛 시대'(고대, 나중에는 고전 고대)라 불렀다. 그리고 이 두 시대 사이의 시대를 부정적인 의미에서 이전과 이후와 대비되는 '중간 시대'(중세)로 인식했다.

고대·중세·근대는 특정 시대의 가치판단에 영향을 받은 주관적인 호칭이다. 그러나 오늘날은 그 의미가 많이 희석되었다. 이제는 중세를 그렇게 암흑시대로 보지 않으며, 르네상스와 같은 문예부흥운동이 중세에도 여러 번 있었고 14~16세기의 르네상스는 그 가운데 하나라고 평가한다. 또한 근대가 신과 종교에 눌려 어두웠던 중세를 이성의 힘으로 해방시켰다고 자부했지만, 실은 그 시대 또한 결국 중세와 다름없이 절대적인 권위가 지배한 편협했던 시대였다고 비판하는 포스트모더니즘의 주장도 큰 목소리를 내고 있다.

각 시대의 개념이 많이 달라지긴 했지만 고대·중세·근대는 여전히 가장 흔하게 사용되는 시대구분이다. 물론 각 시대의 기간이, 즉 언제부터 언제까지인지가 정해진 것은 아니다. 서양사의 경우 일반적으로 그리스와 로마제국 시대, 즉 서로마제국이 붕괴하는 476년까지를 고대라 하고, 14~16세기의 르네상스, 아메리카대륙의 발견, 종교개혁으로 근대가 시작되었다고 하며, 두 시대 사이의 약 1000년을 중세라고 한다. 이러한 삼분법은 우리나라의 역사에도 적용된다. 연대가 서양과 일치하는 것은 아니지만 우리의 경우 고조선부터 고려 이전까지를 고대, 고려를 중세, 조선의 건국 이후를 근대라 할 수 있는데, 근대는 근세·근대(고종 이후)·현대(1919년, 또는 1945년 이후)로 세분하기도 한다. 학자들에 따라 여러 의견으로 나뉘는 이러한 시대 설정 방식보다는 국가별 분류가 더 명확할 수도 있다. 고조선·삼국·후삼국·고려·조선·일제강점기·대한민국 등의 구분도 일반적인 방식이다.

현대사란 무엇인가?

우리나라 역사와 동서양사에 걸쳐 가장 널리 적용되는 고대·중세·근대라는 삼분법 가운데 근대는 시간적 길이가 가장 짧지만, 두 시기로 구분되는 경향을 보인다. 전반기와 후반기로 이분하여 근세와 근대로 나누는 것 말고도 아예 다른 시대의 단위로 근대 이후의 새로운 시대를 설정하기도 한다. 바로 '현대'라는 시기다. 길어야 600년 정도 되는 근대지만 오늘날의 급변하는 시대를 감안하면 이 기간을 하나로 보기 어렵기 때문이다.

언제부터를 현대라고 할 수 있는지는 의견이 통일되지 않았다. 누구는 20세기를, 또는 제1차 세계대전 이후를, 또 누구는 제2차 세계대전 이후를 현대라고 한다. 현대를 지금 시대, 즉 현재를 뜻하는 것으로 본다면 아주 제한된 범위의 짧은 시간만을 의미하겠지만, 동시대라는 의미와 결합하면 이 시대의 노년 세대가 살아온 모든 시간까지 포함하므로 최근 몇 세대의 시간을 아우르는 길이를 가질 것이다. 현대를 얼마큼의 시간으로 할지는 나라의 역사마다 다르고 역사가들에 따라 견해가 다양하다.

이러한 주관성과 가변성 때문에 현대사는 고대·중세·근대의 역사에 비해 그 개념에 논란의 여지가 있다. 심지어는 과연 현대사가 필요한가, 현대사도 역사인가 하는 물음까지 제기된다. 무엇보다 현대사에 대한 의문은 주관성 문제와 가장 깊게 관련돼 있다. 왜냐하면 그 시간적 범위가 아무리 확장되어도 현대란 지금 사람들이 살고 있는 시간을 포함하기 때문이다.

흔히 사람들은 역사를 '과거에 벌어진 일'로 생각한다. 이는 역사가가 자신이 살고 있는 시대에서 멀리 떨어진 시간을 연구할 때 객관적으로 볼 수 있다고 믿기 때문이다. 그런데 현대사는 역사가가 자신이 살고 있는 시대의 역사를 보는 것이므로 주관성에서 자유로울 수가 없다. 역사가가 자신과 동시대에 살며 직간접적으로 관련이 있는 사람들의 역사를 객관적으로 서술할 수 있겠는가 하는 의문인 셈이다.

현대사가들은 이러한 의문을 반박한다. 그들은 과연 주관성 또는 객관성이란 무엇인지 근본적인 문제를 제기한다. 오늘날 역사학은 '실제로 벌어진 그대로' 객관적으로 역사를 쓰는 일이 가능하지 않다는 것을 전제한다. 처음 그런 주장을 한 랑케 자신도 그렇게 역사를 쓰지 못했다. 최초의 기록인 사료조차 이미 주관성을 벗어날 수 없으며—벌어진 일을 기록하는 것이 아니라 벌어졌다고 생각하는 것을 기록하는 것이므로—후대의 모든 역사가는 자신의 관점에서 과거 사실을 보기 마련이다.

물론 역사가 오로지 역사가의 해석일 뿐이라는 극단적인 주장은 동의하기 어렵다. 역사가는 자신의 관점에서 과거 사실을 보면서 또한 과거 사실에 영향을 받아 생각을 만들어가므로 현재의 주관성과 과거의 객관성이 상호작용한다고 할 수 있다. 이러한 이중적 관계 때문에 아주 먼 과거를 본다고 객관성이 완전히 보장되는 것은 아니다. 현재와 무관한 과거 사실이라도 역사가는 자신의 관점에서 그 사실을 볼 것이기 때문이다. 즉 객관성은 현재로부터의 거리에 달린 것이 아니다. 그 대신 검증과 해석에 충실한 정도가 객관성 여부를 결정할 것이다. 오래전 과거인 고대사도 얼마든지 현재 역사가의 당파적 입장에 따라 구성될 수 있으며, 반면에 현대사라고 무조건 당파적이기만 한 것은 아니다. 어떻게 연구하는가가 더 중요한 것이다.

현대사에 대한 또 하나의 시비는 사료의 문제다. 역사는 사료에 전적으로 의존하는데 현대사는 아직 사료가 만들어지고 있는 중이므로 그 수가 적을 것이라는 우려다. 특히 문헌보관소가 비공개 기간을 두고 있기 때문에 현대사의 사료가 부족할 것이라는 생각을 하곤 한다. 예를 들어 국가의 현안에 영향을 줄 수 있거나 특정 개인 및 유족들이 겪을 수 있는 명예훼손의 가능성 때문에 문헌보관소는 사료들의 비공개 기간을 설정한다. 그 기간은 대략 30~50년에 해당된다. 그렇다면 현대사의 많은 사료들이 대부분 비공개 기간 규정에 묶여 접근하기 어려운 면이 분명히 있다.

그러나 사료를 어떻게 정의하고 이해하느냐에 따라 이 문제는 달라진다. 무엇이 역사가의 사료가 되는가 하는 점은 그 역사가의 특유한 관심사에 달려 있다. 사료 비공개 기간에 제한을 받는 것은 대체로 외교 및 국방과 같은 정치사 분야의 경우에만 해당된다. 사료를 꼭 공공 문헌보관소에서 보유하고 있는 자료로만 한정할 수는 없다. 정치사 분야의 경우에도 사료는 매우 다양하다. 국가문서의 비공개기간도 점차 완화되고 있으며 사실 대부분의 내용이 이미 언론에 보도돼 있다. 문헌보관소의 자료들 가운데 많은 부분이 열람의 목적에 따라—사적인 의도를 배제한 학문적인 연구를 위해서라면—비공개 기간 중에도 접근이 허용된다. 또한 사회사·경제사·문화사·일상사 등 오늘날 활발히 연구되는 분야들에서는 비공개 기간과 상관없는 수많은 사료를 구할 수 있다. 신문·방송의 자료, 여론조사결과, 특히 개인적인 자료 등 오히려 사료가 너무 많아서 곤란을 겪는다고 해야 할 정도다. 특히 최근에는 기술이 발달하고 매체들이 다양해지면서 사료가 엄청나게 증가했다. 기존의 역사가들이 이용할 수 없었던 새로운 형태의 사료도 등장하고 있다. 이제는 기록된 문서만을 사료라고 하지 않는다. 말을 녹음한 음성자료도 역시 사료다. 이와 같은 구술사口述史에서 사료는 이미 만들어진 것에만 국한되지 않으며, 역사가 자신이 사료를 만들기도 한다. 동시대의 역사를 다루는 현대사 영역에서는 아직 아무도 보지 못한 사료가 새로이 발굴될 뿐 아니라 대담을 통해 만들어져 이용될 여지가 얼마든지 있는 것이다. 이렇게 무수히 많은 자료들을 다 추적하고 살펴보고 소화해내는 것은 역사가의 능력을 넘어서는 일이다. 즉 현대사는 사료가 부족해서 걱정이 아니라 오히려 너무 많아서 문제가 될 정도다.

주관성이나 사료의 문제보다 현대사를 논의할 때 더 중요한 문제는 시기 구분에 관한 것이다. 과연 언제부터 언제까지가 현대인가? 바로 현대사의 시기 구분은 어떻게 되는가이다. 우선은 현대사가 언제 생겼는지를 살펴봐야 한다. 앞에서 말한 대로 고대·중세·근대의 구분이 르네상스 시기였으므로 현대라는 개념은 그 이후인 것이 분명하다.

전통적으로 본래 역사는 당대의 역사로 이해되었다. 역사가는 자기 시대의 연대기 작가였다. 사관으로서 역사가들이 해야 할 가장 중요한 임무는 당대의 역사를 기록하는 것이었다. 그러다 프랑스혁명을 겪으면서 이러한 생각이 바뀌기 시작했다. 18세기 말에서 19세기로 접어드는 혁명의 시대는 한 마디로 격변의 시기였다. 지금까지 없던 변화들이 급작스럽게 일어났다. 절대적인 권력을 누리던 왕의 위상이 추락하더니 급기야 왕정 제도 자체가 뒤흔들렸다. 현재의 왕이 통치에 문제가 있으니 왕권을 제한하거나 다른 왕으로 교체하려는 게 아니라 아예 왕이라는 존재 자체를 없애려 한 것이다. 프랑스의 시민혁명은 한 왕가가 세습으로 통치해오던 군주제를 국민들이 통치자를 선출하는 공화제로 바꾸었다. 그러한 변화는 급속히 진행되었고 더구나 얼마 가지 않아서 이것을 뒤엎는 변화가 나타나 황제가 등장하고 다시 왕정이 돌아오는 일이 벌어졌다. 이러한 급변하는 상황 속에서 삶은 역사 서술이 더 이상 가능할 수 없을 정도로 가속화되었다. 사람들은 "시대의 속도가 두 배나 빨라졌다"고 느꼈다.

이제 역사가들은 너무 빨리 변화되는 현재에서 눈을 돌려 이미 사건이 종료된 과거를 객관적으로 서술하는 일에 중점을 두기 시작했다. 그때까지 장점으로 여겨진 사건 현장에 가까이 있다는 사실이 이제는 역사서술에서 불리한 점이 되었고, 시간적으로 떨어져 있어야 객관성이 보장된다고 생각했다. 이 시기에

6장
시대구분:
선사시대에서 현재까지

역사학이 객관성을 추구하는 학문으로서 성립된 것도 이러한 배경과 관련이 있다. 과거 사실을 객관적으로 연구하는 것이 역사가의 역할이 되었다. 역사가는 현재로부터 시선을 거둠으로써 현재에 기여해야 한다는 것이다. 이렇게 역사가들이 시선을 돌린 부분이 바로 현대라는 시대로 등장한다. 현대는 오늘날처럼 근대 이후의 새로운 연구 분야로서가 아니라 역사가들이 손댈 수 없는 영역으로 등장한 것이다. 현대라는 시대는 역사가들의 연구를 세분하기 위해서가 아니라 역사에서 제외하기 위해 만들어진 개념이었다.

현대사는 계속 움직인다

이렇게 만들어진 현대는 고대·중세·근대와 달리 시간이 흐르면서 그 범위가 움직인다는 특징을 갖는다. 근대의 시작점인 르네상스가 몇 백 년이 지났다고 해서 고대와 중세의 기간이 그만큼 현재 쪽으로 이동하는 것은 아니다. 르네상스 시대 사람들은 고대와 중세의 분기점을 5세기 후반(476년의 서로마제국 붕괴 기준)으로 이해했다. 오늘날이 르네상스로부터 더 멀어졌다고 해서 고대를 10~11세기로 연장하지는 않는다. 마찬가지로 14~16세기에 끝난 중세가 이제 와서 19~20세기로 옮겨지는 것은 아니다. 르네상스인들이 구분한 대로 오늘날도 고대는 5세기까지, 중세는 14~16세기까지다. 그러나 근대에 현대를 추가

할 경우 현대는 시간이 지나면서 그 기준점이 이동될 수밖에 없다. 시작점이 이동하는 것은 현대만의 특징이다.

현대사의 출발점은 시간이 흐르면서 이동하게 되는데 그 이동이 모든 나라에서 동일한 것은 아니다. 각 나라의 사정과 구조에 따라 다양한 시점이 설정될 수 있다. 물론 한 나라의 역사 안에서도 역사가마다 견해가 다를 수 있다. 대체로 중대한 사건들이 전환점 역할을 하기 마련이다. 즉 1년이 흐른다고, 10년이 지난다고 현대사의 시점이 1년씩, 10년씩 이동하는 것은 아니다. 그보다는 한 사건이 현대사의 시작점이 되었다가 다른 중요한 사건이 부각되면 그리로 건너뛴다고 할 수 있다. 그 두 시점 동안 현대사의 기준점은 고정된 듯 보일 수 있지만 결국은 동시대의 범위 안으로 이동하는 것이다.

시간은 흐르고 흘러 오늘이 어제가 되고, 현재는 과거가 된다. 현대사에서는 이 지나간 현재를 다시 구분해야 할 필요가 계속 생겨난다. 그것은 새로운 과거를 끊임없이 맞이하는 것이며 새로운 현대의 영역이 등장하는 것이기도 하다. 그렇게 현대사는 그 범위가 항상 새로이 정의되기 마련이다. 그렇다면 어떤 사건이, 어느 시점이 얼마나 오랫동안 현대사로 머무를 수 있는지 물을 수 있다. 현대사의 시점이 시간에 따라 새롭게 지정되면 그 이전의 사건들은 현대사에서 벗어나 과거의 역사가 된다.

물론 현대사 사건들의 유효기간이 정해져 있는 것은 아니다. 모든 사건은 현대사로 태어나겠지만 모두 똑같은 나이에 과거의 역사로 퇴출되는 것은 아니다. 동시대의 역사, 즉 오늘날 함께 살아가는 사람들의 역사인 현대사를 도식적으로 이해할 수는 없다. 동시대인의 생존 기간이 고정된 것도 아닐뿐더러, 물리적인 시간의 길이보다 더 중요한 것이 있다.

　현대사를 현대사로 만드는 것은 바로 '현재성'이다. 그런데 어떤 사건의 현재적 의미는 어디에서 비롯되는 것일까? 우선은 그 사건 발생 시점의 시간적 가까움, 동시대성을 들 수 있다. 그러나 그보다 더 중요한 점이 있다. 바로 현재에 미치는 영향력이다. 발생하고 나서 상당히 오랫동안 영향력이 지속되는 사건이 있는가 하면 금방 사라지는 것도 있다. 사건의 중요성을 경중에 따라 구분하면 그것이 꼭 시간적인 거리에 비례하지 않음을 알 수 있다. 대체로 오래 지난 사건이 기억에서 멀어지기 마련이지만, 무조건 그런 것은 아니다. 시간의 길이 이상으로 사건 자체의 강도가 큰 영향을 미친다. 어떤 사건은 중요성이 너무 커서 시간이 많이 지나도 그 영향력이 줄어들지 않을 수 있다. 그런 경우 그 사건을 직접 경험한 산 증인이 모두 죽고 존재하지 않는다고 해서 현대사의 범주에서 벗어났다고 할 수는 없다. 현대사란 꼭 동시대인이 경험한 역사를 의미하는 것은 아니다. 오늘날의 사람들에게 여전히 지대한 영향력을 미치고 있다면 그 사건은 동시대의 역사다. 그러한 사건일 경우 오히려 산 증인이 더 이상 없을 때 현대사는 그 사건에 대해 해명하라는 강한 요구를 받는다. 현대사 연구가 추구하는 바는 해명돼야 할 필요가 있는 현대사를 뒤늦게라도 해명하는 것이다.

이에 대한 가장 분명한 예를 독일 현대사에서 들 수 있다. 독일사에서는 1933년부터 1945년까지를 '제3제국' 시기라고 부른다. 히틀러의 나치정권이 통치한 시기다. 70년이 지났고 당시를 증언해줄 살아 있는 증인도 이제 거의 남지 않았다. 이렇게만 보면 동시대인의 역사라고 하긴 힘들다. 하지만 독일 나치정권의 만행은 그렇게 시간이 지났다고 해서 그 중대성이 소멸되었다고 말하기에는 너무 큰 충격과 영향을 주었으며, 오늘날 독일과 유럽의 역사는 물론 세계사에도 여전히 흔적을 남기고 있다. 나치즘의 역사는 시간이 흘렀으므로 종결지을 수 있는 '보통 역사'와는 다른 역사다. 그것은 "과거가 되지 않으려는 과거"라고 할 수도 있다. 아직도 많은 문제가 해명되지 않았다. 누가 가해자이며 피해자인지는 분명히 밝혀졌지만 유럽적인 차원에서는 아직 다 해명되지 않은 것들이 많다. 전범의 소송과 피해보상이 계속 진행되고 있고 정치적·학문적·사법적·도덕적으로 나치즘의 역사는 여전히 진행형의 사건이다. 그것은 아직도 현재로 남아 있다. 인구통계학적으로는 제2차 세계대전 이후에 태어난 세대가 절대 다수를 차지하고 있고, 이제 제3제국 시기의 범죄에 직접 가담한 사람은 거의 없을 것이지만 현재의 독일은 여전히 그에 대해 책임을 지고 있다. 시간이 벌써 많이 지난 일이며 이전 세대의 문제였다고 말할 수 없으며 또한 그렇게 말하지 않는다. 나치즘의 역사는 여전히 독일에 과제이자 짐으로 남아 있으며, 그렇기에 독일 현대사다.

독일 제3제국의 역사가 시간이 흘렀어도 여전히 현대사라고 주장할 수 있는 이유는 그것이 아직 100년도 안 지났다거나 산 증인이 아직은 소수라도 남아 있기 때문만은 아니다. 이는 그 보다 훨씬 나중에 벌어진, 역시 중대한 다른 사건과 비교해보면 더욱 분명해진다. 제2차 세계대전 이후 독일 현대사에서 가장 큰 사건은 1990년 동서독 통일일 것이다. 그것은 1871년의 통 일에 이은 독일 역사상 두번째의 통일이다. 첫번째 통일은 중세 때부터 존속돼왔던 지방분권적 영방국가들의 구조를 단일 제 국으로 통합한 명실공히 근대적 통일국가의 탄생이었다. 1990 년의 통일은 제2차 세계대전의 전범국이요 패전국으로서 져야 했던 책임으로 부과된 분단이 종식된 국제적 사건이었다. 그것 은 현대 독일이 나치즘의 역사를 딛고 완전히 재출발했음을 공 인받는 역사적 사건이었으며, 동시에 역사가들에게는 독일 현 대사에 존재했던 또 하나의 독재시대를 규명할 수 있는 기회이 기도 했다. 동독의 역사는 제3제국의 역사와 함께 독재 시대로 규정되었으며 이로써 부정적인 의미로 '이중의 현대사'로 간주 돼왔다. 재통일 후 10여 년간의 집중적인 연구로 동독 독재의 역사에서 그동안 감추어졌던 것들이 드러나고 밝혀졌다. 제3제 국의 역사가 아직도 해명되어야 할 사건으로 남아 있다면 동독 사는 정치적으로, 사법적으로, 도덕적으로 다 해명되었다고 할 수 있다.(물론 학문적으로는 모든 역사적 사건과 같이 앞으로도 계속

제2차 세계대전 종전이라는 현대사의 보편적 기점과 별개로 제3제국과 일제강점기의 역사는 각각 독일인과 한국인들에게 펄펄 살아 있는 현대사다.(왼쪽 위부터 시계방향으로 아우슈비츠 수용소, 하시마 섬, 위안부 평화비, 나치 행사에 도열한 독일 시민들)

연구될 것이다.) 이 때문에 제3제국의 역사는 여전히 현대사로 남지만 동독의 역사는 '역사화'되었다고 하는 것이다.

물론 나치의 역사도 언젠가는 과거의 역사로 될 것이다. 그때야 비로소 그 사건도 현대사의 범주에서 벗어날 것이다. 그러나 지금은 아직 아니다. 독일 제3제국의 역사는 동서독 통일의 역사보다도 더 과거의 일이지만, 그보다 더 많이 현대사에 속한다. 이와 같이 현대사는 사건의 발생 순서에 따라 순차적으로 배치되지 않는다. 현대사에 들어온 순서대로 현대사에서 나가지도 않는다. 어떤 사건은 아주 빨리 과거로 역사화될 수 있고 어떤 사건은 오래도록 현대사로서 머문다. 그 기준은 사건

6장
시대구분:
선사시대에서 현재까지

의 중요도와 영향력에 달려 있다. 이것이 현대사가 가지고 있는 가장 큰 특징이다.

이러한 현대사의 독특한 의미는 우리나라 역사에도 적용될 것이다. 한국사에서는 1945년 해방을 현대사의 기점으로 본다. 그러나 영향력이라는 관점에서 보면 오늘날 우리 사회의 형성에 중대한 의미를 갖는 사건들이 1945년 이후에만 일어난 건 아니다. 영향력의 크기가 시간의 순서를 따르는 것도 아니다. 더 오래전에 벌어진 일이 그 이후의 사건들보다 영향력이 더 큰 것도 있다. 우리나라의 현대사에서도 아직 과거가 될 수 없는 먼 과거의 사건이 있는 반면에, 이미 역사화된 가까운 사건도 있다. 대표적으로 일제강점기의 역사는 결코 이미 끝난, 모든 것이 해명된 과거 역사가 아니다. 그것은 과거청산, 또는 과거극복의 과제를 주며 우리나라의 현재에 여전히 중대한 영향을 미치고 있다. 아직은 과거가 될 수 없는 과거, 즉 현대사다.

근대사에서 현대사를 떼어내어 구분하는 것은 현재를 사는 동시대인의 역사까지 역사 이해의 범주에 넣게 한다. 흔히 '과거에 벌어진 일'로 정의되는 역사의 특성상 현재로부터 멀리 떨어진 시기에 집중하기 쉽다. 그래서 르네상스 이후를 근대라는 하나의 시간 단위로만 볼 경우 당대의 사건들은 역사 이해의 범위 밖으로 밀려나게 된다. 그러나 현대사는 근대사 연구에서 간과되는 최근의 역사를 조명하며, 아직 끝나지 않은, 현재진행중인 역사까지 포함한다. 단지 시간적으로 최근에 가까운 사건들을 다루는 것이 아니다. 시간적인 순서보다 현재에 어떤 영향력을 얼마나 미치고 있는지가 더 중요하다. 시간에 대한 획일적인 이해를 넘어서는 것, 이것이 현대사의 묘미다.

짧은 흐름, 긴 흐름의 시간들

역사는 사람들과 시간에 관한 연구다. 사람들이 알고 싶어 하는 것은 시간에 따라 무엇이 달라지냐는 점이다. 변화가 없이 늘 똑같다면 굳이 알려고 하지도 않을 것이다. 시간에 따라 변화가 클수록 호기심을 더 자극한다. 시시각각 급변하는 일들, 즉 몇 년에 어떤 일이 일어났고, 어느 해에 누가 무슨 일을 했는지 아는 (사실은 외우는) 것이 역사 공부의 주된 내용이었다. 학교에서도 대부분 그렇게 역사를 배웠을 것이다.

그러나 역사가들은 20세기 중반에 접어들면서 변화에 차등을 두기 시작했다. 어떤 것은 매우 빠르게 변화하고 어떤 것은 아주 느리게 변모한다. 일반적으로 정치적 사건들은 짧은 시간 안에 변화무쌍하게 발생한다. 정치사는 사건들이 수없이 일어난 짧은 기간에 주목해서 서술되기 마련이다. 그러나 이보다 더 긴 시간에 걸쳐 일어나는 변화들도 있다. 사회경제적인 차원의 변화는 크게는 고대 노예제, 중세 농노제, 근대 자본주의와 같이 시대적으로 긴 흐름에 따라 전개된다. 더 짧게 잡아도 세기, 또는 몇십 년 단위로 호황·불황 등을 추적할 수 있다. 자연히 사회경제사는 정치사보다 훨씬 더 긴 시간을 서술 단위로 삼는다. 그러나 이보다 더 긴 시간에 걸친 변화도 있다. 인간의 눈에는 아예 변화가 없는 것처럼 보이기도 한다. 사람들이 농경을 하고 상업을 하는 데 영향을 미치는 지리적인 상황, 기후 및 지형적 조건과 관련된 일들의 경우가 그렇다.

이것을 프랑스의 아날학파[*] 역사가들은 세 가지로 구분했다. 첫째는 정치적 시간 단위의 '사건', 둘째는 사회경제적 시간 단위의 '국면', 셋째는 지리적 시간 단위의 '구조'다. 지금까지 역사가들이 급변하는 짧은 시간의 사건들에 주로 관심을 가졌다면 이들은 그것을 야기한 원인들이 더 긴 시간의 변화에 있다고 보았다. 사건은 국면의 결과이고 국면을 가져온 것은 구조다. 그러므로 역사에서 더 중요한 건 시시각각 변화하는 사건의 차원이 아니라 오랜 시간 변하지 않는 구조의 차원이라는 것이다.

이 역사학자들이 보고자 한 것을 '장기지속'이라고 한다. 오랫동안 변하지 않고 계속되는 것이 상대적으로 더 짧은 시간 동안의 변화들을 움직이는 동력이 된다. 이것은 프랑스의 역사가들에게 특히 중요했다. 프랑스는 1870년(보불전쟁[**]), 1914년(제1차 세계대전), 1940년(제2차 세계대전)에, 즉 70년 동안에 독일과 세 차례의 큰 전쟁을 치렀다. 첫번째 전쟁에서는 패배했고, 두번째와 세번째는 연합국들과 함께 결국 승전했지만 프랑스가 굉장히 큰 희생을 치러야 했다. 이렇게 거듭된 전쟁의 시기 동안에 역사가들은 역사를 움직이는 힘이 전쟁과 같이 짧은 주

● 아날(Annales)학파
'아날'(=연보)은 1929년 『사회경제사연보』를 중심으로 형성된 프랑스 역사 학파다. 정치·개인·연대보다 사회·집단·구조를 역사인식의 기본 골격으로 삼아 인간의 삶에 관한 모든 학문 분야를 통합해 일상적인 사람들의 삶을 역사의 무대에 소생시키는 데 공헌했다.

●● 보불전쟁(普佛戰爭)
1870년에 일어난 프로이센-프랑스 전쟁의 한자식 표기. 프로이센의 지도하에 통일독일을 이룩하려는 비스마르크와 이를 저지하려는 나폴레옹 3세가 충돌한 이 전쟁에서 프로이센이 승리함으로써 1871년에 독일제국이 성립되었다.

기로 급변하는 사건들에 있다고 동의할 수 없었다. 이들은 정치적 사건이란 파도에 떠다니는 먼지와도 같다고 보았다. 승패에 관계없이 전쟁들이 역사를 주도하거나 결정하는 것으로 보지 않았다. 이보다 더 긴 시간의 사회경제적 국면은 파도를 결정하는 바다 속 해류에 비유할 수 있을 것이다. 또 해류는 바다의 깊이와 넓이와 모양에 의해 결정되며 이것이 지리적 구조다. 역사에서 전쟁과 같은 사건보다 장기지속적인 국면과 구조가 더 중요하다는 것이다.

물론 모든 역사적 사건들이 근본적으로 지리 연구로 돌아가야 한다는 의미는 아니다. 인간생활의 영역에 대입하면 전쟁이나 왕조의 교체보다 대다수 사람들의 일상생활이 그러한 사건에도 변화하지 않고 더 오래 지속되어온 것에 더 주목해볼 수 있다. 농민들은 지배자가 바뀌는 것에 상관없이 여전히 산천의 구조에 좌우되고 변함없이 지배층의 수탈 아래 비참한 삶을 살아왔다. 예를 들어 프랑스혁명 전, 18세기 초에 수공업의 말단 견습공들에게서 발생한 사건이 어느 시대나 있었던 민중들의 억압된 심성을 드러낸다는 점에서 그것은 마치 '움직이지 않는 역사'와도 같다. 장기지속이라는 점에서 사회경제 및 지리적 구조의 역사가 '심성'의 역사와 연결된 것이다. 중요한 것은 역사의 골격을 이루는 구조가 형성되며, 그 구조 속에서 단기적인 사건들이 일어나게 되었다는 인식이다.

역사를 주로 개인과 사건으로만 보았던 시각은 이미 이전부터 사회와 구조에 대한 조망으로 바뀌고 있었다. '사회'와 '구조'는 20세기에 가장 중요한 의미를 갖게 된 단어들 가운데 하나다. 그리고 이 단어들은 역사 인식의 범위를 확대시켰을 뿐 아니라 이제 시간과 관련해서 그 깊이를 더욱 깊게 하고 지평을 더욱 넓혔다. 이로써 하나의 차원이었던 시간의 개념이 여러 층위로 구분되고 심화되었다. 정치적 시간, 사회경제적 시간, 지리적 시간이라는 다양한 시간들에 따라 사건으로서 역사, 국면으로서 역사, 구조로서 역사라는 인식이 확대된 것이다.

7장

사료:
역사의 시작과
보존과 해석

'지구온난화'라는 말은 이제 기상 뿐 아니라 환경과, 더 나아가서 인류의 미래와 관련된 중요하고도 상식적인 용어다. 지구의 평균 기온이 점점 높아지는 현상을 나타낸 이 말대로 해마다 최고 온도 기록이 경신되고 있다. 집중폭우와 긴 가뭄과 열대야 같은 이상 기온은 오늘날 일상적인 현상이 된 듯하다. 2100년경이면 지구의 해수면이 지금보다 1미터가 높아질 것이라는 전망도 나오고, 여름철에는 '100년 만의 가뭄'이니 '112년 만의 더위'니 하는 말이 기상보도의 단골 표제어가 되어 귀에 익숙하게 들린다.

그런데 112년 만의 더위란 무슨 뜻일까? 2016년의 무더위에 이 말이 쓰였으니 113년 전인 1903년에 이보다 더 더웠다는 것인가? 그렇지는 않다. '112년 만'이라 하는 것은 113년 전의 기록과 비교해서 그렇다는 게 아니라 사실은 112년 전인 1904년에 우리나라에서 최초로 근대적인 기상관측을 시작했기 때문이다. 즉 1904년 이후의 기록들 가운데 2016년의 여름 기온이 가장 높았다는 뜻이다. 그렇다면 이 해의 더위는 112년 만의 더위가 아니라 200년 만의, 또는 300년 만의 더위일 수도 있다. 지구온난화라는 현상을 전제한다면 분명 그럴 가능성도 있지만 비교할 기록이 없으니 그렇게 말할 수 있는 정확한 근거는 없다. 그리고 근거가 없다면 추측일 뿐이다.

실제로 현재 지구의 기온은 점점 더워지고 있다. 기상학자들은 지구 기온의 장기적인 흐름을 밝혀내고 있다. 근대적 온도계가 발명된 것은 300년 밖에 되지 않지만 과학자들은 자연 자체가 기록해놓은 기후 증거들을 찾아낸다. 빙하의 퇴적물, 지층 속의 꽃가루, 고목의 나이테 등을 분석하면 과거의 고古기후, 즉 선사시대와 지질시대의 기후도 파악할 수 있다. 최근 1000년 동안의 기간에 국한하면 '따뜻한 중세' '서늘한 근대'라는 표현도 사용되고 있다. 지금부터 약 1만2000년 전에 끝난 마지막 빙하기 이후로 지구의 기온은 장기적인 흐름으로 오르락내리락하다가, 기원후 950년에서 1250년 사이에 기온이 평균 이상으로 높았고, 그 이후로 1300년에서 1850년경까지 비교적 추운 기간이 이어졌다는 것이다. 이 두 기간을 '따뜻한 중세' '서늘한 근대'(또는 '소빙하기', 줄여서 '소빙기')라고 한다. 그러니까 지금의 지구온난화 현상은 장기적인 지구온도의 흐름에서 1850년 이후로 기온이 다시 상승하며 시작된 것이다. 현재 지구는 약 150여 년 전부터 시작된 기온 상승의 긴 흐름 속에 있다. 그러니 당분간 고온의 기록은 계속 경신될 것이다.

기록: 역사의 단서

학문적으로 기상과 기후는 자연과학적인 접근의 대상이었고 자연과학자들만 연구해왔다. 역사가들이 기후사에 관심을 갖게 된 것은 최근의 일이다. 무엇보다 역사를 '과거에 벌어진 인간의 행동'으로 보는 전통적인 이해에서는 기후에 대한 인식이 들어설 여지가 없었다. 기후라는 요인은 역사에서 변하지 않는 상수로 인식돼왔다. 역사가들은 변하지 않는 것보다 변하는 것에 관심을 갖기 마련이다. 앞 장에서 말한 대로 변하지 않는 구조에 대해 역사가들이 관심을 갖지 않았던 것도 이와 같은 맥락이다.

기후사의 중요성이 두드러지게 된 것은 특히 환경사의 등장과 관련이 있다. 기후는 환경에서 가장 중요한 요소 가운데 하나이기 때문이다. 이제 역사가들은 기후에 관한 정보들을 사료에서 찾고 있다.

5장에서 예로 들었던 플라톤의 『크리티아스』는 환경사가 등장하기 전에도 이미 잘 알려진 책이었다. 그러나 이전까지는 정치사와 사상사의 사료로만 활용되었다. 환경사에 대한 인식이 높아지고 나서야 그 안에 들어 있는 고대 그리스의 삼림황폐화 현상에 대한 중요 정보가 눈에 들어왔다. 새로운 관심은 새로운 사료들의 발견을 낳는다. 사실은 대부분 새로운 발견이라기보다 재발견인 경우가 많다. 이미 알고 있던 내용이어도 관심이 없었다면 그것은 결국 몰랐던 것이나 마찬가지다.

어떤 기록이 사료로서 가치를 인정받는 데는 이렇게 역사적인 인식의 확대가 중요하다. 아무리 중요한 정보가 있어도 관심이 없고 인식하지 못한다면 그것은 기록이 없는 셈이나 다름

없다. 물론 실제로는 관심과 인식의 여부보다 기록이 있다는 것 자체가 역사에서 더 중요하다. 기록이 있으면 나중에 새로운 관심이 생기고 인식이 달라질 때 재발견되고 재조명될 것이다. 그러나 기록이 없다면 아무리 새로운 관심과 인식이 싹터도 뒷받침할 근거를 찾을 수 없다. 그것은 단지 채워지지 않는 호기심으로만 끝날 것이다. 이렇듯 역사에서는 기록이 무엇보다 중요하다.

기후사를 예로 든다면 우리나라의 기온은 근대적 기상기록이 실시된 1904년 이후로 정확한 비교가 가능하다. 어떤 해의 가뭄과 더위가 100년 만의 가뭄인지 112년 만의 무더위인지 정확히 말할 수 있다. 온도계로 측정한 객관적 기록이 있기 때문이다. 그렇다면 근대적인 기상기록 이전의 시기는 어떻게 해야 할까? 1903년의 여름은 어떠했는지, 동학농민운동으로 달구어졌던 1894년의 여름은 얼마나 더웠는지 알 수 있을까? 우리나라에 온도계가 아직 등장하지 않았고 그에 의한 기록이 없으니 1904년 이후처럼 객관적인 기온은 알 수 없다. 그러나 사람들은 온도계가 발명되거나 수입되기 전에도 날씨에 관심이 많았고—농사를 지으며 천문 기상에 전적으로 의존하던 옛 사람들이 지금보다 훨씬 더 관심이 많을 수밖에 없었다—이를 기록에 남겼다.

날씨는 가장 일상적으로는 농부들의 생업에 직결되는 현상이었으며, 그에 따라 왕에게도, 그리하여 나랏일에도 중요한 영향을 미쳤다.

아침에 운관雲觀의 보고를 보니 지난밤에 번개가 번쩍였다고 한
다. 두려운 마음이 밤새도록 떠나지 않았는데, 조금 전에 또 우르
릉거리며 우레가 잠깐 치다가 그쳤다. 사람들은 혹 자세히 듣지
못했을 수도 있지만 분명히 우렛소리였다. 번개가 번쩍이고 우레
가 우르렁거려 이틀 밤 동안 경계를 보인 것이 마치 자상하게 어
리석음을 일깨워 주는 듯했으니, 어찌 우러러 사례할 방도를 생각
지 않을 수 있겠는가. 정원政院의 계록啓錄을 더듬어 보니, 동짓달
에 우레가 치면 구언하는 것에 대해 또한 한두 가지 근거할 만한
근래의 예例가 있고, 더구나 지금 동지가 열흘밖에 남지 않았으니,
양陽을 부식扶植하는 일이라면 할 수 있는 모든 노력을 다해야 한
다. 그리고 재이災異를 부른 이유를 따져 본다면 허물이 실로 나에
게 있으니, 오늘부터 3일간 감선減膳하겠다. 이어 언책言責을 맡은
신하로 하여금 경계하는 말을 진달하되, 나의 잘못에서부터 시정
時政의 득실에 이르기까지 각각 숨김없이 모두 말하게 하라.

이것은 조선 22대 왕 정조의 개인 일기였던 『일성록』에 쓰인
글이다.(『일성록』의 내용은 한국고전번역원이 제공하는 종합 데이터
베이스 http://db.itkc.or.kr에서 찾아볼 수 있다.) 그리고 나중에 『조선
왕조실록』에도 그대로 실린다. 여기 소개한 정조 8년(1784년) 11
월 1일의 기록에서 우리는 전날 밤과 그날의 날씨를 읽을 수 있

다. 동지를 열흘 앞둔 12월에 몰아친 번개와 천둥은 심상치 않은 날씨였을 것이다. 이때 왕은 이 이상기후를 자신의 부덕함에서 비롯된 변고의 징후[災異]로 보고 근신하는 뜻에서 수라상의 음식 가짓수를 줄여 백성들에게 모범[減膳]을 보이고자 한다. 이 날의 조선 역사에서 날씨는 그 어떤 것보다 중요한 요인임에 틀림없다.

대체로 날씨에 대한 옛 기록은 이상기온에 한정되는 경우가 많다. 5월에 눈이 내렸다면, 10월에 한강이 얼었다면, 그것은 보통 때는 볼 수 없는 아주 예외적인 현상으로 기록에도 남게 된다. 근대적인 온도계가 없고 기온이나 강수량의 측정이 규칙적으로 시행되고 있지 않다면 일상적인 기온의 변화를 추정하는 것은 불가능하다. 그러나 이상기온의 기록은 적어도 그해의 단편적인 특징을 추적할 수 있는 단서를 제공한다. 장마가 유난히 길었던 것으로 기록된 해라면, 또는 얼어 죽은 사람이 특별히 많았던 해라면, 그해의 평균온도가 낮았을 것으로 추정할 수 있다.

기후사를 연구하는 역사가들은 기상에 대한 과거 기록들을 살피며 이상기후만이 아니라 일상적인 기상 표현에서도 기후변화의 정도를 어느 정도 객관화시키려고 한다. 스위스의 크리스티안 피스터Christian Pfister라는 학자는 스위스를 중심으로 중부 유럽의 약 1000년 동안의 기후사를 연구하기 위해 10만 건에 달하는 문헌 기록을 조사했다. 당연히 뒤로 갈수록 기록의 수가 훨씬 늘어난다. 1000년부터 1524년까지 약 2만 건 이상의 기록에서 기상에 대한 직간접적인 암시가 발견되었다면, 1525년부터 1979년까지의 자료들에서는 약 8만 건 이상의 기상관측기록이 조사된다. 기록된 자료가 많은 후반부의 경우에는 과학적으로 측정한 20세기의 기온과 강수량의 관계를 기준으로 하여 온도계가 등장하기 이전의 시기에 대해서도 현대식 섭씨온도를 추정해낸다. 예를 들어 17세기 말은 20세기보다 거의 1℃ 낮은 것으로 단정된다. 기록이 훨씬 적은 전반부 500여 년에 대해서는 그렇게 정확하게 추정하기가 어렵다. 그러나 강수형태와 기온형태의 관계를 분석하면서 기후에 대해 기록한 어휘들을 해석한다. 예를 들어 비는 '춥다' 내지 '서늘하다', 눈은 '매우 춥다' 내지 '춥다', 강수를 동반한 폭풍·바람·구름은 '매우 춥다'에서 '서늘하다'까지의 범위로 구분하여 기상관측 용어로 사용된 어휘들에 기온의 등급을 부가한다. 이렇게 해서 예를 들어 종교개혁의 시기였던 1520년대는 비가 많이 내린 한랭한 기후였으며 그것이 종교개혁에 뒤이은 농민전쟁에 영향을 주었을 것으로 추정한다.

　대체로 인간의 사료 연구 결과는 자연의 사료가 말하는 '따뜻한 중세'와 '서늘한 근대'의 개념에 일치하는 기온의 주기를 보여준다. 그러나 여기서 말하고자 하는 핵심은 지구온난화나 기후사나 환경사가 아니다. 이 모든 것이 기록된 자료에 의해 분석되고 비교되고 설명된다는 사실을 강조하기 위해 이 예들

네덜란드 화가 피테르 브뤼헐(Pieter Bruegel the Elder)의 1565년작 〈눈 속의 사냥꾼〉. 이 시기를 전후한 화가의 작품에는 유달리 눈 덮힌 겨울 풍경이 자주 등장한다. 당시 기후가 어땠는지를 간접적으로 짐작케 하는 귀중한 기록이라고 할 수 있다.

을 든 것이다. 기록이 그만큼 중요하다는 것이다. 기록이 없다면—사람의 기록이든 자연의 기록이든—오늘날의 인류는 '따뜻한 중세'와 '서늘한 근대', 또는 1690년대의 평균기온이 지금보다 얼마큼이나 낮은지, 그리고 1520년대의 기후에 대해서 전혀 알지 못할 것이다.

지금 언급한 기상 분야는 기록과 관련하여 예로 들기에는 적합해 보이지 않을 수 있다. 기상 현상은 한편으로는 너무 일상적이고 다른 한편으로는 매우 전문적인 특수 분야여서 일반적인 기록의 유형과는 거리가 있어 보인다. 아마도 역사의 기록에 관해 가장 먼저 떠오를 예는 정치적 사건들의 기록일 것이다. 궁정에서, 관공서에서 고대부터 지금까지 어마어마한 분량의 문서들을 기록해왔다. 많은 사람의 삶에 지대한 영향력을 행사해온 정치 영역, 그 사건들과 기록들에 비하면 기상 기록은 너무 일상적이고 너무 특수해 보인다. 그러나 바로 기상 관측의 영역에서도 사람들은 수많은 기록을 남겼고, 그 기록들은 모두 인류의 역사를 이해하는 데 중요한 단서가 되고 있다. 이것은 기상 관측만이 아니라 어느 영역에도 해당되는 말이다. 고상한 사상가들의 저술만이 인류의 문명사를 보여주는 것은 아니다. 가장 사적인 공간인 주거공간의 변화에서도, 그 가운데 화장실이나 부엌의 구조가 변화되는 긴 과정에서도 문명의 역사는 밝혀진다. 그리고 그 모든 조망에서 바로 기록이 역사적 작업의 기반이 된다. 기록이 없으면 정치도 사상도 문화도 기후도 주거공간의 변화도 알 수 없다. 모든 영역에서 기록은 증언의 힘을 가지고 있다.

기록의 힘, 기록의 한계

어느 일요일 느지막한 오전, 마을의 식당을 찾은 한 젊은 청년의 눈에 그와 같은 또래의 한 여성이 들어왔다. 그는 혼자 앉아 있는 미모의 이 여성을 보고 그냥 있을 수 없었다. 청년은 몇 마디 인상적인 말로 관심을 끄는 데 성공하여 식사를 막 시작한 그녀와 함께 자리에 앉을 수 있었다. 유쾌한 첫 만남이었다. 다음날 이 청년은 같은 시간에 그 식당에 왔다가 또 그 여성을 발견한다. 그는 반갑게 인사하며 어제에 이어 더 가까워지려 한다. 그런데 이게 웬일인가. 그녀는 그를 전혀 알아보지 못하고, 그를 거절한다. 분명 첫 만남에서 좋은 인상을 받고 유쾌한 대화까지 나눴는데 왜 이렇게 변했을까? 청년은 식당 주인에게서 여인의 가슴 아픈 비밀을 알게 된다. 그녀가 일 년 전에 큰 자동차사고를 당해 머리를 다쳤는데, 그 사고로 단기 기억상실증 환자가 되었다는 것이다. 사고 전의 기억은 생생하지만 이후의 기억에 큰 문제가 생겼다. 새로운 기억은 하루밖에 가지 않는다. 다음날이면 어제의 기억이 사라진다. 그녀는 아침에 일어나면 언제나 사고 당일, 시월의 어느 일요일로 알고 있다. 그날은 그녀 아버지의 생일이었는데 오전에 느지막하게 식당에서 아침 겸 점심을 먹고 생일케이크를 사들고 집으로 돌아가는 길에 사고를 당했다. 그래서 그녀의 일상은 오전에 식당에 가서 식사를 하고 케이크를 사서 저녁에 아버지 생일을 축하하는 것의 반복이다. 그녀에게 매일은 시월 어느 일요일, 아버지 생신날이다. 그러니 이 청년과의 첫 만남도 기억할 수 없다.

그 뒤로 청년은 그녀와의 '첫' 만남을 가지기 위해 별의별 수단을 동원하고 머리를 짜낸다. 사고 이후 그녀는 몇 번을 만나도 모두 첫 만남이다! 물론 모든 수작이 다 성공하는 것은 아니다. 다행히 일이 잘 진행되어 저녁 황혼의 낭만을 함께 즐기며 키스하는 경우도 가끔 벌어진다. 거기까지 가면 '첫' 데이트에 성공한 것이다. 이 이야기를 영상으로 담은 영화의 제목은 그래서 〈첫 키스만 50번째〉다.

멋지지만 슬픈 이야기다. 하루밖에 기억할 수 없는 여인과 이 청년은 과연 계속 사랑의 관계를 이어갈 수 있을까? 오늘 서로 친해졌어도 내일이면 전혀 모르는 사람으로 되어버리는 이 여인의 오늘 하루 기억을 어떻게 연장할 수 있을까? 여기서 잠깐 묘책을 생각해보라. 어떻게 하면 될까?

짐작했겠지만, 영화에서 이 청년은 바로 기록을 활용한다. 그녀의 상황을 설명해주는 기록을 남기는 것이다. 그러나 단 하루밖에 시간이 없는데 자초지종을 설명하기 위해서는 보고서나 일기로는 어렵없다. 그는 비디오테이프를 이용했다. 그의 수고를 가상히 여긴 그녀 아버지와의 합작으로 짧은 동영상이 제작된다. 이 여인이 아침에 일어나면 비디오테이프가 바로 눈에 띄도록 놓여 있고 그것을 틀면 거기에 모든 것(그녀의 사고와 기억에 생긴 문제, 그 사이에 청년과 사귀게 된 사정 등)이 다 담겨 있다. 그녀는 충격에 휩싸여 현실을 받아들이느라 고민하다가 결국 하루의 남은 시간을 그와 함께 보내게 된다.

이 청년은 기록의 힘을 아주 잘 이용했다. 기억이 단절된 가운데도 기록으로 그 큰 틈을 메워 행복을 이룰 수 있었다. 그러나 모든 이야기가 '행복한 결말'로 끝나는 것은 아니다. 특히 기억과 관련된 이야기들에는 이보다 더 비극적인 결말의 이야기가 많다.

유능한 보험조사관이 있었다. 어느 날 이 사람의 집에 강도가 들어 비극이 벌어졌다. 그의 아내가 살해당하고 그 범행을 막으려던 남편은 머리를 맞아 쓰러진다. 그 이후로 그는 단기 기억 상실증 환자가 되었다. 이 사람은 앞 이야기의 여인보다 더 비참한 상황으로 고작 10분밖에 기억하지 못한다. 역시 사고 이전의 기억은 생생한데 이후의 새로운 기억은 10분을 넘기지 못한다. 10분이면 얼마나 짧은 시간인가! 그러니 그는 급하게 중요한 것들을 적어놓고 사진을 찍어놓아야 한다. 그가 가장 많이 이용하는 것은 즉각 현상이 가능한 폴라로이드 사진기다. 사람을 만나면 사진을 찍고 그의 이름과 연락처 등 알고 있는 내용을 간단히 기록해놓는다. 자기 자동차가 무엇인지, 어디에 묵는지도 사진을 찍어놓아야 한다. 그는 10분이라는 순간의 기억을 기록의 대체물로 어떻게든 연장하려 발버둥을 친다. 그가 결코 잊지 말아야 할 인생의 목표는 아예 몸에 문신을 새겨 넣었다.

이것도 앞의 사례와 마찬가지로 영화 이야기다. 아주 유명한 영화여서 알지도 모르겠다. 〈메멘토〉라는 영화다. 앞의 이야기와는 달리 범죄와 살인과 공포로 얼룩진, 그리고 난해한 구성으로 편집된 기묘한 영화다. 그러나 두 이야기가 '기록'에 대해 말하고 있다는 점에서 동일하다.(물론 '기억'이 더 중요한 주제일 것이나, 이것은 다음 장에서 다루기로 한다.)

두 이야기는 기억에 심각한 장애가 있는 경우를 설정하여 기록으로 그것을 보완하려 한다는 점에서 공통적이다. 영화의 장르가 다르고 이야기의 분위기와 흐름도 완전히 상반되지만 둘다 기록의 중요성이 함축된 아주 '역사적인' 이야기다. 두 영화 모두 역사를 소재로 하고 있는 건 아니지만, 충분히 역사를 이 이야기들에 비유할 수 있을 것이다.

인간의 기억력은 짧고 불분명하다. 생생한 기억력이 평생에 걸쳐 지속된다고 해도 한 사람의 기억이 인류의 역사를 주도하지는 못한다. 그는 대개 60~70년, 기껏해야 80년가량의 기억을 역사에 더할 것이다. 이렇듯 인류의 역사란 개인에 따라 길게는 60~80년, 짧게는 몇 년 정도에 불과한 기억들의 접합과 연결로 구성된 것이다. 이 기억들의 빈틈을 메워주고 이어주고 지속시키는 것이 바로 기록이다. 인류는 거대한 단기—또는 장기—기억상실증 환자들과도 같다. 앞의 이야기 주인공들처럼 하루의 기억, 단 10분의 기억을 그다음 하루와 그다음 10분과 연결시키기 위해 애쓰는 존재가 바로 인류다. 인간의 역사는 이 기억의 조각들이 촘촘하게 연결된 부분으로, 때로는 그렇지 않은 부분으로 구성된 기나긴 이야기와도 같다. 사실은 빈틈과 구멍이 더 많다.

두 영화를 역사에 비유할 경우 두번째 이야기가 더 교훈적이다. 『메멘토』의 주인공은 단기기억상실증 환자다. 그래서 영화에는 그가 기억하는 것과 관객이 볼 때 사실인 부분이 완전히 일치하지 않는다. 주인공이 매 10분을 연결하는 작업을 완벽하게 하지는 못했기 때문에 억지로, 그리고 잘못 이어진 부분들이 생긴다. 이 부분은 왜곡된 기억으로, 영화에서 무서운 결과를 낳게 된다. 여기서 중요한 것이 바로 기억의 왜곡이 발생하는 과정이다. 어떻게 기억이 왜곡될까? 주인공은 자신의 문제, 곧 10분 이상을 기억하지 못한다는 엄청난 한계를 정확히 인식하고 있다. 그래서 가능한 한 모든 것을 기록해놓는다. 그는 10분 전의 것을 기억하지 못하기 때문에 사실 기억을 왜곡할 수가 없다. 문제는 그가 자신이 모아놓은 기록들에 전적으로 의지한다는 사실이고, 그가 그 기록을 전적으로 신뢰한다—또는 신뢰할 수밖에 없다—는 사실이다. 만일 그 기록이 잘못됐다면 그는 심각한 착각에 빠지는 것이다. 그의 10분간 기억의 출발점은 그가 지금 보고 있는 기록들이다. 첫번째 기록이 왜곡된 것이라면 첫 10분 동안 그는 잘못된 결론에 도달할 것이고 결국 잘못된 기록물을 만들 것이다. 그리고 그것이 그 다음 10분 기억의 토대가 된다. 이런 식으로 왜곡이 심화되고 거짓이 부풀려지며 치명적으로 불행한 결과에까지 이른다.

이것이 기록의 힘이며 동시에 한계다. 기록은 무서운 힘을 가지고 있으며 동시에 무서운 한계도 품고 있다. 맨 처음에 올바르게 기록이 되어야 하고 그것을 읽고 해석하는 이 또한 제대로 해야 한다. 이 긴 연결고리에서 얼마든지 문제가 발생할 수 있다. 그것은 영화에서처럼 범죄로 이어질 수도 있다. 실제로 역사적 왜곡은 민족적 편견으로 자라고 학대와 전쟁과 학살을 낳기도 한다. 더욱 치명적인 것은 이 역사의 비극이 기록에서부터 시작될 때 사람들은 그것이 왜곡된 결과라 생각하지 않고 오히려 객관적인 사실에서 나온 정당한 행위라고 생각할 수 있다는 점

이다. 그러므로 기록은 매우 신중하게 다루어져야 한다.

과거가 우리에게 남겨준 것, 즉 우리가 발견한 과거는 완전한 장면이 아니다. 사진으로 비유한다면 완벽한 한 장면의 사진이 남겨져 있고 우리는 그 사진을 설명하기만 하면 되는 게 아니라는 것이다. 사진 ①처럼 찢긴 부분도 가려진 부분도 없어서 조금만 들여다보면 1945년경의 서울 남대문 인근 장면임을 알 수 있는, 그렇게 쉽게 판독 가능한 과거 사실은 거의 없다. 오히려 과거는 사진 ②와 같이 훼손이 많이 된 사진에 가깝다. 우리가 마주하는 과거의 모습은 부분적일 뿐이다. 만일 과거의 기록이 틈이 없이 완벽하다면 과거를 재현하고 이해하는 데 큰 어려움이 없을 것이다. 그러나 과거 사실은 맨 처음의 기록에서부터 시작하여 보존의 문제에 이르기까지 결함이 많다. 역사가가 할 일은 그 결함들을 채우는 일이다. 그러려면 다른 그림을 보고 이 그림에서 빠지고 헤진 부분을 잘 찾아내어 전후좌우의 맥락에 맞게 재구성하는 작업을 해야 한다. 심지어 사료를 통해 우리에게 전해진 과거 모습의 실상은 사진 ②보다도 ③에 가깝다고 할 수 있다. 우리는 전체에서 몇 군데 누락된 정보를 가지고 있는 것이 아니라 기껏해야 몇 가지의 정보만 가지고 전체 그림에 접근하고 있는 셈이다. 우리가 알고 있는 것보다 모르는 게 훨씬 더 많다. 그러므로 랑케가 자신했던 것처럼 과거를 '실제로 벌어진 대로' 아는 것은 이상적인 바람일 뿐이다. 물론 우리가 보다 많은 정보를 가지고 있다면, 즉 과거가 자신에 대해 보다 많은 기록을 남겼다면 우리는 더 많은 사진 조각들을 입수하는 것이며 그 장면이 과연 무엇인지를 이해하는 데 조금 더 용이할 것이다.

이 점에서도 영화 〈메멘토〉는 무엇인가를 시사하는 듯한 암시적인 장면을 우리에게 보여준다. 주인공의 비극이 시작되는 그 현장, 바로 부인의 폭행사건이 벌어지던 목욕실의 바닥 조각(타일) 장면이 영화에 몇 번 의미심장하게 나타난다. 흰 바탕의 바닥에 두 세 개의 검은 조각이 있는 모습이다. 아마도 주인

영화 〈메멘토〉에 반복적
으로 등장하는 욕실 타일
장면. 영화 속 주인공이
시한부 기억과 몸에 남은
몇 조각의 기록으로 진실
에 다가서고자 하는 몸부
림은 늘 부족한 사료로
역사적 진실에 접근하려
는 역사가들의 고군분투
와 닮아 있다.

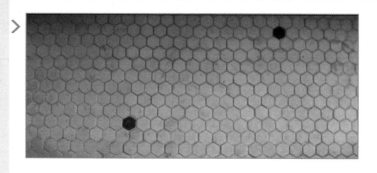

공이 기억하고 있는 진실은 그 정도로 한 조각에 불과하고 망망대해와 같은 사실의 바다에서 우리가 과거에 대해 알고 있는 정보도—가지고 있는 사료는—그만큼에 지나지 않을 것이다. 기억의 편린들을 주워 모아 자신의 치명적인 한계를 넘어서려는 주인공의 사투가 마치 인류가 기록의 부재와 망각과 오해와 왜곡의 소용돌이에서 보다 진실한 역사를 써내려는 고투와도 닮아 보이지 않은가. 이 모든 것에서 기억의 작은 흔적들인 기록이 없다면 역사적 진실에 접근하려는 시도는 더욱 어려울 것이다. 그만큼 기록은 중요하다.

기록에서 사료로

앞에서 이미 사료라는 말을 많이 썼다. 그런데 사료란 무엇일까? 사료史料란 역사적인 자료를 말한다. 역사란 과거에 사람들이 살아가면서 생각하고 행동한 모든 것을 말하며 역사를 알기 위해서는 그것들의 흔적이 있어야만 한다. '고려시대 때 사람들은 이런 옷을 입고 살았다' '조선시대 사대부의 여성들은 이런 글을 읽었다'라고 말하는 것은 꽤 구체적인 역사를 이야기하는 것 같지만 만일 당시의 사람들이 남긴 흔적에 근거를 두지 않고 자신의 상상력으로 그렇게 주장하는 것이라면 '역사'라고 할 수 없다. 사료는 인간의 과거를 재구성하는 데 근거가 되는 일체의 자료다. "사료가 없으면 역사도 없다"는 말은 100% 옳은 말이다. 역사가의 일은 사실을 다룬다기보다 사료를 다루는 작업이다.

흔적이란 사전적 정의로 '어떤 현상이나 실체가 없어졌거나 지나간 뒤에 남은 자국이나 자취'다. 사람이 하는 생각이나 행위가 언제나, 반드시, 자동적으로 흔적으로 남는 것은 아니다. 혼자만의 단상들은 아무 흔적 없이 거의 다 사라지기 일쑤다. 심지어는 여럿이 생각을 나누고 논쟁했던 중요한 대화도 누군가 정리해놓지 않으면 흔적으로 남지 않는다. 행위는 생각보다 눈에 보이는 것이어서 행위자 말고도 다른 사람이 목격해서 기록하면 흔적이 더 많이 남을 수 있지만 이것도 특별히 신경 쓰지 않으면 다 잊히기 쉽다. 화가가 그린 300년 전 어느 동네의 놀이 모습 그림, 전쟁중에 썼던 참호나 요새, 공들여 수십 년을 써온 일기책도 누군가 의도적으로 훼손하거나 도시계획에 의해 헐리거나 후대가 보존하지 않으면, 사라지고 망각 속에 버려질 수 있다.

그러나 사료가 꼭 특수한 의도와 의식에 의해서만 생기는 것은 아니다. 세월이 지나 잊혀 방치되었다가 나중에 발견되는 흔적이 얼마나 많은가. 집을 짓는 것은 당연히 의도적인 행위이지만 사람들이 이사를 하고 마을이 황폐해져도 집터가 남는다면 역사가들에게는 그 시대의 주거형태를 설명해주는 사료가 된다. 출장중에 받은 숙박 영수증이 어느 책에 꽂혀 있다가 나중에 역사가의 눈에 띈다면 그의 행로를 추적하는 중요한 단서가 된다.

이러한 점에서 역사적 흔적은 비의도적인 사료와 의도적인 사료로 구분될 수 있다. 주거지나 생활용품은 전자에, 비문이나 일기는 후자에 속한다. 또한 형태에 따라 무형적인 사료와 유형적인 사료로 구분할 수도 있다. 풍습·신화·놀이가 전자라면 앞서 든 예들은 모두 후자로 분류된다. 이 가운데 가장 중요한 것은 단연코 문헌사료라 할 수 있다. 문헌사료는 사람이 기록해놓은 모든 글씨·글·문서를 말한다. 그림도 여기에 포함된다. 무엇보다 문헌사료는 작성한 사람의 의도가 담겨 있기 때문에 중요하다. 역사라고 하면 사람들이 지어놓은 거대한 옛 유적들이 먼저 연상될지 모르지만, 그 모든 것을 설명하는 단서로서 사람들의 생각이 기록된 문서가 더욱 중요하다. 사실 분량으로 보아도 그 어떤 형태의 흔적들보다 문헌사료가 방대할 것이다. 그래서 우리가 사료라고 하면 문헌사료를 말하는 경우가 대부분이다. 여기에서도 문헌사료에 초점을 맞추어 이야기를 하고 있다.

사료는 크게 세 가지 과정을 거쳐 역사적인 작용을 한다. 사료가 만들어지는 첫 단계가 있고, 그것을 보존하는 과정, 마지막으로 사료를 활용하는 단계가 이어진다. 사료는 생성되고 보존되며 해석된다. 비의도적인 문헌사료도 있긴 하지만, 기록 자체가 의도적인 행위라서 사료는 대체로 의도적인 작업에 의해 만들어진다. 사람들은 떠오르는 생각을 적거나 어떤 사건을 목격·경험하고 정리하기 위해 기록을 남긴다. 생각과 행동이야 모든 사람이 하는 것이지만 그 모든 생각과 행동이 사료로 남는 것은 아니다. 하루에 전개되는 무수한 생각과 행동 가운데 극히 일부분만 기록될 뿐이다. 사료가 없으면 사람들이 무슨 생각을 했는지, 무엇을 행했는지, 어떤 사건이 일어났는지 알 수 없으므로 사료를 만드는 일이 가장 중요하다. 곧 그런 만큼 무엇이든 기록으로 남기려는 의도가 중요한 것이다. 사료 없이 역사가 없다면 사료를 맨 처음 쓰는 사람이 역사를 시작하는 것이나 마찬가지다. 이러한 사람과 작업이 많을수록 그 나라의 역사는 훨씬 더 풍부해진다. 역사를 만드는 것은 어떤 일이 벌어졌는가보다 그 일이 기록되었는지에 달려 있다. 아무 기록도 없다면, 그 일은 아무도 모르는 일이 되며 발생하지 않은 것과 다름없다.

사료의 기록은 꼭 그럴듯한 문서로만 작성되는 것은 아니다. 궁궐의 사관들이 기록하는 공문서나 개인의 일기와 편지 같은 완결된 문서뿐 아니라 수첩, 비망록 등의 단편적인 기록들도 대단히 중요하다. 자신이 그냥 모아놓기만 한 버스표·입장권·성적표·상장·사진 등 모든 것이 아주 중요한 사료다. 이 경우 그가 직접 기록한 것은 아니어도 그 기록들을 모아두었다는 점에서 그는 사료 기록자의 역할을 톡톡히 한 셈이다.

이렇게 맨 처음에 기록된 사료를 일차사료, 또는 원原사료라고 한다. 거듭 말하거니와 역사 연구는 여기서부터 시작된다. 그러나 시작만큼 중요한 것이 과정이다. 이렇듯 귀한 사료들이 잘 보관되고 전수되는 것이 사료의 생성에 버금갈 정도로 중요하다. 어떤 사건이 기록된 사료를 남기지 않았으면 그 일이 벌어지지 않은 것과 사실상 마찬가지이듯, 기록되었다 하더라도 그것이 소실되었다면 역시 애초에 벌어지지 않은 사건이 돼버린다.

사료의 기록과 보존이 얼마나 중요한지를 보여주는 한 가지 예를 소개한다. 1492년에 대서양을 횡단하여 유라시아 대륙 밖의 세계와 접촉하는 데 성공한 크리스토퍼 콜럼버스는 그가 항해한 내용을 기록으로 남겼다. 1492년 8월 3일에 이베리아 반도를 출항하여 바하마 제도와 쿠바 섬을 탐험하고 이듬해 3월 15일에 출발지점으로 되돌아오기까지 콜럼버스는 거의 매일 일기를 적었다. 이 『항해록』에는 하루하루의 항해 여정, 중요한 발견, 그가 도착한 지역들의 생태환경, 주민들의 생활모습 등이 상당히 자세하게 기록돼 있다. 이는 분명히 두 대륙의 첫 조우를 보고하는 인류사적 의미를 갖는 중대한 사료다. 콜럼버스는 역사적인 항해를 후원해준 스페인 왕실에 이『항해록』을 헌정했다. 왕실은 이 책의 필사본들을 작성하여 한 부를 1493년 9월에 콜럼버스에게 하사했다. 그는 이 필사본을 아들 디에고에게 물려주었다. 이후에 대대적인 탐험과 정복의 물결이 이루어졌고, 그 대열 가운데 콜럼버스를 대단히 흠모한 라스 카사스라는 사제도 있었다. 그는 아메리카 원주민들이 유럽인들에게 학대당하는 모습에 경악을 금치 못하고 그것을 글로 써서 고발한 인도주의자였다. 그는 1526년에『인디아스사』를 집필한다. '인디아스'란 서인도제도를 말한다. 그는 콜럼버스의 아들 디에고에게서『항해록』의 필사본을 받아 자신의 책에 거의 그대로 옮겼다. 부분적으로 간접화법으로 요약하기도 했으니『항해록』의 축약본이라 할 수 있다.

그런데 시간이 흐르며 스페인 왕실의『항해록』원본도, 그것의 필사본들도 사라졌다. 그리고 콜럼버스가 받아 라스 카사스에게까지 전해준 필사본도 소실되었다. 더구나『항해록』의 내용이 거의 다 수록된『인디아스사』도 행방을 감추고 말았다. 이로써『인디아스사』뿐 아니라 콜럼버스의『항해록』도 사라진 것이다. 그러다 1790년에 이르러서 어느 백작의 장서에서『인디아스사』가 발견됨으로써 비록 축약본이지만『항해록』의 존재도 드러나게 되었다. 이 중요한 책들이 다시 빛을 보게 되는 데 공을 세운 항해사요 역사가인 마르틴 페르난데스 데 나바레테는 1825년에『15세기 말부터 스페인에 의해 이루어진 항해 및 발견의 기록집』을 출간하면서 『인디아스사』와 『항해록』을 수록했고 이로써 대탐험가의 신대륙에 대한 첫 기록물도 세상에 다시 알려지게 되었다. 그리하여 콜럼버스의 『항해록』은 원본과 당시의 필사본이 모두 소실되었기에 나바레테의 책에 수록된 것이 원본, 즉 일차사료가 된 셈이다.

아무리 훌륭하게 기록된 중요한 사료라고 한들 제대로 보존되지 않는다면 소용이 없다. 그러므로 문헌사료의 보존은 국가적으로 매우 중요한 일이다. 과거의 중요한 사료들은 일반적으로 공적인 문헌보관소에 대부분 보관되어 있다. 국가나 지방관공서, 대학교, 기업, 박물관 등의 기록보관소가 그런 역할을 한다. 이외에 사설 문헌보관소도 다양한 수준과 규모로 존재하며 개인적으로 집안이나 자신의 문서(유품)관리를 하는 경우도 있다.

우리나라에서는 국가기록원, 대통령기록관 등이 대표적인 공적 문헌보관소다. 문헌보관소에서는 법의 규정에 따라 보관돼야 하는 공문서들과 발굴이나 기증을 통해 수집된 과거의 문서 자료들이 분류되고 복원되고 보존된다. 연구자나 일반인들이 요청하면 열람도 할 수 있다. 사료의 보존은 그저 오래된 것을 수집하려는 목표에서가 아니라 최종적으로 역사의 생산을 위한 것이다. 이미 사건의 발생과 사료의 생성을 통해 역사의 사실은 존재하게 되지만 그것을 보고 연구하는 이들이 있어야만 역사는 비로소 '생산'된다. 문헌보관소는 역사를 구경하는 곳이 아니라 생산하는 곳이다.

역사의 생산이란 곧 사료의 활용을 말한다. 기록되지 않은 사건은 발생하지 않은 것이나 마찬가지고 보존되지 않은 사료는 기록되지 않은 사건이나 동일하다고 했지만, 사료의 활용에 대해서는 그렇게 간단히 말할 수 없다. 기록되지 않은 사건과 보존되지 않은 사료는 똑같이 역사로서의 가치를 잃는다. 누구도 알지 못하게 된 사건은 역사가 되지 못하기 때문이다. 그러나 아직 활용되지 않은 사료라도 앞으로 누군가에게 활용될 여지가 계속 있으므로 결코 역사적으로 무가치한 것은 아니다. 그렇다고 기록과 보존만 하고 있는 것은 비역사적이다. 과거 사실로 남아만 있다고 해서 역사가 아니며, 현재의 사람들에게 인식되고 해석되고 비교되고 비판되고 계승되고 극복될 때 역사가 된다.

사료의 활용은 일차적으로 역사가의 일이다. 역사가들은 당대의 사건들을 기록하는 사관으로서 사료 생성자이며, 과거의 사료들을 발굴하는 자로서 사료 관리자이며, 사료를 연구하여 역사를 새로 쓰는 자로서 사료 활용자다. 역사가는 이미 발행된 사료집이나 공개된 사료들을 열람할 뿐 아니라 새로운 사료를 찾아 나선다. 앞서 5장에서도 살펴본 것처럼 마르크 블로크는 역사가를 마치 사료를 좇는 사냥개에 비유했다. "역사가는 인간의 살 냄새를 맡게 되는 바로 그곳에 자신의 사냥감이 있음을" 아는 자라는 것이다. 역사가가 해야 할 중요한 일은 인

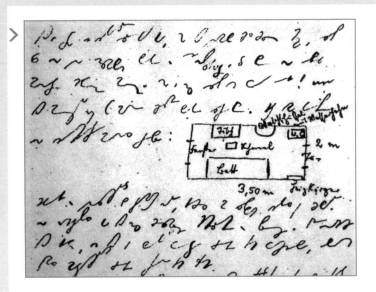

이 사진의 문서는 독일 제3제국 시기 프라이부르크대학의 디체 교수가 나치정권에 저항하다 구속된 후 베를린의 감옥에서 동료 교수와 나눈 비밀 편지다. 이는 속기(速記)로 적은 것으로, 빨리 쓰기 위해 축약된 형태의 특수문자를 사용해 적는다. 이런 문자는 속기를 배운 사람만 읽을 수 있다. 디체 교수는 감시를 피해 신속하게 글을 써야 했고 비밀리에 교신을 해야 했기에 속기를 사용했다.

간의 냄새가 나는 곳이면 어디나 탐색하여 그 흔적을 찾아내는 일이다.

역사가의 사료 탐색에서 가장 중요한 것은 해석이다. 2~3장에서 살펴본 역사가의 '대화' 작업을 상기해보라. 사료를 해석하기 위해서는 당연히 먼저 읽어야 한다. 사료는 아주 친절하게 누구나 읽을 수 있게 활자 인쇄되었거나 또박또박 쓰인 것도 있지만 그렇지 않은 것이 더 많다. 손으로 쓴 것도 수없이 많다. 개인적인 기록일수록 자기만의 필체로, 또는 알아보기 어렵게 휘갈겨 써서 읽는 것 자체가 힘들고 지난한 작업인 경우도 있다. 때로는 마치 암호해독을 하듯 읽어야 한다. 게다가 우리나라의 경우 기껏해야 몇십 년 전의 자료까지만 한글로 쓰여 있고 우리 역사의 대부분이 한자로 된 사료에 바탕을 두고 있다.

혹 다른 나라의 역사를 전공으로 공부하고 사료들을 조사한다면 그 나라의 언어를 배우기도 해야 한다. 손으로 쓴 외국어 사료가 가장 큰 난관일 것이다. 이 경우 그야말로 글자 하나하나를 암호를 해독하듯이 풀어가야 한다. 이는 분명 고역이지만 역사학자에게는 멋진 도전이며 즐거움이기도 하다. 영화에서 고고학자나 탐험가가 고대 문자를 풀며 모험을 하는 것을 상상해보라.

독자들이 그런 즐거움을 느껴볼 수 있도록 한 가지 예를 만들었다. 다음은 영어로 된 문장을 특수문자로 바꿔놓은 것이다. 각 숫자는 영어의 알파벳에 해당된다. 알파벳이 26자인 것처럼 숫자도 26개다. 각 단어는 영어식으로 띄어쓰기를 했다. 알 수 없는 고대 문자로 쓰여진 기록은 이런 암호와도 같다. 이를 어떻게 해석할 수 있을까?

⑩⑫⑥⑥①⑪⑨ ⑫⑥ ⑦ ③①⑧⑥⑫⑧④①⑥
⑬⑪⑬⑨⑥⑥ ①① ⑫⑧⑥⑨⑪⑦③⑥⑫⑱
⑩⑨⑥⑤⑨⑨⑧ ⑥⑩⑨ ⑩⑫⑥⑥①⑪⑫⑦⑧
⑦⑧⑦ ⑩⑫⑥ ①⑦③⑥⑥,
⑦⑧ ④⑧⑨⑧⑦⑫⑧⑬ ⑦⑫⑦⑪①⑬④⑨
⑩⑨⑥⑤⑨⑨⑧ ⑥⑩⑨ ⑬⑪⑨⑥⑨⑧⑥ ⑦⑧⑦
⑥⑩⑨ ⑬⑦⑥⑥.

우선 종이에 26개의 영어 철자를 왼편에 모음 5글자(a, e, i, o, u)와 오른편에 나머지 21개의 자음(b, c, d … z)으로 나누어 적어 놓는다. 영어 단어는 우리말과 같이 모음과 자음이 결합되어 한 음절을 이룬다. 그 속성을 이용해 이제 적합한 모음과 자음의 조합을 찾아내야 한다. 가장 짧은 단어부터 시작하자. 아예 한 철자가 한 음절인 단어라면 더 좋다. 문장의 세번째 단어(❼)가 그렇다. 영어 단어 가운데 알파벳 하나로 한 단어가 되는 낱말을 찾아야 한다. I가 있고 a도 가능하다. 만일 I라면 일반적으로 문장의 첫 단어로 올 것이다. 반면 a라면 그 앞에 주어와 동사가 있을 것이다. ❼ 앞에는 두 단어가 있으니 I보다는 a가 더 가능성이 크다. 다음에 같은 철자로 시작하는 다섯째 줄의 짧은 단어(❼⑧)로 간다. ❼이 i라면 in, is, it 등의 단어가 가능하고 a라면 am, an, as, at 등이 가능하지만, 이미 a의 가능성에 더 무게를 두었으므로 후자로 가정한다. 그 다음에는 넷째 줄의 ❼⑧⑦로 간다. 즉 am, an, as, at 뒤에 셋째 철자(⑦)가 붙어서 한 단어가 돼야 한다. and, ask가 가능하다. 그리고 이 문장에서 이 단어가 여섯째 줄에서도 거듭 나오니 ask보다는 and의 가능성이 더 높아 보인다. 일단 a, an, and로 철자를 짐작해온 작업은 여기서 멈춘다. 그 다음에 살펴볼 것은 역시 짧은 음절인 둘째 단어 ⑫⑥다. ❼을 a로 선택한 이유는 그 앞에 주어와 동사가 나올 것을 예상했기 때문이다. 그러면 ⑫⑥은 동사로 쓰였을 것이고, 수많은 가능성 중에 a 바로 앞의 동사로 is 정도를 예상해

볼 수 있다. 그렇다면 넷째 줄의 둘째 단어 ❿⓬⑥는 his일 것이고, 첫째 줄의 첫 단어도 동일하게 ❿⓬⑥로 시작하는 명사이므로 충분히 history로 볼 수 있다. 그러면 History is a…로 시작하는 문장을 예상할 수 있다. 이런 식으로 철자를 추적하고 단어를 맞추어가는 것이다. 사료 읽기는 암호해독과도 비슷하다. 답은 이 장의 끝에 적어두었다.

역사가는 사료를 해석만 하는 것이 아니라 비판하기도 해야 한다. 사료비판은 두 단계로 이루어진다. 먼저 외적 비판을 한다. 이것은 사료의 진위를 가려내는 작업이다. 사료의 내용을 검토하기 이전에 사료 자체를 검토하는 것이다. 누가·언제·어디에서 사료를 작성했는지를 밝혀내고, 사료가 작성된 당시와 같은 상태로 존재하는지, 첨가·삭제·개찬改竄(글의 뜻을 달리하기 위해 글의 일부 구절이나 글자를 일부러 고침)·오기 등을 가려내어 문장들 사이에 서로 다른 내용을 바로 잡는다. 문서의 권위를 가장하기 위해 아주 오래전에 기록된 것처럼 작성 연도를 속여 더 이전에 쓰인 것처럼 가장하는 경우가 꽤 있다. 역사적으로 가장 유명한 위조문서로「콘스탄티누스 기증장」이라는 문서가 있다. 이 문서는 4세기에 로마황제 콘스탄티누스 1세˙가 작성했다고 알려졌는데, 그가 기독교로 개종한 후 제국 수도를 콘스탄티노플로 옮기면서 로마 시와 서로마제국을 교황 실베스테르 1세와 그의 후계자들에게 넘기고 자신은 동로마제국의 황제권을 보유한다는 내용이 담겨 있기에 서유럽에서 세속 군

● **콘스탄티누스 1세**
고대 로마의 황제(272~337, 재위 306~337)이며 최초의 기독교인 군주. 313년에 밀라노 칙령으로 기독교 신앙을 공인했다. 330년에 비잔티움(현재의 이스탄불)으로 로마 제국의 수도를 이전했고 나중에 이 도시는 그의 이름을 따 콘스탄티노폴리스로 불렸다.

주들보다 교황권이 우월함을 주장하는 근거로 이용돼왔다. 그러나 르네상스 시기 이탈리아의 로렌초 발라가 1440년에 이 문서에 사용된 특정 단어들이 8세기 이후의 어휘인 것을 밝히며 위조문서임이 입증된다.

역사가는 외적비판에 이어 사료의 내적비판을 한다. 이것은 사료의 내용에 신빙성이 있는지 밝혀내는 작업이다. 사료의 내용 속에 의식적·무의식적인 거짓이나 오류, 과장 등이 있는지 가려낸다. 글자의 뜻을 정확히 파악함으로써 내용적 비판을 가하는 것이다. 저술 의도를 분석하고 어떤 목적과 의도로 사건과 사실들이 기록되었는지를 살핀다. 독일 프라이부르크대학 교수들이 제2차 세계대전 종전 직후 새로운 독일을 재건하는 과정에서 모임을 개최했다. 나중에 한 교수가 그 첫 모임에 관해 회상하며 1945년 6월 20일에 처음 모였다고 말하여 그것이 그 모임의 개최일로 알려져왔다. 그러나 그의 수첩에 6월 20일에는 아무 기록이 없지만 7월 20일에 그 모임이 열렸다고 표시돼 있었다. 다른 사람들의 일기나 수첩 기록도 이와 일치하여 그가 7월을 6월로 착각한 것으로 판명된다. 이렇게 다른 여러 사료들을 교차 검증하며 오류가 있는지 밝히고 바로잡는 것이 역사가의 작업이다.

우리는 사료의 해석과 비판을 통해 사건들을 규명하고 역사적 진실에 한걸음 더 가까이 나아갈 수 있다. 사료의 중요성, 근본적으로 기록의 중요성을 거듭 강조하지 않을 수 없다. 그러나 인간의 역사가 기록에만 의존하는 것은 아니다. 과거가 현재에게 남긴 흔적은 기록으로만 전수되는 것은 아니기 때문이다. 물론 모든 흔적 가운데 기록이 으뜸으로 중요하지만 말이다.

마지막으로 앞에서 낸 문자해독의 답을 알아보자.

⑩⑫⑥⑥①⑪⑨ ⑫⑥ ❼ ③①⑧⑥⑫⑧④①④⑥
⑬⑪①③⑨⑥⑥ ①❶ ⑫⑧⑥⑨⑪❼❼③⑥⑫①⑧
⑩⑨⑥❺⑨⑨⑧ ⑥⑩⑨ ⑩⑫⑥⑥①⑪⑫❼⑧
❼⑧⑦ ⑩⑫⑥ ❶❼③⑥⑥,
❼⑧ ❹⑧⑨⑧⑦⑫⑧⑬ ❼⑫❼⑪①⑬④⑨
⑩⑨⑥❺⑨⑨⑧ ⑥⑩⑨ ⑬⑪①⑨⑥⑨⑧⑥ ❼⑧⑦
⑥⑩⑨ ⑬❼⑥⑥.

History is a continuous
process of interaction
between the historian
and his facts,
an unending dialogue
between the present and
the past.

바로 『역사란 무엇인가』 1장의 결론 문장이다. "역사란 역사가와 그의 사실들의 지속적인 상호작용의 과정, 현재와 과거의 끊임없는 대화다." 역사가와 '그의 사실들' 또 '그의 사료들'의 관계가 중요하다는 점을 다시 강조하며 이 장을 마무리한다.

8장

기억:
역사의
또 다른 단서

4장에서 말한 바와 같이 고대 그리스의 헤로도토스가 '역사의 아버지'라고 불리는 것은 그가 쓴 방대한 책『역사』때문이다. 그는 약 10년간 당시의 세계 전역을 다니며 수많은 이야기들을 탐문하여 기원전 700년경부터 479년까지, 약 220년 동안의 역사를 조사하여 정리했다. 그리고 그가 왜 그러한 조사를 했는지 책머리에 밝혔다. 그 목적은 "과거에 일어난 일들이 시간이 흐르면서 사람들의 기억에서 사라지지 않도록 하기 위해, (…) 알려지지 않고 그냥 지나치는 일이 없도록 하기 위한 것"이었다. 그것은 특히 그가 대여섯 살쯤 되었을 때 끝난 그리스와 페르시아 사이의 전쟁과 관련되었다. 당시의 세계 자체를 대표하는 페르시아라는 거대한 제국이 그리스의 아테네라는 작은 도시국가에 세 번 쳐들어왔지만 번번이 제국의 대군을 물리쳤던 조상들의 업적을 잊지 않으려는 것이었다.

세계에서 역사교육이 가장 잘 되고 있다고 손꼽히는 나라는 프랑스다. 프랑스에서는 역사학과 역사교육이 학계와 교육과정 전반에서 특별한 대접을 받고 있는 것으로 널리 알려져 있다. 2002년에 한국교육방송공사EBS는 세계의 교육현장을 취재하면서 프랑스의 역사교육에 대해 다루었다. 프랑스 초등학교와 중등학교의 역사수업을 소개했고, 역사교사들을 위한 교육의 모습과 일반인을 위한 역사 교양교육이 얼마나 일반화되었는지를 심도 있게 보여주었다.

〈프랑스의 역사교육〉이라는 제목의 이 방송물은 '잊지 않기 위하여'라는 부제를 달고 있었다. 왜 프랑스가 그렇게 역사교육을 중시하는가, 그 이유를 제작진은 200여 년 동안 프랑스혁명 정신을 내면화하는 과정에서 찾았다. 그러나 거기에는 단지 과거의 업적을 자랑거리로 잊지 않으려는 것—프랑스혁명과 같이 세계사적인 과업을 이룬 것뿐 아니라 19세기 후반부터 20세기 중반 사이에 세 차례 독일과의 전쟁에서 희생당했던 것도 역사적 정당성을 내세우는 근거로 삼는 것—뿐만 아니라 제국주의적 침략과 같이 프랑스가 다른 나라에 행했던 잘못까지 잊지 않으려는 노력도 포함하고 있다.

잊지 않기 위하여

'잊지 않기 위하여', 이 말은 '기억하기 위하여'와 같은 말이다. 결국 헤로도토스는 페르시아전쟁의 위업을 기억하기 위해서 『역사』를 썼고, 프랑스인들은 과거의 영광과 과오를 기억하기 위하여 역사교육을 중시하고 있는 것이다. 역사는 정지된 과거의 한 단면, 한 현장이 아니다. '과거에 벌어진 일'로서의 '역사'라는 의미는 그것을 현재 기억하고 있다는 것을 전제한다. 알려지지 않은 일, 즉 기억하지 못하는 일은 벌어지지 않은 것이나 마찬가지다. 그러므로 역사는 어떤 사건이 과거에 일회적으로 발생했는가보다 그것에 대한 기억이 계속 이어지고 있는가로 결정된다. 역사는 곧 기억하는 작업이다. 어떤 것의 기억이 없다면 그 역사도 없는 것이다.

역사와 기억이 분리될 수 없는 관계인 것이 분명한데, 앞서 이와 아주 흡사한 관계를 이야기했었다. 바로 '기록'이다. 기록(사료)이 없으면 역사가 없다고 말했다. 그러면 기록과 기억은 같은 것인가? 역사를 과거에 벌어진 일에 대한 기록이라 했듯이, 역사를 과거에 벌어진 일에 대한 기억이라 말해도 될까?

기억이 훨씬 더 넓은 의미를 갖는다고 할 수 있을 것이다. 기록은 기억의 한 가지 방법인 셈이다. 그런데 기억은 기록보다 더 느슨하고 임의적이며 주관적이고 개인적이다. 무엇보다 기록이 주로 글로 남는다면, 기억은 대체로 말로 전해진다. 기억은 말뿐 아니라 몸동작, 인식, 감정 등을 통해서도 이어진다. 가장 큰 차이는, 글은 누가 기록하고 나면 이미 끝난 객관적인 작업이지만—물론 그 이후에도 계속 해석의 여지는 있다—말이나 생각이나 감정은 매번 달라질 수 있다는 것이다. 기록은 내용이 고정된 글로 전달된다. 그러나 기억은 매번 전달할 때마다 전달자에 의해 더 부풀려지기도 하고 더 줄어들기도 한다. 기억의 전수는 특히 반복적인 전달, 즉 구전을 통해 가장 빈번하게 이루어진다. 한편으로 반복을 통해 전달함으로써 듣는 이에게 강력한 인상을 남기고 다른 한편으로 상황에 따라 이야기가 조금

씩 달라짐으로써 글의 기록보다 훨씬 풍부하고 다양한 공감작
용이 일어난다.

그러나 역사학의 역사에서 기억은 기록과는 비교도 되지 않
을 정도로 경시돼왔다. 과학과 이성에 뿌리박은 근대 학문으로
서의 역사학에서 가장 중요했던 것은 무엇보다 객관성의 확보
였다. 이 대목에서 기록은 객관적인 근거가 되지만 기억은 그
렇지 않다고 여겨졌다. 결국 기억은 근대문명의 온갖 가치기준
에 못 미치거나 반대된 것으로 과소평가되었고 역사학의 학문
적 근거로 인정받지 못했다. 문자로 작성되지 않고 말과 생각
과 감정이 뒤섞인 기억의 내용은 전달하는 자와 받아들이는 자
각각에 의해 변화된다. 과거에 벌어진 일에 대한 기억이 확산되
는 과정에서 더 큰 영향력을 갖는 것은 전달자의 시점인 현재
다. 이러한 주관성으로 인해 기억은 역사의 문헌적 근거로 이용
될 수 없었다. 기억은 민족감정과 애국심을 북돋울 것이기는 하
지만 학문의 영역에서는 힘을 미치지 못했다. 역사는 전설이나
신화나 이야기가 아니라 객관적인 사실이라고 확고하게 인식되
었다.

그러나 19세기에 과학화와 제도화로 잘 갖추어진 '역사'가 누
렸던 권위는 세기말이 되면서 점점 도전받기 시작한다. 역사 연
구를 합리적이며 객관적으로 할 수 있다는 근대 역사학의 주장
에 대해 회의가 싹텄다. 사료 자체에 기록자의 주관이 개입해
있으며, 그러므로 역사에 자연과학적 객관성이란 적용될 수 없

다는 사실이 강조되었다. 그것은 기록의 권위에 대한 도전도 의미하는 것이었다. 기록과는 다른 기억의 고유한 가치에 대한 새로운 인식이 싹텄고 기억과 망각의 조화로운 균형도 주장되었다. 과거는 랑케가 생각했듯이 사료만 분석하면 모든 것을 다 보여주는 깨끗한 창이 아니었다. 역사는 기록의 조각들을 모아서 맞추면 하나의 장면이 완성될 수 있는 그렇게 단순한 그림이 아니었다. 사료 자체가 불투명했다. 불투명한 창으로 보이는 과거는 이렇게도 저렇게도 볼 수 있는 매우 복합적인 상으로 나타난다. 역사는 객관적인 답이 정해진 과학현상이 아니라 주관적인 해석의 여지가 있는 인간들의 삶이다. 그것은 문자로 완결되어 해독하기만 하면 되는 기록보다 현재의 영향에 대해 열려 있는 들쭉날쭉한 기억에 더 가까웠다. 역사를 이해하는 데서 기억의 중요성이 강조되었다.

기억에 대한 인식의 변화는 우선 당시에 지배적인 견해에 맞선 개념으로 싹텄다. 그러나 역사에서 기억의 위상이 높아지는 데 더욱 강력하게 작용한 일들이 있었다. 바로 역사가 진보한다는 19세기의 낙관적 기대를 깨뜨린 20세기의 거대한 사건들이다. 제1차 세계대전은 이전 세기의 전쟁 이해를 넘어서는 것이었다. 이전과 비교할 수 없는 전쟁의 규모와 전혀 새로운 특징들뿐 아니라 이 전쟁은 너무나 비참한 결과를 가져와서 누군가 반드시 책임을 져야 하는 범죄로 인식되었다. 그것은 정책의 일환으로 수행되었던 19세기의 전쟁과는 달랐다. 패전국은 전범국으로 지목되었고 승전국들로만 주도되는 국제질서가 새로운 체제로 등장했다.

이 전쟁에 대해 역사가들은 어떻게 접근해야 할까? 랑케가 말한 것처럼 역사가는 "실제로" 벌어진 사실을 그대로 재현하는 자이므로 하나의 답이 나오는 객관적인 설명이 여기에도 가능할까? 가령 워털루 전투•를 그와 관련된 네 나라(프랑스, 영국, 프로이센, 네덜란드)의 역사가들이 연구해도 동일한 연구결과가 나와야 하듯이 말이다. 그런데 그러기에는 이 전쟁의 원인이 너무 복잡했다. 제1, 2차 세계대전을 단적으로 비교하는 우스갯말도 있다. 제2차 세계대전의 원인은 두 단어로 요약할 수 있는데, 바로 '아돌프'와 '히틀러'라는 것이다. 전적으로 독일에 책임이 있다는 것을 풍자한 표현이다. 그러나 제1차 세계대전은 장기적으로는 19세기 후반부의 유럽 국제질서와 동맹정책을 배경으로 하고, 단기적으로는 오스트리아의 황태자가 피살된 1914년 6월 28일부터 전쟁이 발발하는 8월 4일까지의 6주 동안 국지적인 갈등에서 세계대전으로 비화된 복잡한 사건이었다. 과연 그 많은 연결고리 가운데 무엇이 전쟁의 원인이라 할 수 있는지, 그리하여 어느 나라에게 전쟁의 책임이 있다고 할 수 있는지 분간하기 매우 어렵다.

그리하여 이 전쟁의 역사적 연구는 원인의 규명보다 각 나라가 얼마나 정당했는지, 즉 자신들이 전쟁을 일으킨 것이 아니라 상대방의 도발에 대한 방어 행동이었다고 설명하는 데 역사가

• 워털루 전투
1814년에 엘바 섬에 유배되었던 나폴레옹이 탈출하여 1815년 2월에 다시 권력을 장악한 뒤 6월에 프랑스와 유럽 연합군(영국·네덜란드·프로이센 등) 사이에 전쟁이 벌어졌다. 벨기에 남동부의 워털루에서 프랑스군이 패배함으로써 나폴레옹 1세의 시대는 마침표를 찍었다.

들의 관심이 모아졌다. 전쟁의 승패를 떠나서 자신의 정당성을 주장하는 것이 더 중요했다. 이것이 각 나라의 시대적인 요청이 었고 역사가들은 그에 부응해야 했다. 즉 제1차 세계대전은 '어떤 사실이 벌어졌는지'가 아니라 '어떻게 기억할 것인가'가 더 중요했다. 이로써 19세기 역사학에서 무시되었던 개념에 관심이 집중된다. 바로 '기억'이다.

그러나 '기억'이 역사학에서 정말 중요하게 다뤄지기 위해서는 어떤 사건이 계기가 되고 역사가들이 기억을 중시하게 되는 것만으로는 부족했다. 그에 따른 이론이 마련되어야 했다. 이 역시 제1차 세계대전이 지나면서 시작된다. 기억의 사회적 조건과 형성구조 및 기능방식을 규명하는 심도 있는 연구들이 1920년대 이후에 이어진다. 그리고 1930년대에 프랑스의 사회학자 모리스 알박스Maurice Halbwachs에 의해 기억은 본격적으로 학문적인 개념으로 정립된다.

19세기에 기억이 학문적 개념으로 인식되지 못했던 것은 특히 기록에 비해 주관적이라는 판단 때문이었다. 무엇보다 기억은 매우 개인적인 경험에 의존한다. 하나의 사건이라도 사람마다 다르게 기억할 수 있고 그 기억들은 구전을 통해 전해지며 더욱 다양한 기억들을 양산한다. 그러니 극히 부분적 경험에 기초한 개인적 기억들은 가문의 자긍심이나 증오심의 뿌리는 되어도 역사서술의 근거가 되지 못했다. 그러나 알박스는 '기억'에서 사회적 특성을 발견해냈다. 그는 모든 형태의 개인적 기억은 사회적 관계에서 비롯되는 것이라고 보았고 그것을 '집단기억'이라고 불렀다.

무엇보다도 기억 자체는 사회적 관계의 산물인 말과 글을 매개로 형성되고 이해된다. 기억을 전수하고 양산하는 가장 중요한 매개물인 언어는 오랜 시간 동안 수많은 사람들의 사회적 상호작용을 통해 만들어진 것이다. 그 언어를 구성하는 문법체계·어휘·어순·문장구조들이 그 구성원들의 기억에 영향을 미친다. 즉 개인의 기억은 그가 속한 사회의 구성 틀 속에서 만들어지며 그가 속한 집단의 기억과 관련되어 존재한다는 것이다. 그리하여 개인적인 기억이라 할지라도 그 안에는 독특한 사회적 특성이 내재되어 있기 마련이라는 것이다. 알박스는 기억의 형성을 지형에 빗대어 설명한다. "지금 남아 있는 기억이란 해변에 바닷물이 밀려왔다가 빠져 나갔을 때 생긴 물웅덩이 같다." 물웅덩이가 바닷가의 모양과 바위의 배치에 의해서 위치도 크기도 바뀌듯이 "국가에서 교회에 이르기까지 각각의 사회제도에 의해 남겨진 물웅덩이, 즉 기억의 본질도 사회 속에서 변한다"는 것이다. 이러한 맥락에서 제1차 세계대전은 유럽 각국의 동시적인 경험이었음에도 각 나라별로 고유한 사회적인 과정을 통해 그 기억이 서로 다르게 형성되었고, 또한 그것은 각 개인의 경험으로 조각조각 나뉘지 않고 한 사회의 공통적인 기억을 만들어내며 공동의 사고방식을 발전시킬 수 있는 것이다.

알박스 이후로 기억에 대한 이론화 작업들은 역사에서 기억의 중요성을 더욱 증대시켰다. 기억이 전수되고 공유되는 과정에서 그것의 집단성은 보다 구체적인 공감의 매개를 통해 구현된다. 어떤 사건을 경험하지 못한 사람에게도 그에 대한 기억이 심어지는 것은 추상적인 지식만 전달되지 않고 눈으로 볼 수 있고 손으로 만질 수 있는 감각적인 과정이 동반될 때 훨씬 효과적이다. 단순히 수업에서 전쟁의 승리를 강조하는 것이 아니라 전쟁터와 전투일자와 승전기념비와 거기에 새겨진 기념조각들이 기억을 보다 생생하게 한다. 그래서 유적지가 조성되고 위인의 생가가 보존되며 기념일이 제정되고 기념행사가 벌어진다. 이렇게 구체적인 공감의 매개체를 통해 이뤄지는 기억의 공유 과정에서 기억의 문화적 특성이 드러난다. '집단기억'이란 구체적인 사물과 이벤트를 통해 사회적으로 기억되는 것이다. 상징물·동상·묘비·사원·기념비·축제·깃발(국기)·기념일 등의 매체를 통해 특정 기억을 공고히 하고 집단의 보편적인 정당성이 주장된다. 이것을 '문화적 기억'이라고 한다.

'문화적 기억'의 내용들은 대부분 특정 공간과 관련된다. 기억이라는 사고 작용 자체는 추상적 행위로 그치기 쉽다. 이것을 상징적인 기억의 장소에 연결시킬 때 집단의 구성원들은 보다 쉽게 공통의 기억을 형성할 수 있다. 그래서 수많은 기념 장소와 상징물들이 만들어진다. 물론 기억의 공간적 특성을 의미하는 '기억의 터'가 꼭 물리적 장소에만 국한된 것은 아니다. 기억을 형성하는 모든 상징행위와 기능적 장치들이 공간성의 개념을 가진다고 이해할 수 있다. 중요한 건 기억이 개인적인 차원을 넘어서 사회적인 동력을 갖는다는 것이고, 그것이 사회적 공감을 위한 구체화 과정을 동반한다는 것이다.

'잊지 않기 위하여'. 이것이 헤로도토스가 『역사』를 저술한 목적이었으며, 또한 프랑스가 역사교육을 통해 도달하고자 하는 목표였다. 역사는 잊지 않는 것, 곧 기억하는 것이다. 그리고 이제 기억은 개인들의 주관적인 상태가 아니라 사회적 현상으로서 나름대로의 객관성을 구비하면서 학문적인 의미를 인정받고 있다.

기억들의 싸움

이러한 과정을 통해 개인의 기억이 공적 기억으로 되고, 그리하여 기억은 역사가 될 것이다. 그러나 모든 기억이 다 그렇게 되는 것은 아니다. 어떤 기억은 보다 큰 사회적 영향력을 획득함으로써 모든 사람의 기억으로 자리를 잡는다. 그때 그 기억은 해당 사회와 국가의 역사가 된다. 그러나 다른 많은 기억은 거기까지 이르지 못한다. 심지어는 꽤 많은 사람이 공동으로 경험한 기억인 경우에도 사회의 공인을 얻지 못할 수 있다. 즉 사적 기억에서 공적 기억으로 전화轉化되는 과정에서 어떤 선별이 진행된다는 것을 알 수 있다.

개인의 기억이 공동체의 기억으로 되는 데 정해진 기준이 있는 것은 아니다. 기억의 중요성을 크기와 단계나 등급으로 표준화하는 것은 불가능하다. 어떤 사실과 그 기억의 비중은 그 자체로서 정해지지 않는다. 그것은 오히려 기억이 일어나는 시점인 현재에 어떤 의미가 있는지에 따라 좌우되곤 한다. 기억은 결국 현재적인 행위다. 세종대왕의 훈민정음 반포가 1940년대 조선 민중들에게 기억되는 데는, 반포 당시였던 조선 초기 상황보다 일제의 조선어 말살정책이 시행되던 20세기 전반기 한반도의 상황, 즉 기억 시점의 상황이 더 중요하게 작용했으리라는 것은 뻔한 일이다.

그러면 과거의 기억이란 현재에 의해 취사선택되는 것이라 할 수 있다. 여기서 현재란 현재의 상황·문제·관심·문제의식 등을 말한다. 가장 중요한 것은 오늘날 사람들의 견해들 사이에 형성된 판도版圖라고 할 수 있다. 어떤 기억이 중시되고 또 어떤 기억은 경시되는지는 그에 대한 견해들 간의 세력 관계에 달려 있다. 더 많은 사람이 더 깊게 공감하고 동의할수록 쉽게 공적인 기억으로 전환될 것이다. 물론 꼭 사람 수로 결정되는 것은 아니다. 모든 기억이 투표나 여론조사를 통해 결정되지는 않는다. 일반적으로 사회적인 힘이 반영되는 세력 구도가 있다. 가장 흔하게는 정치적으로 여당과 야당의 관계를 들 수 있다. 언론도 저마다 영향력을 겨루고, 전문적으로는 학계에서도 주류와 비주류가 있으며, 심지어는 한 집단에서도 어느 쪽이 지도부를 차지했는가에 따라 힘의 우열이 나뉜다. 한마디로 정치적 역학 관계가 기억의 취사선택에 작용한다.

어떤 날은 기념일로 제정되고 어떤 날은 폐지되며, 어떤 유적은 성역화 사업이 추진되고 어떤 기념물은 관리 비용이 축소된다. 어떤 사건은 국사 교과서에 실리고 어떤 것은 누락되며, 사건의 이름도 때에 따라 바뀌어 불리기도 한다. 운동이었다가 혁명이 되기도 하고, 혁명이었다가 쿠데타로 되기도 한다. 가장 일반적으로는 이른바 시대적인 요청이나 학문적인 재조명에 따라 이런 것들이 결정되지만 그 배후에는 분명 힘의 관계가 작용을 한다. 기억은 정치적 역학 관계에 따라 제자리를 찾기도 하고 희생되기도 한다.

더 나아가서 기억의 취사선택은 단순히 정치적 힘의 관계를 반영하는 것으로 그치지 않는다. 기억이 선택되고 배제된다는 것은 특정 기억들이 힘을 갖기도 하고 잃기도 한다는 것을 의미한다. 공적 기억으로 선택된다는 것은 그것이 그 시대, 그 사회의 정체성으로 자리 잡았음을 뜻한다. 반대로 배제된 기억은 그러한 특권을 누리지 못한다. 만일 한때 선택된 기억이 정치적 과거에 대한 기억은 의사소통을 통해 전승되고 제도화를 통해 문화적 기억으로 발전한다. 이렇게 하여 사적 기억이 공적 기억으로 전화되는데 그 과정에서 교육·언론·공식기념행사·기념일 등의 문화적 장치를 통한 제도화 과정이 중요하게 작용한다. 공적 기억은 이제 더 이상 기억이 아니라 곧 역사가 된다.

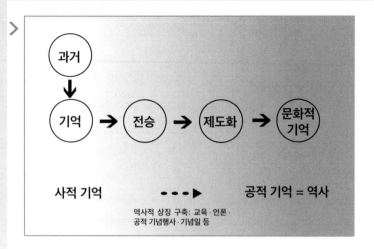

역사적 상징 구축: 교육·언론·
공적 기념행사·기념일 등

변화에 따라 나중에는 배제된다면 그 사회의 정체성도 변화한 것이다. 기억의 선택과 배제란 기억들을 놓고 벌이는 사회적 세력 간의 다툼인 셈이다. 기억들 간의 싸움은 결국 정체성들 사이의 싸움이다.

기억의 작업을 통해 정체성이 형성되는 과정에서 나타나는 중요한 현상은 개인의 욕망이 통제된다는 점이다. 역사로 승인된 공적 기억은 해당 사회의 구성원들이 특정한 정체성을 갖도록 영향을 미친다. 정체성의 형성은 자동으로 이뤄지는 것이 아니라 여러 가지 문화적인 장치들을 통해 교육되고 주입함으로써 진행된다. 이제 역사는 특정 정체성에 부합한 개인의 욕망을 창출하고 조직한다. 다른 한편 역사의 길에서 배제된 기억들도 교육과 주입의 과정을 거치기는 마찬가지다. 물론 그 방향은 정반대다. 공적 기억이 되지 못한 기억은 망각되어야 하며

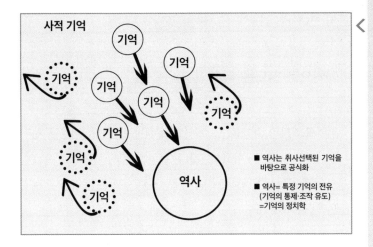

사적 기억

기억

기억

기억

기억

기억

기억

기억

기억

기억

기억

역사

■ 역사는 취사선택된 기억을
바탕으로 공식화

■ 역사= 특정 기억의 전유
(기억의 통제·조작 유도)
=기억의 정치학

개인의 기억들은 선택과 배제의 과정을 거쳐 공적 기억, 즉 역사로 전화되는 것이 있는 반면, 거기서 배제되는 것도 발생한다. 다르게 기억하는 것은 배제된다. 여기에 기억의 통제뿐 아니라 개인의 욕망도 통제되며 이를 통해 특정한 정체성의 형성이 조장된다. 이 과정은 사회의 세력 구도가 반영하는 정치적 역학관계에 의해 작동한다. 그것은 기억들의 싸움이다.

그 기억과 관련된 욕망도 억제된다. 이러한 과정을 거치며 사회 구성원들에게 특정한 정체성이 내면화된다. 기억의 선별은 정체성 형성 과정으로 이어지며 그것은 욕망의 선택과 배제를 수반한다. 이 기나긴 과정은 결국 기억들 사이에서 벌어지는 싸움이다. 그리고 기억의 싸움은 고도의 정치적 세력 다툼과 다를 바 없다.

기억의 특성에 대한 이러한 이해는 20세기 역사학의 이해를 더욱 폭넓게 하는 데 기여했다. 무엇보다 기억이라는 현상이 중요한 주제로 되면서 역사 연구의 범위가 보다 광범위해졌고, 문헌보관소의 기록에만 의존하던 전통적인 사료의 범주도 훨씬 넓어졌다. 기존의 역사학에서 간과했던 구전이나 전승 같은 비문헌 사료들이 재조명되었고, 살아 있는 사람들의 기억을 직접 취재하여 정리하는 작업은 새로운 사료들을 창출했다. 이것은 특히 현대사의 연구에 큰 기여를 했다.

기억으로 만드는 역사

기억으로서의 역사를 강조하면 역사의 객관성이 너무 무시되는 것으로 보일 수 있다. 그러나 사실은 기록으로서의 역사도 객관적인 역사를 보장하는 것은 아니다. 인간은 자신의 주관성에서 완전히 벗어나 과거를 객관적으로 볼 수 있는 능력을 가지고 있지 않다. 과거 자체가 투명한 창이 아니며 인간의 눈 또한 투명하지 않다. 불투명한 과거를 불투명한 눈으로 보는 셈이다. 그렇다고 아무것도 보이지 않을 만큼 불투명하거나 캄캄한 것은 아니다. 우리는 양극단의 가운데, 즉 모든 것을 아는 것과 모든 것을 모르는 것 사이에 있다. 이런 사실을 받아들이고 상대적인 의미의 객관성과 주관성, 다시 말하면 객관적인 주관성과 주관적인 객관성을 추구할 뿐이다.

객관성과 주관성에 모두 열려 있는 자세가 중요하다. 극단적인 객관성을 1로—답이 오로지 하나인—표기하고, 극단적인 주관성을 무한대(∞)로 나타낸다면 우리는 1과 ∞ 사이에 있다. 2도 1에 비하면 주관적이다. 물론 100에 비하면 상대적으로 객관적이다. 그렇다면 1과 ∞의 사이에서 우리는 어느 정도를 추구하는 것일까? 2~10, 또는 2~100 정도일까? 구체적인 숫자보다는 우리의 객관성이 상대적일뿐이라는 한계를 인정하고 주관적일 수밖에 없지만 가능한 한 더 객관적이고자 하는 자세, 그러면서도 주관성이 가지고 있는 다양한 가능성의 의미를 존중하는 자세를 갖추는 게 중요할 것이다.

그런 의미에서 기록으로서의 역사와 기억으로서의 역사는 서로 대립되지 않는다. 상보적이라고 해야 옳다. 그리고 바로 이러한 의미에서 역사는 '만들어지'는 것이라고도 할 수 있다. 이는 역사를 마음대로 뜯어고치고 조작한다는 뜻이 아니다. 앞으로의 역사를 만들어나간다는 의미를 넘어 과거 역사도 만들어간다는 점을 강조하는 것이다. 과거를 현재 어떻게 기억하느냐에 따라 과거의 모습은 달라진다. 과거 자체는 과거의 그 순간에, 과거의 사람들에 의해 이루어졌지만 오늘날 우리가 그것을 어떻게 이해하고 받아들이고 비판하고 의미 부여를 하느냐에 따라 과거는 새로운 모습으로 나타난다. 그리고 이 작업은 단한 번만 이루어지는 것이 아니다. 과거 역사는 매번 다시 그려지고 다시 써진다. 역사는 이렇게 만들어진다.

기억을 통해 역사가 만들어지는 과정을 살펴보자. 가장 흔한 예를 사건의 이름 짓기에서 볼 수 있다. 사건 당시에 이미 이름이 붙는가 하면 나중에야 붙는 경우도 있다. 어떤 사건은 이름이 여러 번 바뀌기도 한다. 어느 경우든 모두 그 사건에 대한 기억의 산물이다. 그리고 그 기억에는 '집단기억'과 '문화적 기억'으로서의 특징이 반영된다. 사건의 이름이 지어지는 과정에는 그 사회가 견지해온 입장들이 드러나며 그것은 또한 문화적인 장치들을 통해 사회적으로 공감되고 전수된다. 그리하여 사건의 이름 속에 한 사회의 특정한 정체성이 투영된다.

나라와 나라의 이해관계가 가장 첨예하게 대립되는 전쟁의 경우에 그 명칭에도 나라들 사이의 입장 차이가 고스란히 나타난다. 러일전쟁은 러시아와 일본이, 청일전쟁은 중국(청)과 일본이 싸운 전쟁이었다. 각각의 전쟁을 러시아는 '러일전쟁'으로 일본은 '일러전쟁'으로 부르며, 중국은 '중일갑오전쟁', 일본은 '일청전쟁'으로 부른다. 전쟁 당사자 모두 자국의 이름을 앞에 붙였다. 우리 입장에서는 두 경우 모두 외국들 간의 전쟁이지만 우리와 일본의 오래된 악연이 이 이름에 반영되어 러일전쟁과 청일전쟁으로 부르는 것이다.

서양사에서 고대와 중세를 가르는 시점을 일반적으로 서로마의 황제가 폐위되는 476년으로 본다. 서로마의 붕괴는 로마제국의 내부적인 문제와 외부의 충격에 의한 파괴가 겹쳐지며 장기간 진행된 사건이다. 여기서 외부 침입자는 게르만 부족들을 가리킨다. 중앙아시아에서 건너온 유목민족인 훈족의 압박을 받은 게르만 부족들이 로마제국의 영토에 밀려들어오면서 서로마는 혼란을 견디지 못하고 무너지며 여러 게르만 부족이 지역 왕국들을 형성한다. 이 과정을 우리나라에서는 '게르만족의 이동' '민족의 대이동'이라고 한다.

유럽에서는 나라에 따라 이 사건을 부르는 이름이 다르다. 독일은 '민족이동Völkerwanderung'이라고 하고 프랑스는 '야만족의 침입Invasions barbares'으로 부른다. 두 이름의 뜻은 크게 다르다. '민족' 과 '이동'은 가치중립적인 표현이지만, '야만족'과 '침입'은 부정 적인 의미가 들어 있다. 서로 다른 의미의 단어는 서로 다른 시 각을 반영한다. 누가 보는 시점일까? 바로 게르만족과 로마제 국, 각각의 관점이다. 게르만족의 처지에서는 훈족에게 밀려 로 마제국 안으로 '이동'한 사건이다. 반면에 로마제국의 경우에는 게르만족이라는 '야만족'들에게 '침입'을 당한 상황이다. 더 나 아가서 이 두 관점은 유럽을 둘로 나눈다. 로마제국에 포함되 었던 나라(이탈리아·프랑스·스페인·포르투갈)들은 나중에 그 땅 에 게르만 부족들이 왕국을 세운 경우에도 '야만족의 침입'이라 고 표기하고, 로마제국 밖에 있던 지역에 나중에 세워진 나라 (독일·네덜란드·스칸디나비아 국가들·폴란드·러시아 등)들에서는 '민족의 이동'이라고 부른다. 영어는 '이동기Migration Period'와 '야만 족의 침입The Barbarian Invasions'이라는 두 표현을 같이 쓰는데, 혹 영 국의 경우 브리튼 섬이 남부는 로마제국 안에, 북부는 그 밖에 있었기 때문일까?

현재의 프랑스와 독일은 국가적으로는 고대 로마보다 중세 의 프랑크 왕국에 기원을 두고 있다. 독일은 애초부터 로마제 국 밖에 있었지만 프랑스는 조금 더 복잡하다. 현재 프랑스인 이 살고 있는 곳은 켈트족(세부적으로는 골족)이 살던 지역을 로 마가 지배하여 갈리아라는 이름으로 부르다가 게르만족 이동 기에 성립한 프랑크 왕국이 차지한 땅이다. 프랑크 왕국은 지

2세기경 로마제국의 최대 판도(짙은 색). 유럽 내에서 게르만족의 이동을 바라보는 관점이 나뉘는 것은 로마제국의 지배 범위와 관련이 있다.

브리타니아(영국)

게르마니아(독일)

갈리아(프랑스)

금의 독일 지역 또한 지배했다. 이렇게 게르만 부족국가인 프랑크 왕국이라는 공동의 기반이 있음에도 프랑스와 독일의 정체성은 고대 및 로마제국과 관련하여 출발점이 다르며 서로 다른 방향으로 발전했다. 영국과 프랑스는 역사 및 문화의 기원이 고대 로마까지 올라가고, 독일은 중세에서 그친다. 정치적으로는 로마의 지배를 받았던 곳과 로마로부터 독립된 지역으로 나뉘지만 문화적으로는 문명과 야만으로 구분되어 영국과 프랑스는 독일에 대해 상대적으로 더 오랜 문명의 역사를 자랑했고 독일은 이에 대해 방어적인 관점을 발전시켰다. 장기적으로 서로 다른 기억의 역사가 써진 것이다.

서유럽적 시각의 고대사가 존재하지 않는다는 사실은 독일인의 기억에서 한편으로는 부담이 되었고, 다른 한편으로는 그에 대한 반발로 독일 역사의 기원을 더 먼 고대에서 찾으려는 시도도 나타났다. 여기서 한 사회가 자신의 특정한 정체성을 형성하기 위해 어떻게 기억을 만들어갔는지를 볼 수 있다. 모든 나라가 이러한 과정을 거친다고 할 수 있다. 때로는 이것이 기억의 싸움으로 비화될 수도 있다. 우리가 일본과 역사교과서 왜곡문제로, 중국과 동북공정 문제로 갈등을 겪는 것도 이러한 기억들의 싸움이다.

그러나 기억의 싸움이 꼭 다른 나라와 경쟁하는 형태로만 전개되는 것은 아니다. 한 나라와 사회 안에서도 시대에 따라 기억이 달라지고 그 변화가 역사적인 명칭에 반영된다. 우리의 역사에서 살펴본다면 아마도 1910년부터 1945년까지의 시기에 붙인 이름이 가장 중요한 예가 될 것이다. 일본에 의해 국권을 강탈당한 이후 해방되기까지 35년간의 이 시기는 '왜정' '왜정시대' '일제시대' '일제시기' '식민지시대' '식민지기' '일제식민지시대' '일제식민지시기' '일제강점기' 등 다양한 명칭으로 불려 왔다.

이 이름은 대체로 두 단어의 조합으로 구성된다. 앞에 내용을 의미하는 '왜정' '일제' '식민지' '강점' 등의 단어가 쓰이고 뒤에 기간을 나타내는 '시대' '시기' '-기' 등이 붙는다. 앞과 뒤의 두 단어 모두 중요한 의미를 갖고 있다. 내용을 나타내는 앞 단어들만 벌어진 일을 무엇으로 규정할 것인가 하는 본질적인 문제를 담고 있지 않다. 기간을 뜻하는 뒤의 단어들도 마찬가지로 중요하다.

대체로 앞의 단어는 '왜정'에서 '일제' 또는 '일제식민지'로, 그리고 '일제강점'으로 변화돼왔고, 뒤의 단어는 '시대'에서 '시기'

또는 '기'로 변화돼왔다. 같이 놓고 보면 '왜정시대'에서 '일제식민지시대'로, 그리고 '일제강점기'로 변했다고 할 수 있다. '왜倭'란 전통적으로 한국과 중국에서 일본을 낮잡아 가리키던 말로, 해방 직후 치욕의 35년을 치를 떨면서 기억하며 '왜정'이라는 단어로 이 시기를 불렀다. 상해임시정부도 기관지와 출판물에서 '왜'라는 단어를 주로 썼다. 1960년대 말 이후로 '일제식민지시대', 또는 줄여서 '일제시대'나 '식민지시대'가 보편적으로 사용되어왔다. '일제'는 '일본제국주의'의 줄임말인데 우리의 역사에서는 일본제국주의가 우리나라를 식민지배했다는 의미이지만 일본 역사의 관점에서는 메이지유신부터 태평양전쟁의 종전까지가 일본제국주의 시기를 가리키므로 문제가 될 수 있다는 지적이 나온다. 또한 '식민지'라는 단어는 당시 우리의 처지를 표현하고 있지만 일제 침략의 강제성이 드러나지 않을 수 있다는 문제가 있다. 식민지라는 용어 자체는 역사적으로 동의에 의한 보호(국)부터 침탈에 이르기까지 다양한 뜻을 가지고 있기 때문이다.

기간을 나타내는 단어들 가운데 어떤 것을 선택할 것인가도 중요한 문제가 된다. '시대'라는 용어는 아무데나 쓰일 수 있는 단어가 아니다. 삼국 '시대', 조선 '시대'와 같이 우리나라 역사의 통일성과 발전 논리를 내포하는 시대구분으로, 35년간의 일제 침탈 기간을 그와 같이 볼 수는 없다는 비판이 제기된다. 이 시기는 우리 민족의 역사에서 딱 한 번 정통성과 역사가 단절되었던 기간이다. 그러므로 '시대'가 아니라 '(시)기'라는 단어를 사용해야 한다는 주장이 나왔다. 이러한 문제의식에서 일본제국주의의 침략성과 '국망國亡'의 강제성을 표현할 수 있는 용어로 '일제강점기'라는 단어가 사용된다. 이 단어의 의미는 1991년에 한국정신문화연구원에서 출간된 『한국민족문화대백과사전』에서 "1910년 8월 국권피탈로 대한제국이 멸망당한 이후부터 8·15광복에 이르기까지 일제 강점하의 식민통치시기"로 정의된다. '일제강점기'라는 용어가 이때 만들어진 것은 아니다. 1970년대 초에도 문헌들에서 이미 언급되고 있다. 그러나 1990년대 이후로 점차 많이 쓰이기 시작하여 이제는 국사학계와 언론에서 가장 친숙한 용어로 자리 잡게 되었다.

역사적인 명칭 및 용어의 결정, 변경, 발전은 결국 기억의 역사를 반영한다. 기억과 용어는 새로 만들어지며 또 변화된다. 그에 따라 역사에 대한 이해·인식·해석 등이 영향을 받는다. 그러나 기억은 무조건 주관적이며, 자신이 원하는 대로 마음대로 만들어갈 수 있다고 생각한다면 아주 큰 착각이다. 우리의 주관성은 객관성과 균형을 이뤄야 하고 우리의 객관성은 주관성에 열려 있어야 한다. 여러 기억들이 개인들 사이에서, 한 사회 안에서, 그리고 나라들끼리의 관계 속에서 경쟁하고 갈등을 일으키고 다툴 것이다. 기억의 작업은 오용되거나 남용될 수도 있다. 특히 정치적으로 이용되고 조작될 수 있는 위험이 항상 존재한다. 그러나 또한 기억을 통해 과거의 잘못을 반성하고 애도하고 책임지고 미래를 향해서 극복할 수 있는 가능성도 얼마든지 있다. 어떠한 기억을 어떻게 역사로 만들어갈 것인가, 이 과제를 잘 감당하는 사회가 '역사적인' 사회다.

9장

역사를 '하는'
사회

우리는 분명 어마어마한 '기술 진 보'의 시대에 살고 있다. 과학과 기술은 모든 면에 침투해 합리 화와 개량을 이뤄내며, 새로운 발명과 혁신으로 일상의 삶과 사 회구조와 세계의 미래를 바꾸어간다. 물론 이와 함께 잊고, 잃 는 많은 것들이 있다. 더 이상 가동되지 않는 구식 물건이나 방 식을 폐기하듯이 중요하고 본질적인 가치마저 효율성의 기준으 로 손을 댄다.

다행히 이에 대한 비판과 자성의 소리도 끊임없이 울린다. 그 가운데 역사와 관련하여 진지하게 고민하며 들어야 할 충고가 있다. 산업사회의 인간들처럼 자신의 정체성에 무관심한 채 먹 고사는 데만 몰두하는 자들이 또 있겠느냐고 개탄하는 목소리 다. 참새도 자신의 정체성과 성체로서의 책임감을 갖추지 못한 어린 참새를 길에 풀어놓지 않는데, 인간은 그렇지 못하다는 것 이다. 현대인만큼 오랜 시간 동안 공들여 자식들을 교육하고 돌보며 독립을 준비시키기 위해 수고하는 존재가 없을 텐데 과 장이 아니냐는 반문이 있을지 모른다. 사실은 그게 문제다. 굉 장한 수고를 했지만 그것이 과연 인간으로서의 정체성을 제대 로 가르치는 노력이었는가 하는 점이다. 그 충고는 "역사상 어 떤 시대에 자신이 태어난 나라의 역사보다 스포츠에 대해 더 잘 아는 '교육받은' 사람들이 있으며, 자신의 가족사나 고향의 역사를 전혀 모르는 교육받지 못한 사람들을 발견할 수 있는가"
라고 묻는다. 여기서 현대인이 소홀히 하고 있다고 지적한 것이
'역사' 교육인 것에 주목하자. 가족사에서 향토사, 국사, 세계사
에 이르는 범위에 상관없이 부모가 해야 할 자녀교육의 으뜸이
'역사'여야 한다는 일갈이다. 이것이 참새도 하고 있는데 이 시
대 인간은 자녀에게 전수하지 못하는 '자신의 정체성과 성인으
로서의 책임감'의 핵심이라는 것이다.

나에게 컴퓨터는 필요 없다

이 말을 한 사람은 역사가가 아니다. 그는 글로 먹고사는 작
가다. 그런데 19세기도 아니고 현대에 사는 이 작가는 고지식하
게 컴퓨터를 사용하지 않고 손으로 쓰는 것을 고집한다. 바로
이 작가 웬델 베리Wendell Berry는 『나에게 컴퓨터는 필요 없다』라
는 책에서 이렇게 말한다.

컴퓨터는 인간으로부터는 받을 수 없는 종류의 도움을 준다고
한다. 글을 더 빨리, 더 쉽게, 더 많이 쓸 수 있게 도와준다는 것이
다. 그렇다면 나는 더 빨리, 더 쉽게, 더 많이 쓰기를 원하는가? 아
니다. 속도나 편리함, 분량은 나의 기준이 아니다. 나는 내가 펜으
로 글을 쓰면서도 너무 빨리, 너무 쉽게, 너무 길게 쓴다는 사실
을 이미 잘 알고 있다. 나는 더 훌륭한 글을 쓰고 싶다. 그리고 그

것을 위해서는 기계가 아닌, 사람의 도움이 필요하다.

이 작가는 굳이 손으로 글을 쓰는 이유를 이렇게 설명한다. 그 핵심에 '역사'가 있다는 사실이 중요하다.

손으로 글을 쓰거나 타자기를 사용할 경우에는 종이의 실재성으로 인한 교정 교열의 어려움 때문에 수정을 할 때마다 원고 전체를 새로 쓸 수 없다. 그러므로 손이나 타자기로 쓴 원고는 대개 어느 정도 고친 흔적이 남는다. 지운 자국, 줄을 그어 없앤 단락, 삽입된 줄 등. 그것은 나름대로 역사의 파편과 유적을 담고 있는데, 앞으로 나아갈 것과 다시 뒤로 돌아가야 할 것이 있다는 것을 보여준다. 그러나 컴퓨터 화면상의 원고는 산업사회적 현재라고밖에 지칭할 수 없는, 절대적인 현재의 전형적인 작품이다. 컴퓨터는 다른 형태의 기계화와 마찬가지로 역사의 연속성을 파괴한다.

그는 이 '역사'의 중요성을 작가의 글쓰기 작업에만 국한하지 않는다. 그것은 목공예품에도 도예가의 작품에도 적용된다. 농장과 마을과 도시도 이전의 흔적과 잔존물들을 따뜻하게 간직하고 그 이전에 있던 숲이나 초원이나 동네나 시장의 기억을 담아낼 수 있음을 강조한다. 그러나 인간의 모든 활동이 자동으로 역사로 기억되는 것은 아니다. 역사적 연속성을 공들여 살리려는 수고는 일상이나 도시계획, 국가의 정책에서는 쉽게 찾아

보기 어렵다. 통계적 결과로만 생산성을 입증하는 '산업사회적 현재'에 과거의 기억은 유용하지 않다. 물론 매출액을 높여준다면 복고주의든 구식이든 환영을 받을 것이다. 이렇게 과거의 가치도 경제적으로만 측정된다. 이것이 컴퓨터 화면이 보여주는 것과 같이 역사와 무관한 '절대적인 현재'의 모습이다.

이 작가는 이러한 시대의 흐름에 거슬러 '역사'를 주장한다. 그가 말하는 역사란 '고친 자국'을 남기는 작업이다. 고친 흔적이 남아 있을 때 지금 글이 어떤 생각의 경로를 거치며 쓰인 것인지를 알 수 있다. 그 과정을 짐작할 수 있을 때에만 '앞으로 나아갈 것과 다시 뒤로 돌아가야 할 것'의 방향을 알게 된다. 이것이 역사의 연속성이다. 그리고 그것은 남아 있는 '고친 흔적'에서 시작된다.

그러나 종이 위라고 무조건 자국이 남는 것은 아니다. 깊이 생각하고 고쳐가며 한 문장을 쓸 때에야 종이 위에 고친 자국이 남는다. 다른 데서도 마찬가지다. 생각에 공들이지 않고, 즉 몇 번을 고쳐가는 일 없이 사는 것이 더 쉽다. 별로 생각하지 않고 하는 일이 얼마나 많은가? 모든 사람이 삶을 기록할 종이를 받는 셈이지만 그 위에 계획과 실행과 결과의 평가에 이르기까지 또박또박 적어 남기는 사람은 아주 적다. 종이는 모두에게 주어졌어도 누구는 빈 종이만 남기고 누구는 교정 없는 단상만을 기록하고 누구는 고친 흔적으로 가득 찬 '사료'를 남긴다. 또 한 가지 중요한 것은 고친 흔적이 남은 종이가 잘 남아 있어야 한다는 사실이다. 사실 모든 사람이 생각과 기안을 고쳐가며, 삶의 모습과 내용을 바꿔가며 살아간다. 인간의 삶은 온통 고친 흔적투성이다. 그러나 그 자국이 다 남게 되는 건 아니다. 조금만 방심해도 고친 흔적은 이내 사라지고 만다. 더구나 현대사회는 변화의 속도가 너무 빠르고 지나간 것은 바로 가치가 없어진 것으로 단정을 짓고 폐기처분해버리기 일쑤다. 현대에 고친 흔적을 남기는 작업이란 시대에 역행하는 것으로 취급받는다. 과거를 신속히 잊고—지워버리고—다음 단계로 빨리 나아가는 사람이 미래지향적인 사람으로 환영을 받는다.

그러나 역사는 처음부터 끝까지, 작은 것에서 큰일까지, 전체적인 과정에서 이루어지는 숙고를 통해서야 한 점 한 점의 연속성으로 재현된다. 그리고 소수의 개성 있는 사람만이 아니라 보다 많은 사람이 사회적인 공동 작업을 할 때 더 많은 이야기가 역사로 살아남는다. 역사가 이야기로 살아 숨 쉬는 가정과 사회와 나라가 물질적인 편리함과 부유함의 홍수에서 상실되어가는 인간의 정체성을 지킬 수 있다.

『나에게 컴퓨터는 필요 없다』, 이 도발적인 제목의 책은 세대와 시대를 넘어 전수해야 할 인간 정체성의 핵심을 '역사'에서 찾는다. 저자는 사람의 손때를 컴퓨터의 편리함과 바꾸지 않고 시골에서 농사를 지으며 대안적인 삶을 살아가고 있다. 역사는 이러한 도전과 실험정신을 요구한다. 발전된 도구라 해도 역사를 잇게 해주는 고친 자국을 해친다면 그것이 주는 편리함을 거부할 수 있는 용기와 고집이 필요하다. 이러한 맥락에서 환경과 이웃의 공동체성을 위해서라면 '나에게 자가용은 필요 없다'고 말할 수도 있을 것이다. 손으로 쓴 편지의 가치를 위해서라면 '나에게 최신식 휴대전화기는 필요 없다'고도 할 수 있을 것이다. 역사는 용기 있게 공들이는 자에 의해 기록되고 기억되며 만들어진다.

남대문과 마틴스토어

웬델 베리는 문인으로서 역사를 '고친 흔적을 남기는 작업'이라고 정의했다. 이 개념을 확대해서 도시라는 역사 현장에 적용해보자. 도시는 수많은 사람들이 얽혀 살면서 개인의 활동이나 당국의 정책에 의해 끊임없이 고쳐지는 일이 벌어지는 거대한 현장이다. 고쳐진 것이 없다면 그 도시는 이미 폐허가 된 지 오래된 유적이 됐을 것이다. 살아있는 도시에는 계속해서 변화가 일어난다. 도시의 생명은 고치는 일의 지속에 달려 있다. 이제 이 도시의 역사에서 관건이 되는 것은 고친 흔적이 얼마나 제대로 남는가, 그리고 기억되는가 하는 문제다.

한국의 국보 1호는 남대문(숭례문)이다. 그런데 남대문의 원래 건축적 목적, 또는 기능은 무엇일까? 남대문은 무엇을 위해 지어진 것인가? '국보 1호'는 애초에 남대문을 지을 때의 목적이 아니다. 그것은 나중에 후대인들이 붙인 것이다. 남대문을 건축한 목적은 그 이름에 쓰인 대로 '문'으로 사용하기 위함이었다. 새로이 건국된 조선의 도읍지인 서울(한양)은 성벽을 세우고서 안과 밖을 연결하는 통로로서 4개의 '대문'을 만든다. 그 가운데 남쪽을 맡은 문이 남대문이다. 1900년에도 남대문은 대문으로 구실을 했다. 서대문(돈의문)과 남산으로 향하는 성벽 사이에 난 남대문을 통해 사람들은 장안을 드나들었다. 그러면 남대문은 언제까지 문으로 기능했을까?

2006년 3월 3일, 서울시 중구청은 남대문을 '99년 만에 개방'하는 큰 행사를 열고 시민들이 문을 드나들 수 있게 했다. 99년이란 1907년에 남대문의 서쪽 성벽이 일제에 의해 헐리고 새로 길을 낸 것에 근거를 둔 계산이었다. 그러나 이 연도 계산이 문제가 있다는 이의가 곧 제기되었다. 1907년 이후에도 사람들이 새로 난 옆길 외에 남대문을 통과해 계속 오갔기 때문이다. 1950년대의 사진에서도 그러한 장면을 찾아볼 수 있다. 1962년에 남대문이 국보 1호로 지정되면서 통행에 제한을 두었을 것이라는 추측만 나오고 이 논의는 더 진전되지 않았다. 분명히 어느 관공서의 문서 속에, 또는 주민들의 기록이나 사진자료 속에 그 단서가 있을 것이지만 정확한 연도와 일자는 더 밝혀지지 않았다. 아니, 더 밝히지 않았다고 해야 할 것이다. 그 정도로 기록을 들춰보고 역사의 궤적을 추적하는 일에까지는 나아갈 생각이 없었던 것이다. 이것은 '고친 흔적'을 남기는 우리의 모습이 어떠한지를 단적으로 보여주는 한 예다.

독일 남서부에 인구 23만 명 정도의 작은 도시가 있다. 11세
기에 세워져 1120년에 도시로 승격한 중세도시다. 이 도시의 이
름은 프라이부르크Freiburg, 우리말로 직역을 하면 '자유성自由城'이
다. 여기에도 두 개의 문이 남아 있다. 그런데 이 문들은 지금도
문의 구실을 하고 있다. 전차와 버스가 그 문을 통과하며 다니
고 사람들은 걸어서, 자전거로 왕래를 한다. 물론 서울보다 인
구가 1/50도 안 되는 작은 도시이니 도시계획이나 급격한 발전
으로부터 더 보존되기가 쉬운 점은 있을 것이다.

다른 중세 유럽의 도시들처럼 프라이부르크도 시내 한 가운
데에 높은 교회당이 있다. 1200년에서 1350년까지 지어진 높이
116m의 프라이부르크 대성당Münster이다. 스위스의 예술사가 부
르크하르트는 이 성당을 '세계에서 가장 아름다운 첨탑'의 교회

1944년 11월 27일 밤 이후의 프라이부르크 구시가지. 영국 공군의 공습에 7000명 가까운 사상자가 발생했고 대부분의 건물이 파괴되었다.

건축물로 극찬했다. 프라이부르크 대성당을 에워싼 구시가지 건물들은 모두 중세풍의 오래된 건축양식으로 사극의 장면을 연출하는 것 같다. 성당의 건축자재인 사암의 적갈색 돌들과 역시 적갈색 빛을 내는 전형적인 중세식 지붕들과 거리와 광장을 포장한 같은 색 계통의 천연자갈들이 자아내는 묘한 통일적인 분위기는 1000년 역사의 멋을 충분히 느끼게 해준다.

그러나 사실 이 도시에는 어마어마한 파국의 역사도 있었다. 1944년 11월 27일 밤에 일어난 사건이다. 제2차 세계대전의 막바지에 이르러 독일의 패색이 짙어져가고 있었다. 이 날 영국 공군의 폭격기 약 300대가 프라이부르크 상공에 날아왔고 오후 7시 58분부터 23분간 1만4000발의 폭탄을 투하했다. 이 작전명 '타이거피쉬Tigerfish' 공습으로 사망 2800여 명, 부상 4000여 명의 피해가 발생했다. 또한 역사적인 구시가지의 건물들이 거의 전파 또는 반파되었다. 도시 전체의 주택 30%가 피해를 입었다. 이는 이 도시가 생긴 지 800여 년을 지나는 동안 맞은 최대의 파국적 사건이었다.

이 도시의 가장 중요한 건축물인 프라이부르크 대성당은 묘하게도 그 엄청난 폭격에서 파괴를 당하지 않았다. 전쟁중이었고 이미 1년 전부터 10여 차례 공습을 받아오고 있었기 때문에 이 도시의 시민들은 어떻게든 대성당을 보호하기 위해 부심했었다. 허나 기껏해야 이들이 할 수 있는 일은 교회당의 붉은색 지붕이 공습의 직접적인 표적이 되지 않도록 지붕을 뜯어내 눈에 띄지 않게 하는 것뿐이었다. 물론 이 노력 덕분에 성당이 무사했다고 할 수 없다. 폭격을 당했을 때는 이미 캄캄한 밤이었고 영국 공군에게는 문화재를 보호하기 위해 폭탄을 비껴가도록 할 여유가 없었다. 제2차 세계대전 중에 독일의 거의 모든 도시들이 공습을 당했는데, 오래된 유적들도 많은 피해를 입었다. 최악의 경우로는 독일에서 가장 아름다운 문화도시 가운데 하나로 유명한 드레스덴이 1945년 2월에 연합군의 공습으로 완전히 파괴된 예를 들 수 있다. 이때 거의 모든 역사적, 예술적 건축물들이 사라졌다. 프라이부르크에도 마찬가지로 그런 공습이 가해졌지만 대성당은 기적적으로 살아남았다.

1945년 5월 8일 독일의 무조건 항복으로 두번째 세계대전은 종식되었다. 프랑스에 인접한 프라이부르크는 프랑스 점령군의 관할에 들어갔다. 전쟁중 농촌 지역이 파괴당하면서 식량 배급량은 하루 열량 600*Kcal* 이하까지 내려갔고 기아자가 속출했다. 1945년의 혹심한 겨울은 고통을 가중했다. 상권의 중심지인 구시가지가 파괴돼 도시의 경제는 마비됐다. 파괴된 건물과 시설들의 잔해를 철거하는 일만도 벅찼다. 신속한 복구만이 살 길이었다. 이때 이들은 어떤 결정을 내렸을까?

효율적으로 생각한다면 '더 빨리, 더 싸게, 더 쉽게' 지어야 했을 것이다. 복구와 재건의 속도는 빠르고 경비는 싸고 건축양식은 가능한 한 간단해야 했을 것이다. 기왕에 실용적이고 현대적인 도시로 거듭날 수도 있을 것이다. 그게 더 빠르고 다 저렴한 복구일 것이다. 패전국의 시민들에게 이와 다른 선택의 여지가 있을까? 어쩌면 이제 도시계획은 점령국의 사안일 수도 있었다. 이참에 독일의 전통은 사라져야 할지도 모른다. 독일로서는 경제적인 선택이요 전승국으로서는 독일을 과거와 단절시킬 기회일 것이다.

전후 복구는 오래 걸렸다. 구시가지의 파괴된 건물들은 1952년이 되어서야 복구를 마친다. '자유성' 시민들은 '더 빨리, 더 싸게, 더 쉽게' 가는 길을 택하지 않았다. 그들은 '더 천천히, 제값으로, 가능한 한 원래의 모습대로' 복원하기로 한다. 그것은 일사불란한 행정명령에 따른 것이 아니었다. 많은 토론과 논쟁과 계획안이 오고갔다. 최종적인 방향은 중세부터 간직해온 겉모습을 대체로 유지하겠지만 한 치의 오차도 없이 복사하는 건 아니었다. 전체적으로는 통일된 외관으로 조화될 것이지만 각

각의 건물은 주민들의 능력과 요망에 따라 지을 여지가 있다. 겉으로 볼 때는 중세풍의 도시 모습이지만 건물들의 자재와 내부 시설은 1950년대의 현대식 건축이다.

사실 이러한 개축은 오래전부터 유럽 도시들이 일반적으로 택해온 방식이었다. 예를 들어 1400년대에 지어진 집이 전쟁의 피해를 입지 않는다고 21세기까지 고스란히 유지되는 것은 아니다. 우선은 건물의 안전을 위해 개축되고 보강될 것이며, 또한 건축 자재와 방식의 발전이 개축 과정에 반영될 것이다. 건물이 지어졌을 당시에는 횃불이 밤의 조명을 밝히고 물을 우물에서 기어와야 했을 것이다. 물론 그러한 조명과 급수시설을 지금도 유지하는 건물은 없다. 장작에서 석탄으로, 이어 기름이나 가스로 연료가 바뀌고 전기가 설치되며 근대식 상수도 시설이 고안됨에 따라 건물의 구조와 내부도 조금씩 바뀐다. 유리창의

덧문은 장식으로만 남고 소음과 빛을 더 쉽고 잘 차단하는 시설이 설치된다. 온열과 냉방에 훨씬 효율적인 자재가 건물의 온도와 환기를 더 쾌적하게 한다. 건물의 외관은 여전히 중세풍인데 내부는 현대적인 공간이다.

그리하여 파괴된 옛 건물과 신축된 새 건물은 연속성을 띤다. 단지 겉모습만 이어진 것이 아니다. 전부 파괴된 건물은 어찌할 수 없지만 조금이라도 흔적이 남은 건축물의 경우 그 흔적을 가능한 한 이용한다. 특히 문화적인 양식을 간직하고 있는 부분들은 그대로 재활용한다. 반파된 건물은 다 해체했다가 다시 지어야 하는데 그때 남아 있는 아치형의 문설주, 고딕식의 창틀에 번호를 매겨 재조합시 활용한다. 남아 있지 않은 부분들은 새 재료로 복원한다. 이렇게 해서 옛 건물과 흡사한 모양의 새 건축이 완공된다. 그리고 그 건물이 처음 지어졌던 때의 연도—예를 들어 '1457년'—를 새 머릿돌에 새긴다. 이 건물은 1951년에 개축된 것이지만 1457년 완공의 역사를 가지고 있다.

결국 피폭과 패전의 고통이 '자유성'의 역사를 단절시키지 않았다. 그것이 역사의 연속성을 포기해도 될 빌미로 이용되지 않았다. 실용적·경제적 상황을 고려하면 그런 포기도 선택할 만했지만, 오히려 역사와 연속성을 선택했다. 중세에서 갑자기 현대로 건너뛰는 모험은 거부되었다. '자유성'의 시민들은 산업사회의 절대화된 현재로 변신하는 것을 승급이나 진보로 여기지 않았다. 그들은 '종이 위에서 고치는 작업'에 공을 들였다. 그리하여 고친 흔적이 남은 도시를 만들었다. 그렇게 그들은 도시의 역사를 썼다.

　이러한 역사 작업이 꼭 과거의 명예와 영광을 재현하는 식으로만 되는 것은 아니다. 실책과 수치와 책임져야 할 과오는 어떻게 해야 할까? 프라이부르크 시의 한 구역 이름은 '보봉Vauban'이다. 보봉은 프랑스 장군의 이름으로 그는 1679년부터 1687년에 이 도시를 점령했다. 1945년에 제2차 세계대전의 전승국으로서 이 도시를 점령한 프랑스군은 부대가 주둔한 지역의 이름을 이 장군의 이름에서 따서 붙였다. 그때부터 이 지역은 '보봉단지'로 불렀다. 1990년 10월 3일 동서독이 통일을 이루자 점령국들이 독일을 떠나면서 프랑스 주둔군도 이 도시에서 물러난다. 이제 '보봉'이라는 이름은 어떻게 해야 할까? 독일의 나치 과거사는 1990년의 통일로 다 일단락되었고 이제는 수치스런 과거와 무관한 새 출발을 해야 할 때가 아닌가? 그러면 불편했던 과거의 잔재로서 남아 있는 적장의 이름은 당연히 사라져야 하지 않을까? 그러나 이 이름은 그 이후에도 남았다. 프랑스군이 주둔했던 병영건물들은 대학생 기숙사로, 서민 연립주택으로, 유치원으로 사용되고 그 구역은 여전히 보봉이라는 이름으로 불린다. 물론 약간의 개조가 있었다. 40~50년 된 건물 밖으로 승강기가 가설되고 지붕에는 태양열 시설이 설치되었다. 근처에 새로 지어지는 주택들은 모양은 현대식이지만 원래 건물들의 3층 높이에 맞추었다. 이렇게 해서 도시의 역사를 고쳐나

갔지만, 그것이 역사를 왜곡하고 조작하고 말살하는 고침은 아니었다.

시대가 바뀌었다고 과거의 역사 현장을 다 허물어버리지 않고, 잘 보존하여 시민들이 현재와 과거를 공유할 수 있게끔 하는 것이 고친 흔적을 남기는 작업이다. 그것이 꼭 박물관을 만들고 유적지로 보호한다는 것을 의미하지는 않는다. 왕조 시대의 궁궐과 관아는 최고의 권위를 과시하던 장소여서 가장 잘 지어졌고 오랫동안 사용과 보존이 가능한 건축물이다. 시대가 바뀌면서 그 건물들은 이제 왕이나 옛 벼슬아치가 머무는 장소가 아니다. 그 건물들은 박물관이나 유적지로 바뀌어 일반 시민의 공공장소로 쓰인다. 어떤 변화가 일어났는가? 이전에는 사람들이 일하고 살던 집이요 관청이었는데 이제는 구경하는 장소로 바뀌었다. 그것은 더 이상 주택이나 관공서로 기능하지 않는다. 이제 거기서 역사는 사라졌다. 그곳에 있는 것은 바로 시간이 멈춰버린 박제된 과거일 뿐이다. 그것은 서울의 남대문이 대문의 기능을 상실하고 국보 1호로 바뀐 것과 마찬가지다.

앞에서 예로 든 프라이부르크의 남대문은 '마틴스토어Martinstor' (성자 마틴의 대문)다. 이 대문도 도시의 역사와 함께 중세부터 지금까지 많은 변화의 과정을 거쳤다. 여러 차례의 전란을 겪고 개축되면서 대문의 외관, 특히 망루의 높이가 달라졌다. 이 망루는 한때는 감옥으로 쓰이기도 했으며 현재는 민간인의 주택 공간으로 이용되고 있다. 마틴스토어는 800년 이상 도시의 대

문으로 기능하고 있을 뿐 아니라 지금도 시민이 직접 살고 있
는 일상 공간이다. 그것은 접근할 수 없도록 울타리 치고 제한
하여 사적史蹟으로 보호만 되거나 일정한 개방시간을 정해서 특
정 시간에만 '구경'할 수 있는 유적지가 아니다.

프라이부르크 시의 중세 건물은 현대와 단절된 과거의 구경
공간이 아니라 계속 활용되고 있는 현재의 생활공간이다. 이렇
게 과거와 현재가 연결되며 연속성을 갖는다. 역사는 박제된 고
정물이 아니라, 이미 끝난 과거라 할지라도 기억이 이어지며 계
속 새로이 조명되고, 변화에 열려 있는 기묘한 무대다. 역사는
이 무대 위에서 늘 새롭게 써가는 이야기요, 새로운 연출진에
의해 만들어가는 연극이다.

오늘날 프라이부르크의 구시가지 풍경은 1944년 11월의 공
습에 대부분 파괴되었다가 1950년대 초반까지의 재건기간 동

안에 복구된 건물들이 이루고 있는 것이다. 엄밀히 말하면 도시의 현재 경관은 800년이 아니라 그 1/10에도 못 미치는 70년 정도의 역사만 가지고 있다고 해야 할 것이다. 그러나 건물의 역사가 지어진 상태 그대로 있는 기간만으로 정해진다고 할 수는 없다. 어떤 건축물이 전쟁이나 도시계획에 의해 완전히 사라지고 그 뒤 전혀 새로운 단지가 조성되었다면 그 건물의 역사는 신축부터 소멸까지의 기간으로 한정될 것이다. 그리고 그것은 이제 과거의 뒤안길로 사라져버린 역사가 될 것이다. 그러나 그 건물이 개축되거나 증축되었어도 양식이나 전체적인 외관이 이어져 있다면, 심지어는 부분적으로만 남아 있다면 역사는 이어진다고 할 수 있다. 그것은 고친 흔적으로 남아 있게 된다. 고치지 않은 부분만이 순수 역사가 되고 변경된 부분은 가짜 역사라는 식으로 구분할 수는 없다. 오히려 끊임없이 변화하는 인간의 속성상 변화가 전제되지 않은 역사가 오히려 더 이상한 것이다. 고침과 변화를 통해 역사는 계속 이어진다. 만일 '자유성' 시민들이 1945년 이후에 다른 선택을 했다면 적어도 외관과 풍경에서는 800년의 도시사가 단절되었을 것이다. 그러나 그들은 연속성을 택했다. 그들은 '역사'를 선택했다.

웬델 베리가 한 말은 단지 문학적인 상징으로서가 아니라 실제 역사 속에서 실현할 수 있다는 데 중요한 의미가 있다. 이 작업은 국가나 사회 이전에 개인이, 남이 아니라 내가 우선 시작할 수 있는 일이다.

'고친 흔적'을 남긴 사람들

앞에서 남대문과 대비되는 마틴스토어, 서울과 대비되는 프라이부르크를 예로 들어 우리나라의 모습이 너무 초라해 보였는지 모르겠다. 꼭 그렇지는 않다. 우리에게도 세계적인 기록유산이 있고 자랑스럽게 되새길 모범들이 있다.

기록으로서, 그리하여 역사로서『조선왕조실록』은 가장 앞에 언급될 만큼 중요하고 대단한 작업이다. 이 세계적인 기록유산은 세계의 어느 것보다 오랫동안(25대 472년간. 조선왕조는 27대 519년간이지만 고종과 순종의 기록은 일제의 간섭이 있었기 때문에 제외된다) 기록된 한 왕조의 역사적 기록으로서, 역사기술의 진실성과 신빙성 및 내용의 풍부함과 다양함에서 비할 데 없이 뛰어나다.『조선왕조실록』은 조선이 구축한 객관적이고 비범한 역사기록 체계의 결과물이었다. 그것은 분명 왕실과 관리들이 제도적·정책적 차원에서 쏟은 노력에 힘입은 것이었지만 또한 여기에 소수의 보통 사람들이 해낸 결정적인 역할이 있었다.

실록의 편찬은 철저히 중앙정부가 관할하는 작업이었다. 춘추관˙의 실록청이 전체를 총괄했다. 전왕의 재위 때 사관들이 작성한 사초史草를 기본으로 하여『승정원일기』,『의정부등록』,『비변사등록』,『일성록』등이 참조되어 초초初草, 중초中草, 정초正草를 거쳐 실록으로 확정된다. 실록은 사고史庫에 보관되는데 만일의 경우를 대비해 네 부를 만들어 서울의 춘추관, 충주, 전주,

• 춘추관
조선 시대에 때마다 벌어지는 정치의 일을 기록하고 역사의 편찬을 맡아보던 기관. 춘추관의 사관들은 항상 임금의 곁을 지키며 국가의 모든 회의에 참석해 사실을 기록했고 온갖 기밀문서를 입수해 사초(史草)를 작성했다.

9장
역사를 '하는' 사회

성주의 사고(4대 사고)에 각 1부씩 보관했다. 그런데 바로 그 '만일의 사태'가 임진왜란 때 벌어진다. 1592년 4월 27일부터 5월 2일 사이에 왜적의 수중에 떨어진 성주, 충주, 춘추관 사고가 차례로 불타버린 것이다. 전주 사고 하나만 남은 셈이다. 그리고 이 마지막 남은 그 실록을 지킨 것은 국가의 군사력이나 춘추관의 조처가 아니었다.

전주 사고는 태조의 어진御眞(임금의 초상화)이 봉안된 경기전慶基殿 내에 위치해 있었다. 왜군의 침입으로 마지막 실록마저 소실될 위기에 처했을 때에 나선 인물은 경기전의 참봉參奉 오희길이었다. 경기전에 배속된 관원은 영令(종5품)과 참봉(종9품) 각 1명이었는데, 총 18품계(정1품~종9품)로 구분되는 조선의 관직에서 그 최하위가 바로 참봉이다. 지금으로 치면 종5품은 4급, 종9품은 9급 공무원에 해당된다. 당시에 전주 사고에 보관된 문헌은 13대 명종의 실록까지 805권 614책이었다. 오희길은 태인(정읍)의 명망 있는 선비 손홍록에게 찾아가 의논을 했고, 안의 등이 힘을 보태 실록을 내장산의 용굴암에 숨겨놓는다. 이 실록은 왜군을 피해 정읍으로, 아산으로, 해주로, 강화도로, 영변으로 계속 옮겨져야 했고, 마지막으로 묘향산에서 종전을 맞은 뒤에야 안전해질 수 있었다. 그 후에 실록은 재간행되어 조선왕조의 전체 역사로 거듭난다.

『조선왕조실록』이라는 세계적인 기록유산의 완성과 보존은 이렇게 보통사람들의 노력 없이는 불가능했다. 역사에 대한 책임감을 춘추관 사관들만 가지고 있던 것이 아니었다. 여기에 더욱 중요한 사실이 있다. 바로 오희길과 함께 이 일을 주도했던 안의와 손홍록이 그 와중에 이에 대한 기록을 남겼다는 사실이다. 두 선비는 임진년(1592년)과 계사년(1593년)에 걸친 370일 동안의 매일의 행적을 일기형식으로 적었다.(『임계기사』) 그리고 그만큼 또 중요한 것은 이 문헌이 보존되었다는 사실이다. 이 책은 안의의 후손이 선대로부터 물려받아 보관해오다가 정읍시립박물관이 건립된다는 소식을 듣고, 연고가 있는 정읍에서 더욱 안전하게 보존되기를 바라는 뜻으로 2011년 6월 정읍시에 기탁하면서 알려지게 되었다. 역사는 기록하는 이와 보존하는 이들의 합작으로 살아남는다.

한 가지 예를 더 들어 보자. 조선 순조-헌종 대에 살았던 한 선비 이야기다. 그의 이름은 송만재, 가난한 문인이었다. 1843년에 그의 큰아들 송지정이 과거에 급제를 한다. 당시에는 과거에 급제하면 친구와 친척들을 초대하고 동네사람들에게 한턱을 내는 문희연聞喜宴을 베푸는 것이 관례였다. 그러나 송만재는 가난해서 아들을 위한 잔치를 열어줄 형편이 되지 못했다. 그리하여 그는 잔치를 열지 못하는 서운함을 달래며, 당시 문희연에서 주로 행해졌던 여러 연희들을 자세히 묘사한 「관우희 오십수觀優戱五十首」를 짓는 것으로 그 마음을 대신한다. "나라의 풍속에 등과登科하면 반드시 창우倡優(광대)를 불러 한바탕 놀이들을 마련하는데, 집이 가난하여 이를 하지 못하고 대신하여 그런 광대놀음을 시로 쓴다"라고 그는 시집의 창작 동기를 밝힌다.

그런데 오늘날 이 시집은 판소리를 비롯한 우리나라의 전통 공연 예술들에 대한 중요한 사실들을 말해주고 있다. 당시 문희연에서의 광대놀음은 주로 판소리, 줄타기, 땅재주로 이뤄졌다. 무엇보다 중요한 것은 이 시집에서 판소리 열두 마당을 제대로 확인할 수 있다는 사실이다. 현재 우리가 부르는 판소리는 다섯 마당이다. 「관우희」는 전해지지 않고 사라져버린 작품들이 있음을 알려준다. 선비 송만재가 가난하지 않았다면, 또는 빈곤한 중에도 무리하여 전국에서 광대들을 불러다가 문희연을 베풀었다면, 아들 송지정은 기가 살고 친지와 동네사람들은 즐겁게 놀았을 것이다. 그러나 그는 결과적으로 더 중요한 일을 했다. 그는 아주 중요한 시대사이자 문화사를, 민중들의 역사를 쓴 셈이다. 그는 '고친 흔적'을 남기는 데 공들인 사람임에 틀림없다. 그의 수고 덕분에 우리는 과거와 단절된 그 많은 틈 가운데 하나를 이어볼 수 있다.

역사를 '하는' 사회

웬델 베리의 쓴소리로 시작하여 남대문과 마틴스토어의 대비를 거쳐 조선 시대 무명의 선비들의 이야기에 이르렀다. 그리하여 이 장에서 결론으로—이 책의 결론이기도 하다—말하려는 것은 역사를 '하는' 사회다.

역사를 '하는' 사회라는 말이 이상하게 들릴 것이다. 역사를 '한다'라는 말은 문법적으로 익숙한 구문이 아니다. '역사'라는 단어를 목적어로 할 경우 이와 조합할 수 있는 단어(동사)들이 무엇이 있을까? 역사를 '알다' '모르다' '찾다' '묻다' '기억하다' '잊다' '읽다' '쓰다' '남기다' '보존하다' '고치다' '공부하다' '조사하다' '연구하다' '만들다' '왜곡하다'… 이런 여러 동사가 가능하다. 역사를 '하다'라는 것은 이 모든 동사를 하나로 포괄하는 개념이다. 역사를 목적어로 하여 적용할 수 있는 단어가 많아서 '하다'라는 동사로 대표 단어를 삼았다. 물론 여기서는 '모르다' '잊다' '왜곡하다' 같은 단어는 들어가지 않는다.

역사를 아는, 찾는, 묻는, 기억하는, 읽는, 쓰는(기록하는), 남기는, 보존하는, 고치는, 공부하는, 조사하는, 연구하는, 만드는(창조하는) 사회, 바로 이 모든 것을 하는 사회가 역사를 '하는' 사회다. 경제력, 정치적 합의능력, 사회적 통합력, 과학기술 수준, 국방력 등으로 선진국과 개발도상국, 후진국을 구분한다면 역사를 기준으로도 이러한 비교가 가능할까? 아마 시간의 길이를 기준으로 한 분류가 먼저 떠오를 것이다. 그러면 오래전에 세워졌거나 긴 시간 동안 존재했던 국가가 역사적으로 더 앞선 나라가 되고, 훨씬 늦게 생긴 국가는 한참 뒤진 나라가 되는가? 아니다. 앞에 나열한 단어들을 하는 사회, 즉 역사를 '하는' 사회가 역사적으로 선진사회다. 그것은 시간의 길이에 비례하는 것은 아니다. 아무리 오랜 시간 동안 많은 사람이 살아왔던 나라라고 해도 역사를 '하는' 일에 소홀할 수도 있고 반대로 시간적으로 얼마 되지 않은 나라가 역사를 '하는' 일을 더 열심히 해왔을 수도 있다.

그러면 구체적으로 역사를 '하는' 일이 무엇인지 생각해보자. 앞에 예로 나열한 동사들은 어느 정도 단계가 구분된다. '알다' '기억하다'보다는 '쓰다(기록하다)'가 더 적극적인 단계이고 그보다는 '연구하다' '창조하다'가 더 고난도의 단계일 것이다. 물론 '쓰다'라는 단어는 두 의미로 나뉜다. 수첩에 일정을 적는 것, 편지를 보내는 것도 쓰는 것이며, 역사논문이나 저술을 집필하는 것도 쓰는 것이다. 여기서는 전자의 의미로 하겠다.

혹시 중요도가 고난이도에 비례하는 것으로 생각할지 모르겠다. 그러나 꼭 그렇지는 않다. 그 반대일 수도 있다. 누구나 기본적으로 할 수 있는 것이, 너무 어려워서 전문가만 할 수 있는 것보다 더 중요할 수 있다. 중요도와 난이도가 꼭 정비례하는 것은 아니다. 역사를 '하는' 것은 대체로 세 단계로 구분할 수 있을 것이다. 첫째 단계는 '알다' '찾다' '묻다' '기억하다' '읽다', 둘째 단계는 '쓰다(기록하다)' '남기다' '보존하다' '고치다', 셋째 단계는 '공부하다' '조사하다' '연구하다', '만들다(창조하다)'로 나눌 수 있다. 단계 구분이 명확하지 않은 것도 있고 어떤 것은 중첩되기도 할 것이다. 대체로 구분하여 첫 단계는 가장 기본적이지만 소극적인 수준이고, 둘째 단계는 의식을 가지고 해야 하는 과제들이다. 셋째 단계는 역사를 전공으로 하는 자들의 몫이다. 난이도로 말하면 마지막 단계가 가장 어렵지만 중요도로는 다른 이야기가 가능하다.

이미 눈치를 챘을 것이다. 이 책은 둘째 단계의 내용들에 가장 큰 가치를 둔다. 첫째 단계는 기본이다. 이것은 누구나 해야 한다. 가장 기본적이므로 그 다음 단계로 나아가야 한다. 역사를 '하는' 사회가 되려면 둘째 단계까지 나아가야 한다. 가능하면 많은 사람이 이 일을 해야 한다. 이 장에서 말한 '고친 흔적을 남기는 작업'이 바로 이 단계다. 그것은 컴퓨터 화면의 절대화된 무시간적 현재로 살기를 거부하고 자기 삶의 많은 것을 기록으로 남겨서 과거와 현재 사이의 변화를 주시하며 연속성을 꾀하는 삶이다. 이 가운데 무엇보다 중요한 것은 기록하는 (쓰는) 일이다. 내가 먼저 일차사료의 기록자 역할을 하면서 그것에 기초하여 역사를 쓸 수 있으며, 최소한 다음에 누군가가 역사를 쓸 때 자료를 제공할 수 있다.

우선은 많은 이들이 거의 모든 일에 기록하는 자가 되기를 바란다. 누구나 하는 휴대전화의 문자 교환 정도를 넘어서 더 나은 기록자가 되어야 한다. 일기를 쓰고 편지를 보내며 중요한 일을 글로 정리하는 것이다. 이 자체가 이미 역사다. 지금은 기계적인 문서작업이 굉장히 쉬워서 기록한 모든 것을 저장하여 남길 수 있다. 꼼꼼한 기록자들은 손으로 편지를 쓸 때도 필사(나중에는 복사)를 해서 자신이 쓴 편지의 사본을 남겼다. 내가 받은 문서, 내가 기록한 문서, 그리고 다른 사람에게 제출한 문서의 사본을 다 남기면 이미 충실한 역사가의 대열에 들어갔다고 할 수 있다. 오늘날 많은 사람들이 가장 많이 나누는 기록 매체가 무엇일까? 전에는 편지였고, 컴퓨터와 인터넷이 들어온 뒤로는 전자우편이었다. 지금은 이것도 구식이 되었고 스마트폰을 통한 메시지 전달이 가장 흔한 방식이다. 어쩌면 편지봉투에 들어가는 문서나 전자우편의 글보다 훨씬 개인적이고 일상적인 스마트폰의 메시지가 나의 삶을 증언하는 자료로서 가장 가치가 있을 것이다. 그런데 그것을 저장하고 남기는가? 그렇게 해야 한다.

약 200년쯤 뒤에 역사가들이 21세기 전반기에 살았던 젊은이들—바로 이 책의 독자 여러분—의 일상사에 대해 역사를 쓴다면 그들이 무엇을 참고하여, 즉 무엇을 사료로 삼아 역사를 쓸 수 있을까? 아니면 여러분은 그들이 무엇을 참고하기를 바라는가? 학교 교과서? 신문에 난 젊은이에 관련된 특집 기사들? 대학신문이나 교내문집? 조금 더 개인적으로는 수업 중 필기 여백의 낙서? 편지나 일기? 무엇이 오늘날의 일상생활을 역사로 쓸 수 있는 사료가 될까? 가장 중요한 한 가지가 빠졌다. 그렇다. 바로 문자 메시지와 SNS다! 그것을 보지 않고서는 지금 젊은이들의 어휘와 사고방식과 관심과 일과를 제대로 포착할 수가 없다.

그러면 그것을 200년 뒤의 역사가들이 어떻게 수집할 수 있을까? 바로 여러분이 남겨야 한다. 그래야 후대의 역사가들이 현재에 대해 역사를 잘 쓸 수 있다. 이것이 우리가 후대의 역사가들을 위해 해줄 수 있는 최소한의 것이다. 이런 기록을 오래전부터 중시해온 사회가 이미 있다. 그들은 반만년의 역사를 자랑하는 우리나라보다 더 짧은 역사의 시간을 보냈지만, 우리보다 더 긴 역사를 쓸 수 있는 자들이다. 그 차이는 바로 기록에 달려 있다. 그러므로 지금 당장 누구나 할 수 있는 역사적 작업은 휴대전화의 문자 메시지들을 정기적으로 저장하는 일이다! 나를 거쳐가는 수많은 기록 자료들을 정기적으로 수집하고 분류해서 관리하는 작업이다.

사회를 만드는 것은 그 사회에서 사는 사람들이다. '역사를 하는 사회'는 결국 '역사를 하는 사람'에 의해 만들어진다. '역사를 하는 사람'이 얼마나 있는지에 따라 '역사를 하는 사회'가 결정된다. 물론 개인들이 잘 한다고 저절로 사회가 잘하게 되는건 아니다. 개인을 넘어선 사회체계라는 것이 있고 구조라는 차원도 있다. 개인이 모인 사회는 개인의 총합보다 크며, 정치적으로 정책적으로 전개되어야 하는 일이 있다. 무엇보다 사회구조적으로 기록관리 체계가 구축될 필요가 있다. 그러나 역사의 기록이라는 게 나와 거리가 먼 듯 보여도 개인이 할 수 있는 일이 있다. 우선은 그것부터 해야 한다.

그리고 둘째 단계의 '고친 흔적을 남기는 작업'을 넘어서 할수 있는 일에도 도전해보자. 가장 쉽게는 가족사를 기록해볼수 있다. 사진을 잘 정리하여 남기는 것이 둘째 단계의 작업이라면 그것에 설명을 다는 것은 셋째 단계의 도전이다. 나의 가족사를 나중에 어떤 역사가가 정리해줄지 아닐지는 모를 일이다. 그렇다면 내가 하는 것이 낫지 않겠는가? 1년에 한 장의 사진을 고를 수 있다. 버리는 게 너무 많아 아쉽다면 한 달에 한 장의 사진을 모으면 더 좋다. 그리고 그 사진에 대해 설명을 쓴다. 한 장면의 사진은 그 안에 많은 역사를 가지고 있다. 등장인물들, 시간, 장소, 거기에 모여서 사진을 찍은 이유와 배경, 그 뒤의 결과… 이 모든 것이 한 장의 사진이 말할 수 있는 역사다. 한 달에 한 장의 사진을 골라 한 쪽의 설명을 쓴다면 일 년이면 열두 쪽의 역사를 쓰는 것이며 나이 들면 한 권의 자서전을 쓴 셈이다. 그것은 결코 하찮은 소품이 아니다. 한 사람의, 한 가족의 역사다. 그것을 쓴 사람은 안 쓴 사람에 비해 굉장한 일을 한 것이다. 대단한 삶을 사는 것이다!

오늘날 학교 수업에서 역사는 썩 선호되는 과목이 아니다. 가장 큰 불만은 외울 것이 많다는 것이다. 아니다. 그것은 잘못된 교육 방식이다. 역사는 암기과목이 아니다. 역사는 흐름을 이해하는 과목이다. 그리고 무엇보다 내가 직접 실천할 수 있는 실용과목이다. 그 많은 인물, 연도, 사건, 시험에 나오는 원인과 결과들 그런 것을 외우는 게 역사공부가 아니다. 내 삶을, 우리 사회의 현실을 나의 생각으로 기록하고 정리하는 것이 역사공부다. 우리 삶에서 '고친 흔적을 남기는 일'이 역사를 '하는' 것이다.

10장

역사의 지평

역사는 세 요소로 구성된다. 바로 시간, 공간, 인간이 그것이다. 역사를 '과거에 벌어진 일'이라고 할 때 '과거'에는 시간의 범위뿐 아니라 당연히 공간도 포함된다. 왜냐하면 우리는 역사를 인간과 관련해서만 보며, 인간은 시간과 공간 속에 존재하기 때문이다. 자연과학에서는 시간과 공간을 분리하는 것이 가능하겠지만 역사에서는 그렇지 않다. 역사에서는 시간과 공간이 분리될 수 없다. 그리고 그 안에서 인간이 행한 일, 인간에게 일어난 일이 역사다.

물론 인간을 넘어서는 역사 이해가 시도되고 있다. 환경사와 지구사 또는 '거대사'(빅히스토리)라고 불리는 최근의 연구 분야들은 시야를 인간의 존재 훨씬 이전까지, 심지어는 지구를 넘어 우주의 시작까지 확대하므로 인간과 관련되지 않은 엄청나게 긴 시간도 다룬다. 그러나 그 긴 시간에 대한 고찰은 사실 인간의 역사를 보다 넓고 깊게 이해하기 위한 기초 작업이라고 할 수 있다. 인간의 역사를 인간에게만 국한시키지 않고 주위 환경, 지구, 우주라는 거대한 배경에서 고찰하며 이해하려는 것이다. 이러한 연구들을 통해 역사 인식의 지평이 시공간적으로 굉장히 확대되었다. 그러나 그것이 이제 '역사'가 인간과 무관하게 되었음을 의미하는 것은 결코 아니다. 인간과 관련되지 않으면 '역사'가 아니다.

역사란 인간이 어떻게 살아왔는가를 말하는 것이므로 세 요인 가운데 인간이 가장 중요하다. 그러나 인간이라는 요인은 흔히 문文·사史·철哲로 표현되는 인문학의 분야들 어디에서나 똑같이 핵심적인 위치에 있으므로 역사만의 특징이라고 할 수는 없다. 역사에서 인간이 가장 중요한 요인이기는 하지만 그것이 다른 학문 분야와 역사를 구분하는 특징은 아닌 것이다. 그러면 자연과학과 사회과학은 물론이고 인문학의 다른 분야와도 구별되는 역사의 특성은 무엇일까? 그것은 바로 '시간'이라는 요소라고 할 수 있다. 다른 분야에서도 시간이 한 구성 요인인 것은 분명하다. 그러나 역사만큼 중요하지는 않다. 역사에서 시간·공간·인간의 세 요인 가운데 인간이 가장 중요하기는 하지만 역사를 구별하는 독특성은 시간에 있다. 역사는 시간의 영역이요, 시간의 학문이다.

기원과 연속성

역사 하면 사람들이 가장 먼저 떠올리는 것이 시간이다. 그냥 인간이 아니라 중세 시대 인간, 5세기의 인간, 50년 전의 인간이다. 특정 시간에 속한 인간을 논하는 것이 역사다. 역사에서는 시간이 가장 중요한 변수가 되고 전제가 된다. 그리고 역사에서 시간을 말할 때 사람들이 가장 중시하는 것은 현재로부터 재는 시간의 위치다. 즉 얼마나 오래된 일인지 따지는 것이다. 결국 시간이 가지고 있는 최대의 권위는 가장 오래된 일, 가장 먼저 일어난 일, 곧 기원이다. 기원은 거의 신화로까지 이어지기도 한다. 50년 전보다 중세가 더 오래전이고 그보다 5세기가 더 오래전이다. 5세기 전에는 다른 일이 없었다면 그때가 곧 기원이요 다른 곳보다 앞선 위치로 인정을 받는다. 역사에서 치르는 일차적인 경쟁은 기원의 다툼이다. 서로 기원임을 주장하고 싶어 하고 그러기 위해서는 가장 오래전이었다는 것을 입증해야 한다. 그러므로 시간대를 정확히 판명하는 것, 즉 언제 그것이 일어났는가, 그것이 다른 곳에서보다 더 오래전에 일어났는가 아닌가를 밝히는 것이 역사 연구의 핵심이다.

그리하여 '역사' 앞에 누구나 붙이고 싶어 하는 단어는 '오랜'이라는 수식어다. '오랜'은 자신들의 역사를 자랑할 때 쓰는 가장 흔한 표현 가운데 하나다. '오래전', 보다 분명하게는 '더 오래전' 그리고 최상급의 '가장 오래전'은 조상(결국 자신)의 우수성을 과시하는 훌륭한 표현이 된다. 세상에서 우리가 그것을 가장 먼저 해냈다, 하는 자랑이다. 세상에서 가장 오래전에 이룬 일들을 많이 내세울수록 그 지역과 그 나라의 역사는 빛난다. 우리가 '반만년'의 역사를 자랑하는 것도 그런 이유이며, 터키 관광청은 '1만 년 시간의 박물관' 터키로 여행을 오라고 선전한다.

그러나 역사에서 '오래된' 시간, 또는 기원보다 더 중요한 것이 있다. 1492년은 세계사에서 아주 익숙한 해다. 이 해에 콜럼버스가 대서양을 횡단하여 아메리카(그는 중국이라고 생각했다)에 발을 디뎠다. 콜럼버스는 1497년의 아메리고 베스푸치보다 5년 일찍 대서양을 횡단했고 마젤란보다는 30년 앞섰다. 그 시대의 유럽인 가운데 콜럼버스가 아메리카에 가장 먼저 도착한 것은 틀림없는 사실이다. 그리하여 1492년은 일반적으로 아메리카가 '발견'된 해로 알려졌다. 그러나 사실 1492년이 구세계(유라시아 대륙˙)와 신세계(아메리카 대륙)가 처음으로 만난 해는 아니다.

『1421 중국, 세계를 발견하다』라는 책은 지금까지의 역사 상식인 '1492 콜럼버스, 세계(아메리카)를 발견하다'를 도발적으로 반박했다. 영국 해군의 퇴역 장교인 저자는 명나라의 해군 제독 정화鄭和(1371~1433)˙˙의 대함대가 당시에 전세계 바다를 누비며 아메리카뿐 아니라 오스트레일리아, 남극과 북극까지 항해했다고 주장한다. 이것이 사실이라면 아메리카는 콜럼버스보다 71년 전에 중국이 '발견'한 게 된다. 그렇다 하더라도 이것이 최초의 '발견'일까? 그보다 더 '오랜' 항해 사실이 있다면 1421년도 최초의 '발견'이 아니다. 유럽에서도 콜럼버스보다 빨리 대서양 항해를 다녀온 이들이 있었다. 1350년경 이베리아 반도의 바스크족이 아메리카에 다녀왔다는 이야기는 대항해 시대 이후 탐험가들이 캐나다 북동부 뉴펀들랜드에서 발견한 여러 증거들을 통해 믿을 만한 사실로 드러났다. 이보다 더 '오래전'의 항해도 있었다. 이미 9~10세기에 스칸디나비아의 바이킹족은 아이

• 유라시아
유럽과 아시아 양 대륙을 하나로 묶어 부르는 이름으로 전세계 육지의 약 40%를 차지한다. 대항해 시대 이래 지리상 맞닿은 아프리카까지 포함해 아프로·유라시아를 구대륙으로, 아메리카 및 오스트레일리아라를 신대륙으로 구분하기도 한다.

•• 정화
본명은 마삼보. 명나라의 장군·제독이다. 영락제의 명으로 28년간 7차례의 해외원정을 감행하며 아프리카까지 이르는 인도양의 해상패권을 수립했다. 그의 항해 범위가 세계 전역에 이른다는 주장도 제기되고 있다.

슬란드, 그린란드를 거쳐 북아메리카에 이르는 대구잡이 항로를 개척했다.

그렇다면 콜럼버스가 도달하기 전에 아메리카는 이미 '오래 전'에 다른 사람들에 의해 '발견'된 것이다. 그 기원은 1421년의 정화로, 1350년경의 바스크족으로, 9~10세기의 바이킹족으로 거슬러 올라간다. 어떤 기준을 선택하든 1492년은 결코 아메리카 '발견'의 해가 아니며, 그 '기원'의 해가 되지 않는다. 그러나 여기에서 중요한 질문을 던질 필요가 있다. '1421년에 정화가 아메리카에 갔다. 그래서?' '1350년경에 바스크족이 뉴펀들랜드에 다녀왔다. 그래서?' '9~10세기에 바이킹족이 북아메리카 연해에 대구 어장을 개척했다. 그래서?' 콜럼버스 이전의 세 시기에 '그래서'라는 질문을 던져보았다. '그래서'란 정확히 무슨 뜻일까? '그래서 그 이후로 무슨 일이 있었는가?'라는 물음이다. 다시 말해 '그래서 그것이 오늘날 무슨 의미가 있는가?'라고 묻는 것이다.

9~10세기, 1350년경, 1421년의 항해는 그것으로 끝났다. 이 항해들 이후에 다른 사건이나 시도나 관계가 이어지지는 않았다. 즉 다음 단계의 역사적인 맥락으로 연결되지 않았다. 이에 반해 1492년은 그것으로 끝나지 않았다. 콜럼버스는 1504년까지 네 차례나 대서양을 성공적으로 횡단했다. 그리고 그것은 그의 개인적 모험으로 끝나지 않았다. 1492년 이후로 유럽의 탐험가들이(나중에는 정복자들이) 대서양 항해의 대열에 뛰어들었

다. 그 이후로 대서양은 유럽의 바다가 되었고 아메리카는 유럽의 땅이 되었다. 이 물결은 1492년 이후로 시작되었고 지금까지 계속되고 있다. 1492년의 의미는 무엇인가? 이 해는 결코 '기원'의 의미는 갖지 못한다. 기원의 영예는 오늘날까지 발견된 기록으로 볼 때 9~10세기의 바이킹족에게로 돌아갈 것이다. 그러나 1492년은 이들이 갖지 못한 의미를 담고 있다. 바로 '연속성'이다. 바이킹족과 바스크족과 중국의 정화는 아메리카와 세계의 역사에 연속성의 의미를 남기지 못했다. 1492년 이후에야 역사적으로 연속적인 맥락이 시작되었고 그것은 지금까지 이어지고 있다.

역사에서 '오랜' 시간과 '기원'은 중요하다. 그러나 그것이 그 뒤에 이어지는 맥락을 남기지 못했다면 더 중요한 의미까지는 갖지 못한다. 역사에서 '오랜' 시간과 '기원'보다 더 중요한 것은 바로 '연속성'이다. 늦게 시작되었어도 계속해서 후속 사건이 이어지고 관계가 만들어져 지금까지 이어진 것이 연속성이다. 한마디로 연속성이란 오늘날의 역사와 관계를 갖는 데까지 나아간 것이다. 역사적 맥락이 처음부터 끝까지 동일 집단이나 나라나 민족에 의해 계속 이어져야만 연속성의 의미가 생기는 것은 아니다. 사실은 다른 주체들이 경쟁을 펼치며 그 연결 작업과 발전을 전개해나가는 것이 더 흔하다. 연속성의 유무는 인류의 역사 전체를 보고 판단하는 것이다.

우리나라는 인쇄술에서 세계에서 가장 앞선 발전을 이뤘다.

현존하는 최고(最古)의
금속활자 인쇄물 『직지심
체요절』.

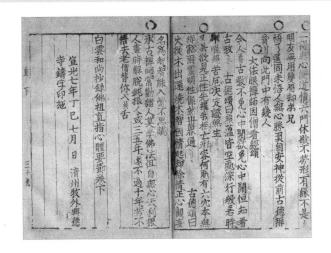

가장 '오랜' 역사를 가지고 있는 것이다. 그 발전 단계에서 금속
활자는 가장 획기적인 발명이었다. 고려는 가장 진보적인 인쇄
기술의 나라였다. 문헌상으로는 1234년에 『상정고금예문』이 금
속활자로 인쇄되었다는 기록이 있고 1377년의 『직지심체요절』
은 현존하는 가장 오래된 인쇄물이다.

　서양에서 최초로 발간된 구텐베르크Johannes Gutenberg(1400~1468)
의 금속활자본은 고려시대의 이 두 책보다 약 80년과 200년 정
도 늦다. 그러나 구텐베르크는 인쇄술의 발전만이 아니라 출판
문화의 발전에 지대한 공을 세웠다. 그가 프랑크푸르트 근처의
마인츠에서 금속활자를 발명하고 난 직후 지역 상인들에 의해
최초의 도서전이 열린다. 15세기에 인쇄업자들이 직접 소비자에
게 책을 판매하면서 서적 유통업이 번성하게 되었고, 책을 팔고
사려는 사람들이 유럽 각지로부터 프랑크푸르트로 모여 들었

다. 현재까지 500년이 넘도록 매년 개최되고 있는 프랑크푸르트 도서전은 참여하는 출판사의 수와 방문객의 수에서 세계 최대의 도서전이다. 프랑크푸르트는 구텐베르크의 공헌으로 인해 세계적인 출판문화의 도시로 발전한 셈이다. 금속활자의 '기원'은 그보다 훨씬 앞선 고려에 있지만 그 이후의 발전과 연속성에서는 구텐베르크와 프랑크푸르트가 더 중요한 역할을 했다고 할 수 있다.

금속활자의 발명이 역사에서 갖는 의미가 얼마나 클까? 1997년에 새로운 천년을 맞으며 미국의 시사주간지 『라이프Life』는 각 분야의 전문가 수백 명에게 의뢰하여 지난 1000년간의 100대 사건을 선정해서 발표했다. 인류에 미친 영향력에 따라 이 목록에 순위가 매겨졌는데 그 가운데 1위가 바로 금속활자의 발명(1455년 구텐베르크의 성경 인쇄)이다. 그해 베를린에서 열린

서방7개국정상회담G7에서 미국의 부통령 고어Al Gore가 이를 인용하기도 했다. 그는 "금속활자는 한국이 세계 최초로 발명하고 사용했지만, 인류 문화사에 영향력을 미친 것은 독일의 금속활자다"라고 말했다. '기원'과 '연속성'을 구분한 것이다. 역사에서 '세계 최초의 발명'보다 더 중요한 것은 '인류 문화사에 미친 영향력'이다.

현재 세계에 남아 있는 가장 오래된 금속활자본은 우리나라에서 인쇄된 『직지심체요절』이다. 이 책은 고려시대 때 지금의 충북 청주시에 있던 흥덕사에서 발간되었다. 당시에 50~100부 정도 찍어냈을 것으로 추측되지만 그 가운데 하권 한 책만 남아 프랑스의 국립도서관에 소장되어 있다. 2001년에 유네스코 세계기록유산으로 등재된 이 책은, 특히 금속활자가 역사에서 미친 영향을 생각할 때에 우리나라의 영예이며, 당연히 이 책이 출판된 지역의 자랑이다. 청주시는 흥덕사를 복원하고 고인쇄박물관 등을 건립하며 '직지의 도시'로서 문화적 자존감을 함양하려 애쓰고 있다. 이러한 노력으로 혹시 민가의 고서더미에 묵혀 있을지 모를 『직지심체요절』이 발견된다면 그것은 우리의 문화유산을 우리가 맡아 관리하는 대단하고도 마땅한 일이 될 것이다.

그러나 청주시의 이러한 노력은 사실 금속활자 발명이라는 '기원'의 기념과 자랑에 초점을 둔 것이다. 그 자체도 의미 있는 것이기는 하지만 세계적인 문화유산의 도시임을 과시하고자 한다면 '기원'을 넘어선 '연속성'을 위한 노력이 더 있(었)어야 한다. 앞에서 인쇄술의 기원과 연속성을 구분했듯이 '직지의 도시'로서 '기원'의 기념보다 더 중요한 것은 바로 오늘날 이 도시가 우리나라와 세계에서 출판문화도시로서의 역할을 얼마나 하고 있느냐는 점일 것이다. 구텐베르크와 프랑크푸르트 도시가 연결되듯이 '직지의 도시'로 자부하려면 우리나라에서라도 오늘날 출판문화의 중심적인 역할을 해야 한다는 문제의식이다. 현재 우리나라 출판문화 중심지는 경기도 파주시다. 1988년부터 출판인들이 책을 기획하고 생산·유통하는 도시를 기획하고 오랫동안 노력한 끝에 파주에 오늘날의 출판도시가 형성되었다. 출판인들과 정부의 해당부서와 청주시가 역사적인 연속성에 안목이 있었다면 '직지의 도시'는 『직지심체요절』이라는 '기원'을 넘어서 출판문화도시로서 기능할 수도 있었을 것이다.

역사는 골동품 수집이 아니다. 과거의 '오랜' 유산을 자랑하는 것에만 연연하고 있다면 그것은 역사를 충분히 활용하지 못하는 것이다. 역사의 시간적 차원은 과거에 국한되어 있지 않다. 과거가 현재와 연계될 때에만 역사적인 시간으로서 의미를 얻는다. 박물관과 유적지만 자랑하는 것은 박제된 과거로 구경꾼을 끌어 모으는 정도로만 그치기 쉽다. 그 과거의 물질적·정신적 유산이 현재까지 어떻게 이어지고 고쳐지고 발전되었는지 연속성을 이어가도록 의식하고 노력해야 역사를 '하는' 사회가 만들어진다.

역사에서 시간이라는 요인은 얼마나 오래전에 벌어졌는가를 따지는 '기원' 신화의 경쟁도구가 아니다. 어차피 무엇을 가장 오래전에, 가장 먼저 행했다는 '기원'은 각각의 사안들에서 하나의 승자만 만들 뿐이다. '기원' 경쟁은 결국 일등만을 뽑고, 거의 모두를 패자로 만들어 역사에서 배제하는 비역사적인 작업이다.

역사에서 시간의 길이는 '오랜' 시간을 말하는 것은 아니다. 그것은 지속성, 연속성을 뜻한다. 역사가 단절되지 않고 계속 이어지는가의 문제다. 그 지속성이 얼마나 길게, 그리고 무엇보다 현재까지 이어지고 있느냐에 의미가 있는 것이다. 연속성의 반대는 단절이다. 그것은 고치는 작업을 중단해 더 고쳐지지 않는 상태다. 계속 고치는 한, 고친 흔적을 남기는 한 그 역사는 연속성을 갖는다. 세계에서 중심적인 역할을 해야만 역사로서 연속성의 의미를 갖는 것은 아니다. 연속성은 어디서든 이어질 수 있다. 내가 세계 제일이 되어서 모두가 나를 따르도록 하는 것, 그것을 승리요 성공이라고 할 수 있겠지만 역사로서는 문제가 있다. 일등이 되고 표준과 기준이 될 때 다른 나라로 하여금 그들 자신의 역사와 단절케 하는 억압을 행사할 수 있기 때문이다. 연속성이란 일등, 이등을 가리는 경쟁에 있지 않으며 역사의 의미를 찾는 과정에 존재한다. 그럼으로써 자랑하려는 것이 아니라 역사의 지평을 확대하고 전망을 새롭게 하는 것이다.

역사의 상상력

경제와 정치에서 일어난 혁신, 즉 산업혁명과 프랑스혁명으로 서양의 19세기는 시작되었다. 이 세기 내내 유럽은 여기저기서 혁명을 경험한다. 19세기는 '혁명의 세기'라고 불릴 만했다. 이 들끓는 세기를 연 1789년의 혁명은 프랑스에서 시작되었고 바로 주변 국가들에게 영향을 미치기 시작했다. 처음에 이 영향은 군주들이 위협을 느끼고 아래로부터의 저항이 자기나라로 확장되는 것을 막기 위해 프랑스로 진격하는 식으로 나타났다. 그러다 이내 각 나라의 시민들이 주체가 되어 전제적인 왕권에 도전하는 운동을 시작하게 됐다. 혁명의 저지에서 혁명의 확산으로 반전된 것이다. 1830년 7월에 이어 1848년 2월에도 프랑스에서는 혁명이 일어났다. 7월혁명에서는 왕권을 약간 제한했지만 2월혁명은 군주제를 아예 폐기하고 공화제로 바꾸는 두번째 실험에 성공했다. 그리고 1848년은 유럽혁명의 해가 되었다. 파리의 2월혁명이 독일·오스트리아·폴란드·체코·헝가리에서 3월혁명으로 번진 것이다.

1848년은 19세기의 한가운데에 이 세기의 전반부를 점검하고 나머지 반의 방향을 제시할 때였다. 파리에서 망명중이던 카를 마르크스Karl Marx(1818~1883)와 프리드리히 엥겔스Friedrich Engels(1820~1895)는 이 해 2월 21일에 『공산당선언』을 출판한다. 1789년 대혁명을 부르주아지가 봉건 특권층을 타도한 1단계 혁

명으로 해석한 마르크스는 이제 프롤레타리아트가 부르주아지
를 전복하는 2단계 혁명으로 나아갈 때가 되었다고 생각했다.
그는 이 책에서 곧 일어날 노동자들의 혁명에 대한 강력한 기대
와 호소를 전했다. 바로 그 다음날 같은 도시에서 2월혁명이 벌
어졌지만 이 책과 혁명 사이에는 아직 아무 관계가 없었다. 2월
혁명은 『공산당선언』의 영향을 받지 않았고 마르크스가 예견
한 2단계 혁명도 아니었다. 그러나 이 책의 영향력은 서서히 증
대되어 산업혁명과 프랑스혁명이 바꾼 사회질서가 다시 바뀌는
데까지 나아갔다. 19세기 중반 이후의 역사가 이 책의 주장을
입증하는지 반증하는지 합의된 결론을 내리기에는 서로 이견이
너무 크다. 그러나 시대(정正)를 변혁시키려던 마르크스의 이념
(반反)이 관철되지는 않았지만 시대의 흐름을 수정(합合)했다는
점에서, 또는 반대로 혁명적 운동(정)이 저지되는 가운데(반) 서

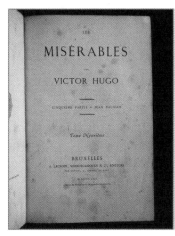
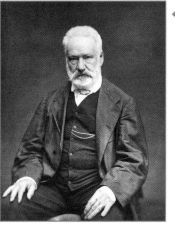

모두가 혁명의 백가쟁명에 빠져 있을 때, 위고는 겉으로 드러나는 정치·사회 문제 저변의 인간성에 천착함으로써 인도주의라는 답을 내놓았다.

유럽도 공산주의도 변화(합)되었다는 점에서 그의 사고틀이었던 변증법이 역사에서 어떻게 구현되었는지는 말할 수 있을 것이다.

　『레미제라블』의 작가 빅토르 위고Victor Hugo(1802~1885)도 1848년을 경험했다. 이 해의 2월혁명은 거대한 혁명이었다. 18년 전의 작은 혁명이었던 7월혁명과, 그 2년 뒤 1832년에 일어났다가 실패한 6월봉기를 만회한 사건이었다. 위고는 1862년에 『레미제라블』을 쓸 때 그가 실제로 경험했던 두 혁명, 특히 그 가운데 큰 혁명이었던 2월혁명을 다루지 않았다. 위고가 중점을 둔 사건은 1832년의 6월봉기다. 6월봉기는 역사책에서 건너뛰는 대목이다. 실패한 봉기는 역사가들의 관심을 사로잡지 못했다. 그러나 문학가는 역사가들이 공백으로 둔 부분을 메우는 작업을 했다. 『레미제라블』은 19세기 혁명의 시대를 설명하는 거대

● 정반합
대립 또는 모순으로 사물의 운동을 설명하는 변증법을 세 단계로 도식화한 것이다. 정(正, 긍정)이 그것과 반대되는 반(反, 부정)과의 갈등을 통해 정과 반을 넘어서는 합(合, 부정의 부정)으로 발전한다. 마르크스는 봉건 특권층(정), 부르주아지(반), 프롤레타리아트(합)의 관계에 적용했다.

담론이 놓친 작은 사건을 집중 조명한다. 민중들의 비참한 삶에 대한 관심과 사회개혁의 의지가 이 책에서 혁명가들의 이념보다 더 강하게 표출되었다. 그러나 위고가 쓰고자 한 것은 사회와 정치 문제의 근저에 있는 인간의 죄와 구원, 그리고 그에 대한 실천적 해법이 무엇인가 하는 점이었다. 혁명과 봉기의 소용돌이 속에서 프랑스의 19세기는 제정에서 왕정으로, 공화정으로, 다시 제정으로, 그리고 공화정으로 진퇴를 거듭하며 나아가고 있었다. 위고는 정치적으로 공화주의를 역력히 옹호하고 있지만 그는 예리한 역사적 통찰력으로 혁명의 문제를 해부한다. 결국 그가 파헤친 것은 인간성의 폐부였고 그 안에서 찾고자 한 것은 인도주의였다고 할 것이다.

　마르크스와 위고는 거의 동시대를 살면서 다른 방식으로 같은 작업을 했다. 시대를 통찰하고 문제점을 파악하며 대안을 제시하는 일이었다. 전문 분야가 무엇이냐에 관계없이 이들은 공통적으로 역사에 대한 분석을 한 것이다. 그 둘의 작업은 바로 시간을 다루는 일, 즉 과거와 현재와 미래에 대한 작업이었다. 그리고 역사의 궤적을 더듬는 일이 결국 다다르는 것은 미래에 대한 전망이다. 마르크스는 공산주의 혁명으로 위고는 인도주의적 실천으로 미래를 그렸다. 그들의 미래상은 과거와 현재를 고민한, 치열한 작업이 내놓은 결론이다. 앞에서 말한 카식의 대화가 바로 이런 것이다. 현재 사회의 문제의식을 가지고 과거를 보며, 둘 사이의 합리적인 전후관계를 찾으면서 서서히 다가올 미래의 목표를 그려내고, 그것으로 다시 과거와 현재 사이의 관계를 조명하는 것. 역사를 보는 작업에서 미래의 전망은 그 목표이면서 그 도구와 기준이기도 하다. 즉 미래를 생각하지 않는 역사란 목표도 도구도 기준도 없는 것이다.

과거와 현재만이 아니라 미래까지 연계될 때에야 역사의 연속성이 성립된다. 역사의 연속성은 현재와 얼마나 관련되어 있는가에 있다고 했다. 그리고 현재가 서서히 다가오는 미래의 목표를 품고 있다는 점에서 현재는 미래와 연결되며 과거와 현재의 연속성이 미래로도 연결된다. 즉 과거와 현재와 미래의 연속성이야말로 역사의 연속성이다. 과거와 분리된 현재가 없듯이 역사 이해에서는 현재와 분리된 과거가 없으며, 더 나아가서 과거와 현재는 미래와 분리되지 않아야 한다. 과거와 현재 사이의 작업이 미래의 전망으로 연결될 때 연속성으로서 시간의 '길이'가 더욱 보장된다.

객관성과 주관성 개념의 상대화, '기억'에 대한 새로운 조명, 아래에서 위로 보는 시각의 변화, 역사적 대상의 엄청난 확대 등 이전보다 훨씬 폭이 넓어진 오늘날의 역사 이해에 비추어 말한다면 미래의 전망이란 '상상력'과 통한다. '상상'은 '기억'과 마찬가지로 개인적이며 주관적인 것이어서 19세기의 관점으로는 근대적 학문 세계에는 적합하지 않아 보였다. 그러나 이미 살펴본 바와 같이 오늘날 그러한 경계구분은 더 이상 통용되지 않는다. 오늘날 '상상'은 근거 없이 마음대로 지어낼 수 있는 꿈과 같은 이야기가 아니라 과거·현재·미래의 깊은 통찰에서 나오는 사고 체계를 가리킨다. 요즘 흔히 들을 수 있는 '인문학적 상상력'이나 '역사적 상상력'이라는 말이 바로 그것이다. '인문학적 상상'이란 시대의 현상과 흐름에 묶인 기능적이며 부분적인—특히 오직 경제적이기만 한—인식을 넘어 모든 면을 포괄해 인간을 이해하려는 종합적인 사고를 말한다. '역사적 상상'이란 시간을 과거, 현재, 미래로 연계하여 장기적으로 고려하는 것이다.

8장에서 '기억'과 관련하여 〈프랑스의 역사교육〉을 소개했다. 그 동영상에서 매우 인상적인 것은 프랑스에서 역사교육이 중시되는 데 '인문학적 종합'이 기반으로 작용하고 있다는 사실이다. 프랑스 사회는 역사를 통해 인간을 종합적으로 이해하는 것을 교육의 중요한 목표와 내용으로 한다. 그것을 위해 다른 교과목을 맡은 교사들의 공동 작업(트라보 크루아제travaux croisés: 과목간 교류수업)이 강조된다. 중고등학교에서 국어(프랑스어) 교사가 역사 교사와 만나 학생들의 학습내용이 서로 연결되도록 미리 협의를 한다. 국어 따로 역사 따로 가르치는 것이 아니다. 중학교 2학년생의 수업에서 이번 주에 '안네 프랑크의 일기'를 국어 시간에 공부한다면 역사 수업에서는 제2차 세계대전을 주제로 다루도록 조정한다. 이것뿐이 아니다. 여기에 한 교사가 더 참여한다. 그는 '자료 교사'다. 이 교사는 각 과목의 연계를 연구하고 조언하는 역할을 한다. 자료교사는 제2차 세계대전의 실상과 나치정권에 대한 저항을 보여주는 전시회 정보를 제공하고 추천한다. 그가 하는 역할은 과목들을 연계해서 학습을 지도하는 데 교사들이 참고할 수 있는 정보와 자료들을 연구해서 제시해주는 일이다. 그는 우리가 일반적으로 알고 있는 교실에서 학생들을 가르치는 교사와 달리 교실 밖에서 교사들을 돕는 교사다. 그렇게 해서 인문학적 종합의 교육이 보강될 뿐 아니라 인문학 전공자가 일할 수 있는 새로운 교사직이 마련된다. 과목들을 연계할 뿐 아니라 그러한 일자리를 고안해낼 수 있는 지혜, 교실 밖에서 일하는 교사를 채용할 수 있는 과감한 시도가 바로 '인문학적 상상력'이다.

1990년에 소련의 공산주의가 붕괴할 때 미국의 국제정치학계는 큰 자괴감에 빠졌다. 냉전 시대에 그렇게 많은 돈을 들여 소련을 연구하고 미국의 우위를 위해 노력해왔는데 정작 국제정치학계에서 소련의 붕괴 조짐을 미리 감지하지 못했다는 것이다. 그에 대한 반성으로 제기되었던 의견 가운데에 사회과학으로서 (국제)정치학이 너무 비非인문학적으로 발전했다는 지적이 있었다. 자연과학적 객관성을 추구하는 방편으로 통계학적 조사와 예측으로만 치달았다는 비판이다. 인간의 연구에서 가장 중요한 '시간'이 간과되었다는 점이 부각되었다. 그것은 곧 인간사회에 대한 역사적 고찰로 연구 방향을 트는 것을 요구했다. 몇 가지 틀로 객관화된 사회과학적 유형화가 아니라 역사적 다양성과 주관성을 인식하는 종합적인 인식이 정치와 국제

정치를 더 잘 이해할 수 있게 한다는 인식이다. 그 뒤로 국제정치학자들의 연구와 저술에서 역사가 중시되고 있다. 요즘은 다른 학문 분야에서도 시간을 종합적으로 고려하는 '역사적 상상력'을 중시한다.

'상상력'이란 꼭 아무도 생각하지 않은 기발한 착상을 말하는 것은 아니다. '역사적 상상력'에서 가장 중요한 것은 그 구체적 내용보다 미래를 생각하는가에 있다. 현재를 최종적인 모습으로 생각하고 과거와 현재 사이의 인과관계만 추적한다면 여기에 미래는 들어 있지 않다. 그렇다고 해서 미래를 생각한다는 것이 책이나 글에서 꼭 미래에 대한 전망을 제시해야 한다는 것을 의미하지는 않는다. 역사적 분석이나 대화의 결론이 무조건 미래에 대한 예측으로 끝날 이유는 없다. 오히려 미래의 목표는 암묵적으로 전제된다. 미래를 보는 눈이 전체적인 시각에 배어 있는 것이 중요하다. 미래에 대한 생각은 곧 역사를 보는 관점으로 작용한다.

'상상력'은 새로운 것의 시도나 창의적인 실험과 직결된다. 미래에 대한 생각을 관점으로 이해한다면 '상상력'은 곧 새로운 관점으로 나타난다. 분명 훌륭하게 다듬어진 다른 사람의 관점을 본보기로 배우기 위해서는 모방이나 적용이 필요하다. 또 토론을 통해 어느 관점이 가지고 있는 모순이 드러나면 자기 관점을 포기할 수도 있고 더 나은 관점에 동의할 수도 있다. 그러나 자신의 관점을 키우는 노력은 매우 중요하다. 같은 관점으로 보이는 생각들도 깊게 살펴보면 세부적으로 다를 수 있다. 크고 작은 모든 차원에서 기존의 관점들을 충분히 조사하고 비교하면서 나만의 생각을 정리하는 작업이 필요하다.

새롭고 창의적인 관점으로서의 '상상력'을 키우기 위해서는 그런 시도를 가장 활발하게 했던 사람들의 작업을 들여다보는 게 도움이 된다. 기존의 권위에 도전하고, 지금까지 생각지 못했던 새로운 것들을 과감히 시도했던 포스트모던 역사학자들이 누구보다 풍부한 선례를 제공할 것이다. 역사의 이해 및 연구 대상의 확대에서 이들이 그런 역할을 할 수 있었던 것은 '상상력' 덕분이다. 포스트모던 역사가들은 모든 권위를 해체함으로써 근대적 학문성의 권위 아래 제한되었던 상상의 범위를 최대한으로 넓혔다. 물론 그들이 이론적으로 주장한, 저자의 의도에 관계없이 독자가 마음껏 의미를 주입할 수 있다는 무한대의 주관성이 역사학이라는 학문에서 전적으로 관철될 수는 없었지만 말이다.

포스트모던 역사가들은 사료를 읽는 방식에서부터 달랐다. 그들은 사료가 들려주는 것을 그대로 옮기는 것을 거부하고 독자로서 현재 역사가가 자신의 주관으로 읽고 해석하는 것을 강조했다. 얼마든지 새로운 관점이 가능했고 새로운 해석이 시도되었다. 이를 위해서 사료를 '두텁게' '다르게' '작은 것으로부터' '깨트려' 읽는 것이 중요했다. 이것은 다르게 말하면 '상상'의 방법이라고도 할 수 있다.

'두텁게 읽기'란 뻔한 것으로 보이는 한 가지의 특징, 관점, 의미에 머무르지 않고 더 깊이 파고드는 독법을 의미한다. 겉으로만 보이는 대로 어떤 사건은 단순히 정치적 사건으로, 어떤 것은 계급투쟁으로, 또 어떤 것은 실패한 혁명으로 단정하지 않고 그 사건에 담겨 있을 더 많은 의미들을 파헤치는 것이다. 과거의 사실이란 한 겹의 껍질로 된 사과나 바나나가 아니라 여러 층위로 에워싸인 양파와도 같다. 단순해 보이는 사건에도 다양한 의미의 층위가 켜켜이 쌓여 있다. 그 의미의 층위들을 하나씩 벗겨가며 읽는 것이 '두텁게 읽기'다. 어떤 사건의 배경으로 작용하였을 것이 무엇인지 다방면으로, 보다 깊이 생각하는 것이다.

'다르게 읽기'란 글자 그대로는 다른 관점에서 읽는 것이지만 각도를 약간 달리하는 정도가 아니라 정반대의 관점에서 파악하려는 시도를 말한다. 각도로 표시하면 1°만 달라도 다른 각도요 45°나 90°면 아주 다른 각도이겠지만 여기서 말하고자 하는 것은 180° 다르게 보는 것이다. 역사는 전통적으로 승자의 관점에서, 위에서 아래로 보는 것이 지배적이었다. 그것을 패자의 관점에서, 아래에서 위로 보는 것이 '다르게' 보는 관점이다. 예를 들어 한 농민이 법정에 끌려왔다면 그에 관한 기록은 그가 쓴 것이 아니라 재판정이 기록한 것이다. 그때 그 기록은 농민 자신의 진술 그대로가 아니라 사회적 상층에 있는 재판관의 관점과 언어에 의해 걸러진, 즉 굴절된 기록이다. 이것을 농민의 관점에서 읽으려면 당시의 사회적 제도와 편견과 상하의 차이를 고려해야만 할 것이다.

'작은 것을 통해서 읽기'는 5장에서 말했던 '미시사'와 관련된다. 지금까지 역사를 지배해왔던 '큰 사람들'에서 벗어나 주변부로 내몰리고 소외되었던 '작은 사람들'의 눈으로 역사를 보는 것이다. 그러기 위해서는 망원경이 아니라 현미경으로 역사를 들여다보아야 한다. 고급문화에 가려진, 거시적이고 비인격적인 설명의 틀 속에서 잊혔던 인간 개개인의 실제적인 삶을 구체적으로, 그들의 작은 관계망(가족, 동료, 마을) 속에서 이해하려는 것이다. 이렇게 보면 역사의 무대는 궁전이나 국회의사당이나 대규모 파업현장만이 아니라 가정이나 선술집이나 경범죄와 같은 일상의 현장으로 확대된다. 어떤 글의 기록자나 주인공이 아니라 오히려 거기서 간단히 언급되는 들러리들의 시각에서 그 사건의 진실에 더 가까이 접근할 수 있다.

'깨트리기' 또는 '깨트려 읽기'는 앞에서 말한 세 가지 방식의 읽기를 한마디로 표현한 것이다. '두텁게 읽기' '다르게 읽기' '작은 것을 통해서 읽기'가 곧 '깨트리기'다. 포스트모던 역사학이 하려고 했던 것이 권위의 해체라고 할 때 그것은 곧 사건의 성격을 한 층위로 이해하는 것, 기성의 관점으로 보는 것, 승자들의 시각으로 읽는 것이 누리고 있던 권위를 깨트리는 작업이다. 단지 다른 시각만이 아니라 새로운 관점이 중요하다. 그것은 상상력이 동원된 공들인 수고를 통해서만 가능하다. 괴벽스러

움은 상상력 없이도 가능하다. 지금까지 없었던 것 하나를 더 첨가한다고 새로운 관점이 되는 것은 아니다. 상상력이란 치열한 비판적 문제의식과 세미細微한 것에 대한 호기심과 존중 위에서 나온다. 그러한 상상의 힘을 통해서만 과거와 현재와 미래를 잇는 종합적인 사고로서 시간의 작업이 가능하다.

어떤 역사 이야기를 들을 때, 역사책을 읽을 때 거기서 조연으로, 들러리로, 주변인으로, 행인 1·2로 등장했던 사람들의 관점으로 그 이야기를 재구성해본다면 상상력은 이미 가동된 것이다. 어쩌면 사람만이 아니라 주변 사물의 관점으로 역사를 재조명하는 것도 가능할 것이다. 새[鳥]를 통해 새로[新] 본 역사를 쓸 수 있고, 산山을 통해 산[生] 역사를 쓸 수 있지 않겠는가. 그렇게 본다면 얼마나 많은 부분의 역사가 새롭게 재구성될 수 있을까. 과거가 적은 기록만을 남기는 것이 근본적인 제한이겠지만, 그 이상으로 역사를 보는 우리의 시야를 가로막는 건 그 적은 기록을 한 관점으로만—기록자, 주인공, 기득권자—보는 것이다. 적은 기록에서도 보다 많은 관점으로 본다면 더 풍부한 역사 이해가 가능하다. 관점이란 곧 보는 눈이고 많은 관점이란 많은 눈이다. 그 기록에 나오는 사람의 눈만 해도 벌써 많은 관점을 가능하게 한다. 사료 속 사물들의 눈, 사료에 나오지 않은 관련 인물들의 눈을 동원한다면 그 적은 기록으로도 얼마나 많은 이야기가 지어질 수 있는가. 역사적 '상상'의 힘이 바로 이것이다.

장기적 안목

1848년에 마르크스와 엥겔스가 쓴 『공산당선언』은 "하나의 유령이 유럽을 떠돌고 있다―공산주의라는 유령이"라는 문장으로 시작한다. '유령'이란 정체를 알 수 없는 공포의 대상이다. '공산주의'라는 유령은 그 정체가 분명히 알려지지 않은 채 사람들에게 막연한 두려움을 주고 있다. 유령은 두려움의 대상이 되기는 하지만 그 막연함 때문에 영향력에 한계가 있다. 그리하여 두 저자는 공산주의가 한갓 유령에 불과하지 않고 단순한 공포의 대상이 되는 것을 넘어서 사회를 변화시킬 수 있는 현실적인 대안이라는 점을 밝히고자 이 책을 썼다. 『공산당선언』은 공산주의라는 정체를 명확하게 세상에 드러내기 위한 책이었다.

2014년에 역시 두 명의 역사가가 『공산당선언』을 풍자해 낸 『역사선언The History Manifesto』이라는 책은 제목은 물론 서두의 문장까지 흉내를 냈다. "하나의 유령이 우리 시대를 떠돌고 있다: 그것은 단기短期라는 유령이다." 문장 형식은 같지만 내용은 다르다. '공산주의'를 '단기'라는 단어로 바꾼 것만이 아니다. 전자는 공산주의라는 유령의 정체를 밝혀서 그것이 유령이 아니라 그시대의 가장 중요한 실체라고 주장한다. 이에 반해 후자는 단기라는 유령이 이 시대의 실체 행세를 하고 있지만 그것이 유령에 불과하므로 실체에 의해 대체되어야 한다고 주장한다.

두 저자는 우리 시대가 직면한 위기의 특징을 '장기적인 사고'의 결핍으로 규정한다. 이 위기는 전지구적인 환경 문제, 국제질서의 불안, 사회적·경제적 불평등 속에 가속화되고 있는데, 모든 것은 기껏해야 수개월이나 수년 내에 구상되고 판단되고 제의되고 지출되는 단기적인 조처와 정책에 좌우된다. 이러한 기획들은 '단기'라는 정박장에 묶여 있는 배들과 같다. 단기적 사고와 정책의 핵심은 특히 경제와 가장 관련이 깊다. 세계의 주요한 일들을 결정하는 실제의 힘이 오직 경제에 있다는 널리 퍼진 믿음은 20세기 중반에 만들어진 신화다. 경제적 숫자들이 그러한 힘을 갖게 된 것은 몇십 년에 지나지 않는다. 저자들은 이 위기 속에서 역사학이 인류가 공유한 미래에 대해 책임을 지는 본연의 역할을 '장기적 사고'를 통해 수행해야 한다고 강조한다.

위기의 핵심인 '단기'의 문제를 '장기'로써 해결할 수 있는 가장 적절한 힘은 역사에서 나온다. 역사는 장기간에 걸쳐 축적된 인간의 경험을 성찰적으로 이해하는 작업을 제공한다. 역사는 과거와 현재와 미래를 연결하는 긴 시간의 작업이다. '역사적 상상'은 미래에만 적용되는 것이 아니다. 과거의 역사를 새로운 관점에서 해석하는 것, 과거와 현재의 관계에서 미래의 목적을 생각해내는 것, 이 모든 것이 상상력의 결과다. 장기적 사고가 있어야 역사적 상상이 가능하다.

『역사선언』은 마지막 문장도 『공산당선언』의 패러디 형식을 취한다. "그들에게는 얻어야 할 세계가 있다. 만국의 프롤레타리아여, 단결하라!" 이 말이 "만국의 역사가여 단결하라! 얻어야 할 세계가 있다. 더 늦기 전에"라는 문장으로 대체되었다. 그러나 이를 위한 단결은 '역사가'에게만 부여된 과제가 아니다. 모두가 글을 읽고 쓸 줄 아는 현대에, 모든 사람이 깨어 있는 의식으로 더 이상 역사의 객체가 아니라 주체로서 '장기적 사고'를 할 수 있는 이 시대에, 우리 모두가 '역사'를 '선언'하는 자가 되어야 한다.

찾아보기